板書で見る 全単元・全時間の授業のすべて 社会 小学校6年

澤井陽介・安野功 編著

東洋館出版社

はじめに

本書は、平成17年の刊行以来、全国の先生方に愛読され続けている『小学校社会　板書で見る全単元・全時間の授業のすべて』の改訂版です。

平成29年に告示された学習指導要領は、これからの社会を生きる子供たちに必要な資質・能力を育むことをねらいとしています。そこで本書は次のように構成しています。

○巻頭の理論ページでは、「社会科における資質・能力の三つの柱（知識及び技能、思考力・判断力・表現力等、学びに向かう力・人間性等）」「主体的・対話的で深い学び」「社会的事象の見方・考え方」「単元の学習問題や毎時のめあて」「目標に準拠した学習評価」など、これからの授業づくりのキーワードについて、学習指導要領の趣旨を踏まえて解説。

○実践例のページでは、

①冒頭に理論ページの趣旨を踏まえた単元展開例を提案し、「単元の内容」として学習指導要領の内容のポイントを、「問題解決的な学習展開の工夫」として「見方・考え方を働かせる主体的・対話的で深い学び」のヒントをそれぞれ提示。

②毎時の学習展開例について、資料提示やめあての設定、調べたり話し合ったりする学習活動の工夫や学習のまとめの例などを指導順序とともに板書で「見える化」して提示。

特に本書の特徴は、タイトルのとおり「全時間」の板書例が示されていることです。社会科の授業において板書は、教師による資料提示や問いかけ、子供による資料の読み取りや考えなどが書かれ、問題解決に向けた大事な情報源となります。また、よい板書は45分の学習展開が手に取るように分かります。

こうした板書は、子供たちが学習の進展や深まりを自覚したり、学習を振り返ってさらに調べるべきことを考えるなど、主体的に学ぶために大切なものです。全ての教科等において板書を中心に授業が進められるわけではありませんが、社会科にとってはこれからも板書が大事な授業づくりの要素になります。

一方で、板書には特定のルールがあるわけではありません。板書は教師と子供、また子供同士の共同作品と言ってもよいでしょう。共同作品は、実際に指導する側の教師と学ぶ側の子供が力を合わせてつくるものです。したがって、「はじめに、この板書ありき」と考えて、教師による一方的な授業にならないように留意することも必要です。

本書の板書例は、社会の授業に堪能な先生方の執筆によるもので、とても参考になることと思います。ですから、本書の板書例を参考にして、目の前の子供たちの実態、各学校の指導計画、地域の教材などを十分に踏まえた板書や指導案を考えてみてください。

全国的に増えている若い先生方も「社会科を指導するのは難しい」と嘆く前に本書を読んで、社会科の授業づくりにチャレンジしてみてください。きっと子供たちが活躍できる授業のヒントがつかめることと思います。

令和２（2020）年３月吉日

澤井　陽介

本書活用のポイント

本書は、全単元の１時間ごとの板書のポイントや手順、学習活動の進め方や発問の様子などが、ひと目で分かるように構成しています。活用のポイントは次のとおりです。

テーマとねらい

まず、ページごとの「テーマ」は「ねらい」とリンクしており、まずそれを見て、「授業を進める上での『問い』や『学習活動』は何か」をチェックしましょう。

「本時の目標」は、新しい学習指導要領で示された３つの資質・能力と見方・考え方を盛り込んで構成し、「本時のゴールイメージ」となります。

本時の評価

新しい学習指導要領においては、３つの資質・能力の育成に資する問題解決学習を展開し、「単元のまとまり」を通じて評価します。そのため、毎時間評価を行うのではなく、単元計画のなかで評価を行う時間を意図的に設定することが大切です。

そこで、本書ではどの時間に、どのような視点で評価すればよいか、本時で着眼したい評価の観点を示しています。

本時の展開

「本時の展開」では、１時間の授業を大きく「つかむ」「調べる」「まとめる」という３つで構成しています。

そこでまず、どのような目的・タイミングで資料を提示するか、板書のポイントを示しています。

また、どのような発問で子供の意欲を喚起し、学習活動を展開していけばよいのかをＴ（教師）とＣ（子供）で表し、「本時の学習の大きな流れ」を捉えられるようにしています。

つかむ
出合う・問いをもつ

法やきまりについて振り返ろう

本時の目標

既習の法やきまりについて振り返ることを通して、我が国の政治と関わりの深い日本国憲法への関心を高めるようにする。

本時の評価

・社会生活に見られる様々な法と、その基になっている日本国憲法に関心をもち、調べてみたいという意欲が芽生えている。【主①】

用意するもの

既習の法やきまりに関する写真

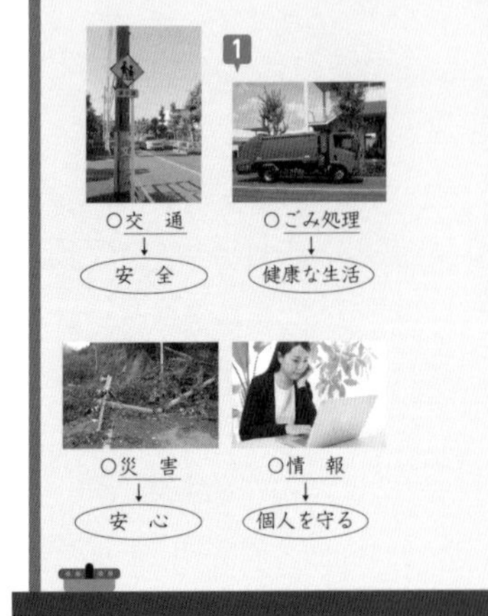

本時の展開 ▷▷▷

つかむ 出合う・問いをもつ

板書のポイント

３～５年生で学んだ法やきまりに関する場面の写真を提示して、法やきまりについて想起させ、本時のめあてにつなげる。

Ｔ　これまでに学習した法やきまりには何がありましたか。 1

Ｃ　交通ルール。

Ｃ　個人情報保護法。

Ｔ　他にもありそうですね。今日は、法やきまりについて考えていきましょう。

＊本時のめあてを板書する。 2

Ｔ　予想してみましょう。

調べる 情報を集める・読み取る・考える・話し合う

板書のポイント

子供たちの生活経験から、法やきまりに関わる場面を想起させ、法やきまりに関する疑問をもたせ、話し合ったことを整理して板書する。

Ｔ　他には、どのような法やきまりがあると思いますか。 3

Ｃ　消防に関すること。

Ｃ　学校もそうじゃない？

Ｔ　なぜ法やきまりがあるのでしょうか。 4

Ｃ　きまりがないと困るから。

Ｃ　安全や安心のためだと思う。

Ｔ　法やきまりは、どうやって決められるのでしょうか。

憲法と政治のしくみ
026

学習活動の解説

次に、３つの展開ごとの学習活動を読み進め、次の点に留意して授業場面をイメージしましょう。

○資料提示やプリント類の配布のタイミング
○指示や発問など、子供への教師の働きかけ
○子供の発言を受けての教師の切り返しや寸評、板書するタイミング
○作業中の子供一人一人への指導・支援

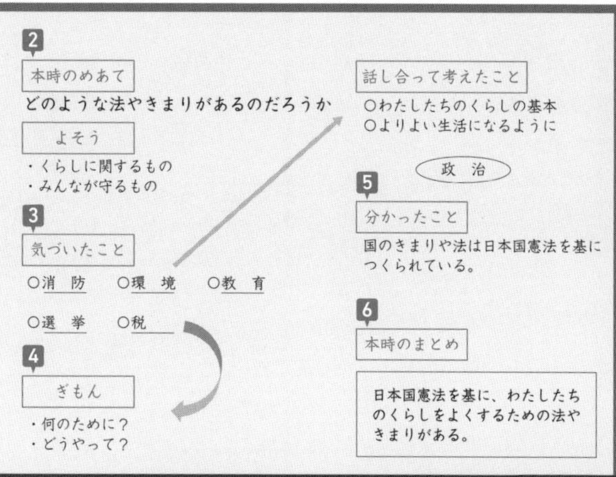

まとめる　整理する・生かす

板書のポイント
日本国憲法について整理して板書する。本時のめあてについて子供たちがまとめたことを基に、学習のまとめを板書する。

T　日本国憲法が法やきまりの基になっています。 5
C　憲法って聞いたことあるな。
T　今日のめあてについて、黒板を基に自分の考えをまとめてみましょう。 6
C　法やきまりがあるから安心して生活できるね。
C　みんなのための法やきまりなんだな。
T　今日の学習の振り返りをノートに書きましょう。

学習のまとめの例

・わたしたちの安全・安心や健康な生活のためにいろいろな法やきまりがある。
・日本国憲法を基にして、わたしたちのくらしに関する法やきまりがある。

〈振り返りの例〉
今日の授業で、いろいろな法やきまりがあることが分かりました。それらは、私たちのくらしをよくするためのものだと思います。日本国憲法というものを初めて知ったので、どのようなものか調べてみたいです。

板書内の解説

1　本単元の学習問題

まず、「学習問題」を見て、「単元全体を貫く学習問題は何か」をおさえるようにしましょう。

「学習問題」は、それを設定する時間や、その解決に向かう時間など、板書が必要な時間にのみ提示されます。

2　本時のめあて

次に、「めあて」を見て、「子供に、どのような学習のめあてをもたせれば、子供主体の学習が展開できるのか」を考えましょう。

また、「めあて」は、「～だろうか」という「問い」の形式と、「しよう」という「活動」の形式の双方があります。

どちらがよいということではなく、「何について考えさせたいのか」「調べさせたいのか」「対話させたいのか」など、本時において子供にしてほしいことに応じて使い分けます。

3　板書のポイント

本書の板書には、大きく分けて次の要素があります。

「本時のめあて」「よそう」「ぎもん」「分かったこと」「調べたこと」「気付いたこと」「話し合って考えたこと」「学習問題」「学習計画」「本時（学習）のまとめ」「ふりかえり」

このなかから本時で必要な要素を組み合わせて板書を構成しています。

また、本時の展開と板書の進行がひと目で分かるように、その順序に番号を振っています。

学習のまとめの例

ここでは、本時の学習のまとめとして出される子供の発言、ノートやワークシートの記述、振り返りの例を掲載しています。本時の学習のゴールの姿を子供の言葉で具体的に示すことにより、「子供がどのように変容すれば、本時の目標が実現できたのか」を見取れるようにしています。また、これらの内容をもとに、「子供たちの意識を、次時の学習にどうつないでいけばよいか」をイメージする着眼点ともなるものです。

板書で見る全単元・全時間の授業のすべて

社会小学校 6年

もくじ

第 6 学年における
指導のポイント

第６学年で育成する資質・能力と授業づくりのポイント

社会科で目指す資質・能力を子供たちに養う授業づくりを

1 第６学年の内容と単元づくり

第６学年では、学習指導要領に次の５つの内容が示されています。また、それぞれの内容は、いくつかの単元を想定できる内容に分けて示されています。

⑴ **我が国の政治の働き**
単元①：日本国憲法と政治とくらし、単元②：くらしを支える政治の働き
⑵ **我が国の歴史上の主な事象**
単元①：ムラからクニへ、単元②：天皇中心の国づくり、単元③：貴族のくらしと文化、単元④：鎌倉幕府と武士の政治の始まり、単元⑤：室町文化、単元⑥：天下統一、単元⑦：江戸幕府の政治、単元⑧：町人の文化と学問、単元⑨：明治の新しい国づくり、単元⑩：条約改正と国力の充実、単元⑪：戦争と国民生活、単元⑫：戦後の新しい日本の出発
＊学習指導要領の内容は、11に分けて示されているが、⑪と⑫は分けたほうが単元がつくりやすい。
⑶ **グローバル化する世界と日本**
単元①：世界の人々の生活と国際交流、単元②：国際連合と国際協力

上記の「単元：名称」としている事項は、学習指導要領の文言を端的に表しているものであり、必ずしも単元名ではありません。単元についてはこれ以外の内容構成も考えられますので、基本的には指導する教師が教材研究などを通して自分で考えればよいものです。単元名も同様です。

2 技能を身に付け能力を養う授業づくり

社会科の授業づくりでは、これまでも調べたり考えたりすることが重視されてきました。新しい学習指導要領でも、深い学びを目指して調べたり考えたりすることが求められています。

特に、第６学年においては、以下などが大切です。

○地図帳や地球儀、統計や年表などの基礎的な資料で調べること。適切に情報を集め、読み取り、白地図や年表、図表などにまとめる技能を身に付けるようにすること。
○複数の立場や意見を踏まえて、日本国憲法が国民生活に果たす役割や国会、内閣、裁判所と国民との関わり、国民生活おける政治の働き、我が国の歴史の展開、国際交流の果たす役割、国際社会において我が国が果たしている役割などを多角的に考える力を養うようにすること。
○世界の人々と共に生きていくことに関して、社会における課題を見いだし、それらの解決のために自分たちにできることを選択・判断したり、これからの我が国が果たす役割を考えたりする力を養うようにすること。

○考えたことや選択・判断したことを文章で記述したり、資料などを用いて説明したり、根拠や理由などを明確にして議論したりする力を養うようにすること。

身に付けるため、養うためには、まずはそういう学習場面を設定することと捉えるとよいでしょう。

3 よりよい社会を考え学習したことを社会生活につなげる授業づくり

新学習指導要領においては、「社会に開かれた教育課程」が求められており、社会科も同様です。社会科で学ぶことは、社会的事象すなわち社会における物事や出来事なので、なおさらです。

そこで、単元の終末には、それまでの学習を振り返り、学習したことを確認するとともに、学習成果を基に生活の在り方やこれからの社会の発展などについて考えようとする態度を養うようにすることが大切になります。そうすることで、社会科で学習したことが、授業の終了とともに終わるのでなく、社会生活につながるようになるからです。

こうした学習場面を繰り返し設定することにより、学年を通じて「国家及び社会の発展に貢献した先人によってつくり出された歴史や伝統を大切にして国を愛する心情を養うこと」「国家及び社会の一員としての自覚をもつとともに、主権者として将来にわたって我が国の政治に関わろうとする意識や、社会の担い手として平和で民主的な国家及び社会を築き上げようとする意識などを養うこと」「我が国はこれからも国際社会の一員として、平和な国際社会の実現を目指して努力を続けていくことが必要であるという自覚や、そのために平和を願う日本人として世界の国々の人々と共に生きていくことが大切であるという自覚を養うこと」につながるのです。したがって、本書では各単元の目標にはそうした自覚や愛情などを直接的な言葉では記述していません。左記の内容(1)(2)(3)など複数の単元をまとめたレベル、いわゆる「大単元」の目標として想定したほうがよいと考えているからです。

4 具体的な事例を通して「我が国の」が見える授業づくり

第6学年の内容は、先頭に「我が国の」という文言が付くことから分かるように、中学年の内容よりも視野の広いものとなります。そのため、それぞれの内容で具体的な「事例」を取り上げることが大切です。

そして、事例そのものの理解ではなく、事例を通して我が国の政治や歴史、国際協力の様子などが見えるようにすること、社会的事象の特色や意味などを考えるようにすることが大切です。

単元を見通して、主体的・対話的で深い学びの実現を

新学習指導要領では、授業改善の視点として「主体的・対話的で深い学び」の実現を目指すことが求められています。単元の中で、例えば、主体的に学習に取り組めるよう学習の見通しを立てたり学習したことを振り返ったりして、自身の学びや変容を自覚できる場面をどこに設定するか、対話によって自分の考えなどを広げたり深めたりする場面をどこに設定するか、学びの深まりをつくりだすために、子供が考える場面と教師が教える場面をどのように組み立てるか、といった視点で授業改善を進めることが求められているのです。

1 主体的な学びを目指して

主体的な学びの実現については、子供が社会的事象から学習問題を見いだし、その解決への見通しをもって取り組むようにすることが大切です。そのためには、学習対象に対する関心を高め問題意識をもつようにするとともに、予想したり学習計画を立てたりして、追究・解決方法を検討すること、また、学習したことを振り返り、学習成果を吟味したり新たな問いを見いだしたりすること、さらに、学んだことを基に自らの生活を見つめたり社会生活に向けて生かしたりすることが必要です。

そこで、例えば第６学年においては、以下が考えられます。

○我が国の歴史への関心を高めるために年表に親しむ活動を取り入れること。
○日頃から新聞記事を読み、それを順番に発表する活動などを工夫して、政治の働きへの関心をもつようにすること。
○写真や映像などで子供たちにイメージをもたせるとともに、比較する写真やグラフなどのデータを提示して、疑問点や知りたいことなどを丁寧に引き出し、学習問題の設定につなげるようにすること。
○学習問題を設定して終わりではなく、それについてどう思うかなど、丁寧に予想や疑問点を引き出してから調べる活動に入ること。
○世界の人々の生活の様子を調べる際に、知っていることなどから予想を出し合い、「学校生活、食事、衣服、文化、流行、スポーツ」など、国同士の違いを比べる視点を出し合ってから調べるようにすること。
○調べたことを各自で白地図や年表、図表などにまとめていく活動などを工夫し、学習の目的や連続性を意識できるようにすること。
○単元の中で、何度か「振り返り」を行い、学習問題は解決したか、学習計画はこれで十分だったかなど、問題解決の状況を意識させて次の学習につなげるようにすること。

2 対話的な学びを目指して

対話的な学びの実現については、学習過程を通じた様々な場面で子供相互の話合いや討論などの活動を一層充実させることが大切です。また、実社会で働く人々から話を聞いたりする活動の一層の充実も考えられます。対話的な学びを実現することにより、子供一人一人が多様な視点を身に付け、社会的事象の特色や意味などを多角的に考えられるようにすることが大切です。

そこで、例えば第６学年においては、以下が考えられます。

○国や地方公共団体の政治の働きについて、各自が自分の予想に沿って見学して情報を集めたり資料を選んだり、自分の疑問点を調べてまとめたりする「一人学び」の活動を工夫し、情報交換の必要性を生み出すようにすること。
○比較したり関連付けたりするよう資料提示を工夫し、学級全体で焦点を絞った話合いができるようにすること。
○市役所の関係者、ユニセフの関係者、青年海外協力隊の経験者などへの取材を映像や写真などで提示し、その話の内容から言葉の意味を考えさせるなど話し合う活動につなげること。
○グループ活動を適宜取り入れ、ミニ・ホワイトボードなどを使って、結論だけでなく話合いの経過や出された意見などを「グループの考え」として発表できるようにすること。

3 深い学びを目指して

主体的・対話的な学びを深い学びにつなげられるよう単元展開を工夫することが大切です。そのためには、子供が社会的事象の見方・考え方を働かせて、社会的事象の特色や意味など社会の中で使うことのできる応用性や汎用性のある概念などに関する知識を獲得するように問題解決的な学習を展開することが大切です。また、学んだことを生活や社会に向けて活用する場面では、社会に見られる課題を把握して、その解決に向けて社会への関わり方を選択・判断することなどの活動を重視することも大切です。

そこで、例えば第６学年においては、以下が考えられます。

○「我が国の歴史の展開」を、自分の働きや世の中の様子を基に言葉でまとめること。
○「我が国や地方公共団体の政治の働き」について、国民（住民）を入れて関係図などにまとめ、それを言葉で説明できるようにすること。
○政治への国民としての関わり方について、納税、選挙、裁判員制度などを用いて多角的に考え、それを図や文などにまとめること。
○世界の人々が共に生きていく上で大切なことを話合い、アイディアをたくさん出す中から、自分はこれを大事にしていくということを選択・判断し、はっきりと意思表明を行うこと。
○我が国がこれからの世界の平和や発展に貢献していくためには、どのようなことが大切かについて、相手国、自国、国連など立場を変えながら考え表現すること。

子供が見方・考え方を働かせるように資料提示や問い、対話的な活動の工夫を

「見方・考え方」とは「物事を捉えていく視点や考え方」であると、学習指導要領（総則・平成29年告示）では説明されています。小学校社会科では、それを「社会的事象の見方・考え方」と称して、次のように説明しています。

> 位置や空間的な広がり、時期や時間の経過、事象や人々の相互関係など（視点）に着目して社会的事象を捉え、比較・分類したり総合したり、地域の人々や国民の生活と関連付けたりすること（方法）
>
> ＊（　）内は筆者が追記

第６学年の内容で、「○○に着目して」の部分を見ると、次のことが書かれています。

(1)　イ　(ア)　日本国憲法の基本的な考え方
　　 イ　(イ)　政策の内容や計画から実施までの過程、法令や予算との関わりなど
(2)　イ　(ア)　世の中の様子、人物の働きや代表的な文化遺産など
(3)　イ　(ア)　外国の人々の生活の様子など
　　 イ　(イ)　地球規模で発生している課題の解決に向けた連携・協力など

すなわち、次の視点がそれぞれの内容に位置付けられているのです。

地球規模……………………………………位置や空間的な広がりの視点
過程、遺産……………………………………時期や時間の経過の視点
関わり、働き、連携・協力……………………事象や人々の相互関係の視点
考え方、様子、課題…………………………………その他の視点

1 問いの工夫

これらの視点を授業に生かすようにするには、次のように問いに変換して、「本時のめあて」に入れたり発問したりして子供に届ける工夫が考えられます。

例：「政策の内容」→本時のめあて「地域の再建はどんな計画に沿って進められたのか」など
「計画から実施までの過程」→本時のめあて「国会や県議会ではどのような話合いが行われたのか」
「どんな人々の協力があったのか」など
「法令や予算との関わり」→本時のめあて「どれくらいの予算が税金から使われたのか」
「なぜそんなに大きな予算を使えたのか」など

このように、位置や空間的な広がり、時期や時間の経過、事象や人々の相互関係の視点のほかにも、様々な視点が考えられます。また、教師の一方的な展開にならないよう、単元の学習問題についての予想を通して、子供からこうした問いが生まれるように意図することが大切です。

2 資料提示の工夫

そこで、資料提示を工夫して、子供から問いやそれにつながる疑問が出されるように工夫することが大切です。また「比較しなさい」「関連付けなさい」ではなく、子供自らが比較するという視点をもてるように、関連付けるような資料提示を工夫する必要もあります。

社会科では、これまでも地図や年表、図表などから情報を読み取ることを重視してきました。まずは、こうした資料を必要な場面で十分に生かしていくことが大切です。ただし、地図を見せれば、子供が空間的な広がりに着目するとも限りません。また、年表を見せれば時間の経過に着目するとも限りません。そこには、資料の適切な加工の仕方や提示の仕方が必要になります。

3 対話的な学習活動の工夫

社会科では「社会的事象の見方・考え方」を働かせて学ぶように授業を仕組んでいくわけですが、子供の中では、他教科で働かせる見方・考え方と結び付いて、「自分の見方・考え方」として成長していくと考えられます。そのため、実際の授業では、子供同士の交流によって、多様な「見方・考え方」が鍛えられていくことを大切にしたいものです。見方・考え方は固定的なものとして教え込むものではなく、あくまでも子供が使えるようにするものだからです。比較したり関連付けたりする思考も、子供同士の対話的な学びから自然と生まれることが多いのです。

子供は自分で調べたことや教師から提供された情報を基にして、知識や互いの意見などを比べたりつなげたりして考え、言葉や文でまとめます。こうした思考や表現の過程を重視して社会的事象の特色や意味などを追究するプロセスが大切です。このプロセスにより、社会的事象の意味には多様な解釈があることを学ぶことにもなります。

また、このことが社会への関わり方を選択・判断する際に大きく影響するはずです。選択・判断する場面は、学んだことを使う場面でもあります。「選択」は選ぶことなので、多様な意見や解釈の中から自分の判断で選ぶことができるようになるためにも、対話的な学習活動は不可欠なものであるのです。

目的に応じて柔軟に工夫することが板書の工夫

1 子供と教師の協働作業としての板書

社会科の授業における板書には、主に次の４種類のことが書かれます。

①子供の気付きや疑問、考えや意見
②教師が教材について説明するための言葉
③本時の目標を実現するための言葉
④問いに関する言葉

①子供の気付きや疑問、考えや意見

子供たちの発言を受けて書く文字です。資料から気付いたこと、疑問に思ったこと、問いに対する予想などについて考えたこと、示された事実に対する自分の意見などです。これらはなるべく子供の言葉を生かしながら板書することが大切です。

②教師が教材について説明するための言葉

教師が教材を子供に届けるために書く文字です。社会科の授業では、〇〇工場の生産の仕事、〇〇地域の気候の特徴など、事例を取り上げて学ぶことが多いため、その事例について説明する言葉が必要になります。例えば、「ていねいな作業」「大量生産」「１年を通して温暖な気候」などといった言葉です。これらは、子供たちの発言を生かして書かれることが多いのですが、子供から発言されなくても、事例について理解させるために必要な場合は、書く必要があります。

③本時の目標を実現するための言葉

社会科の授業では、事例を通して社会的事象の特色や意味、社会の仕組みなどが子供に分かるようにすることが大切です。そのためには、それらに目を向けるようにする言葉が必要です。例えば、環境にやさしい、受け継がれる伝統、地域のつながり、協力や連携、生産者、消費者などといった、社会的事象の意味や特色を明確にする言葉、立場を意識させて人々の結び付きが分かるようにする言葉などです。これらの言葉は、教材研究によって意識することができます。これらの言葉を意識することによって、板書が構造的になります。

④問いに関する言葉

本時の問いはもとより、子供の疑問などを取り上げたり、教師の発問を明示したりするなど、問いに関する言葉を板書することはとても大切です。物事の理解はＱ＆Ａで進むように、問いがないまま答えだけが羅列される板書では、子供は事実を整理して理解することができません。もちろん板書が問いだらけになっても子供は混乱します。本時の問いは、しっかりと文で示し、その他の問いはキーワードと「？」（クエスチョン・マーク）で書くなど、かき分けることも大切です。

上記の③や④の言葉は、見方・考え方を働かせるための視点にも通じるものです。

2 様々なパターンが見られる板書

板書の形式には決まりはありませんが、実際の授業では次のようなパターンが多く見られます。

①問題解決の基本パターン

はじめに資料が提示されてそれを基に話し合いながら本時の問いを立てます。分かったこと、考えたことを書いていきます。最後に本時の問いに対するまとめ（結論）が書かれる形です。

いわば問題解決のサイクルがそのまま板書に現れるパターンといってもよいでしょう。

①問題解決の基本パターン

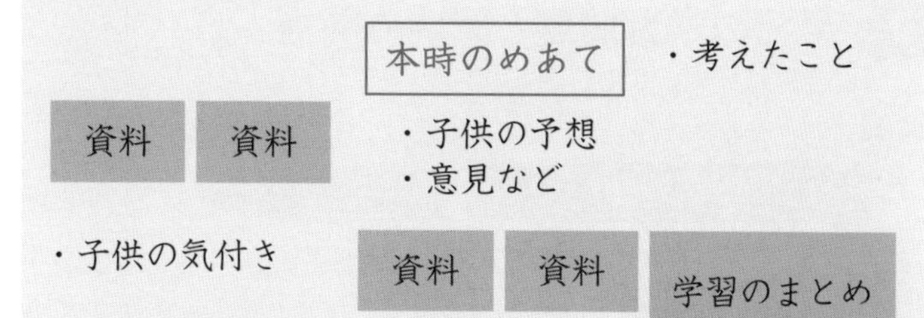

②対立討論パターン

問いは事前に子供に示されており、立場が分かれたところからスタートします。それぞれの考えの根拠や理由を言葉や資料で主張し合ったり反対意見を述べたりする様子を板書で整理していきます。後半にはまとめにつながるような資料や情報が提示されて、各自の結論が表現されますが、結論は一つではないこと、残された課題があることなどが書かれる場合もあります。

②対立討論パターン

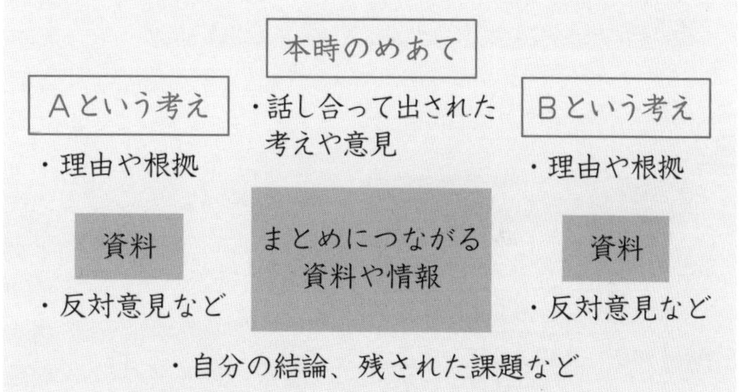

③その他

ほかにも様々なパターンがあります（イメージのみで細かな記述は省略しています）。

○中心資料読み取りパターン

本時のめあて
年表や地図など
の中心資料
関連資料
関連資料
・子供の読み取りなど

○ビフォー・アフター・パターン

資料
本時のめあて
資料
・子供の予想
・意見や考え
・学習の
まとめ

○関係整理パターン

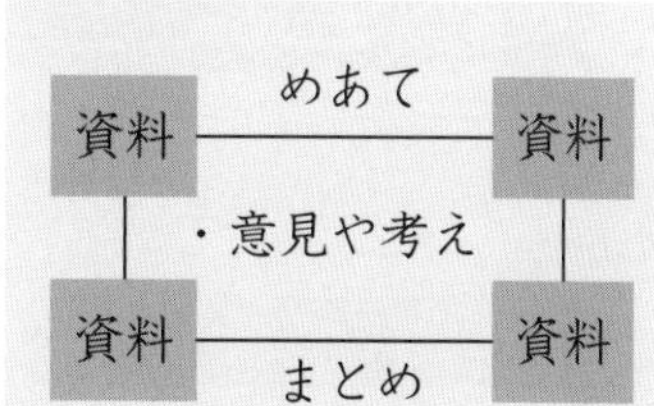

④ノート指導のポイント

ノートを黒板と連動させるように指導すると、子供は自分でノートに書きやすいことが考えられます。といっても、黒板を写させるのとは違います。本時の問い、自分の予想、自分の考え、友達の考え、自分のまとめ、学級全体のまとめ、振り返り、資料など、問題解決のサイクルを意識させるように書かせていくことが大切です。

学習問題とめあての設定のポイント

単元を見通して毎時のめあてを考える

1 単元の学習問題と問いの関係

図 1

学習問題
どのように
〜しているのだろう
事実
どのような〜だろう
特色
事実
どのような〜だろう
特色
事実
どのような〜だろう
特色
特色を理解して
意味を
考える
これらはなぜ〜だろう
まとめ
このように〜している

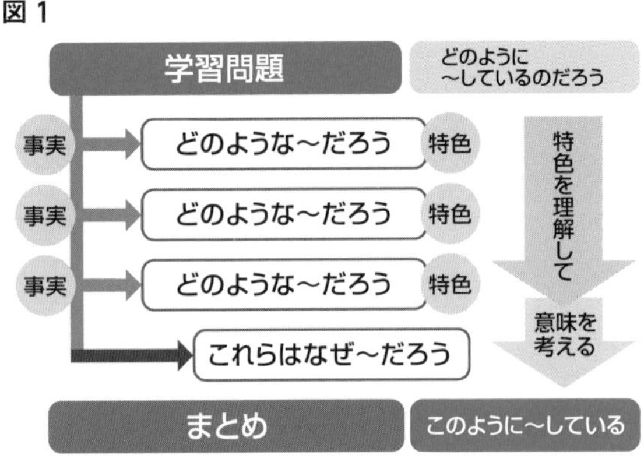

図 2

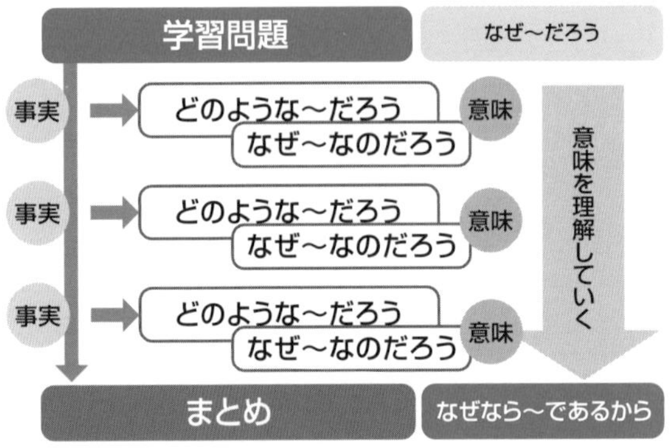

学習問題
なぜ〜だろう
事実
どのような〜だろう
なぜ〜なのだろう
意味
事実
どのような〜だろう
なぜ〜なのだろう
意味
事実
どのような〜だろう
なぜ〜なのだろう
意味
意味を理解していく
まとめ
なぜなら〜であるから

図 3

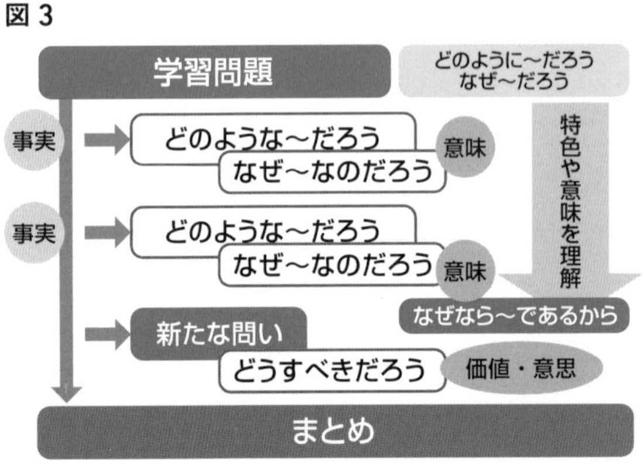

学習問題
どのように〜だろう
なぜ〜だろう
事実
どのような〜だろう
なぜ〜なのだろう
意味
事実
どのような〜だろう
なぜ〜なのだろう
意味
特色や意味を理解
なぜなら〜であるから
新たな問い
どうすべきだろう
価値・意思
まとめ

図 1 は、単元の学習問題は「どのように」型で、調べる事項を方向付けるようにつくり、毎時のめあては、具体的な事実を通して、特色や意味に迫るようにつくればよいという考え方です。もしも単元のはじめに、単元の終末までを見通した学習問題を設定したいのであれば、「自動車生産の課題を調べて改善策を提案しよう」といった、いわゆるパフォーマンス型の学習問題を提示する方法などが考えられます。その際、子供の発達の段階に即しているか、必然性はあるかなどを検討する必要があります。

図 2 は、毎時の授業の中で「なぜ」という問いを導き出して、丁寧に社会的事象の意味に迫っていく学習展開を考えた例です。この場合、単元の学習問題も「なぜ」型にすることも多いのですが、子供たちが出し合った予想を順番に調べたり考えたりしていくという展開としては、上記の例と大きな違いはありません。このようにいろいろな展開を工夫してみることが大切です。

図 3 は、社会的事象の特色や意味を考え理解することを単元の終わりとはせず、終末に新たな問いが設定されることを示している図です。目標を実現することを重視するならば、「単元の学習問題は 1 つに限定することはない」と考えることもできます。

実際、「こんなに良質な食料を生産しているのに、なぜ自給率が低いのか」など別の視点から「問い直す」新たな問いや、「私たちにできることは何か」「何を優先すべきか」など、自分たちに引き寄せて「社会への関わり方を問う」新たな問いが単元の終末で設定される授業は多くの地域で見られます。

2 「本時のめあて」の様々なパターン

本書では、これらの問いの質を踏まえ、「本時のめあて」として次のような様々なパターンを想定しています。

⑴ 事実や様子を調べる

○「調べよう」型

問いというよりも活動を示唆する形です。「○○について調べよう」という言葉の背後には、「どのような」型や「なぜ」型の問いが隠されていることが多いのですが、それを表に出さずに子供の中にそれらが醸成されることを期待しています。したがって、教師は問いを意識しておくことが大切です。「なぜ（どのように）〜なのか調べよう」とすれば、問いが含まれる複合型のようになります。

○「どのように」型

社会的事象の様子を捉えるために、まず事実から調べることを前面に出す問いです。単元の学習問題は、様々な社会的事象を調べてからその意味を考えることが多いので、まずは「どのように」型の学習問題でスタートする単元展開が多く見られます。

⑵ 社会的事象の特色や意味を考える

○「なぜ」型

社会的事象の意味を追究する問いです。特に理由や背景、因果関係、条件などを考えるためには有効な問いになります。社会科の授業では、いきなり登場することは少なく、教師が提示する情報（資料など）から疑問を引き出した後に用いられたり、子供が調べた事実を集めてから改めて用いられたりすることが多いようです。

○「どっちが」型

ＡとＢのどっちがよいか、などと選択を迫る問いで、多くの場合、対話的な学びを生み出すための手立てとして用いられます。目標に直接迫る問いというよりも、前段階として立場を明確にして社会的事象の意味や価値などを考えるための「仮の問い」と考えたほうがよいかもしれません。

単元の終末に「自分たちにできること」を考える際の意思決定を求める問いとして用いられることもあります。

○「調べて考えよう」型

「調べよう」と投げかけて、活動だけで終わらないようにするために、「〜について考えよう」などと、特色や意味などの理解に迫ることを求める問いです。学習の流れを示しているとも取れるので、学習の見通しをもつようにすることを大切にしている問いといってもよいかもしれません。

⑶ 社会への関わり方を選択・判断する

○「どうすべきか」型

社会参画を視野に入れて、これからの自分たちの関わり方を考えるときなどに用いる問いです。

必ずしも結論が一致せず、答えが多様にあることを許容することが大切な問いで、「オープンエンド」などと言われる終わり方が特徴です。子供が自分の意思を決めることが大切になります。

めあての形は、ほかにも考えられると思いますが、いろいろなものが組み合わさって単元が構成されると考えるとよいでしょう。

単元を見通して、3観点の趣旨を踏まえてバランスよい評価計画を

1 観点別学習状況評価の観点の趣旨（第6学年）

⑴ **知識・技能**

我が国の政治の考え方と仕組みや働き、国家及び社会の発展に大きな働きをした先人の業績や優れた文化遺産、我が国と関係の深い国の生活やグローバル化する国際社会における我が国の役割について理解しているとともに、地図帳や地球儀、統計や年表などの基礎的資料を通して、情報を適切に調べまとめている。

⑵ **思考・判断・表現**

我が国の政治と歴史及び国際理解に関する社会的事象の特色や相互の関連、意味を多角的に考えたり、社会に見られる課題を把握して、その解決に向けて社会への関わり方を選択・判断したり、考えたことや選択・判断したことを説明したり、それらを基に議論したりしている。

⑶ **主体的に学習に取り組む態度**

我が国の政治と歴史及び国際理解に関する社会的事象について、我が国の歴史や文化を大切にして国を愛する心情をもち平和を願い世界の人々と共に生きることを大切にする国家及び社会の将来の担い手として、主体的に問題解決しようとしたり、よりよい社会を考え学習したことを社会生活に生かそうとしたりしている。

2 学習評価の目的と評価場面

学習評価の目的には、大きく捉えて次の2つがあります。

⑴ **指導に生かす評価**

子供のその時点での学習状況を捉えて、その後の指導に生かしたり授業改善に生かしたりして、一人一人の学力を高めるという目的です。このことは学校全体として捉えれば、子供たちの評価結果を集計して、学校としての教育課程や指導方法の改善につなげることにもなります。カリキュラム・マネジメントの一環です。

指導に生かす評価場面としては、右図の各観点における評価規準「①」を基本として捉えるとよいでしょう。単元の前半から「ABC」などと記録に残すことに追われず、しっかり指導することが大切だからです。単元前半は、Cの状況を放っておかず指導し改善するのが教師の義務です。

⑵ **記録に残す評価**

子供にどの程度の学力が身に付いたかを学習成果として記録するという目的もあります。法定の表簿「児童指導要録」や各学校で作成する「通知表」等に記載するために評価資料として集めるという趣旨です。指導に生かすことが基本であるとしても、その単元が終わる、学期が終わる、学年が終わるなど「期限」があるため、記録に残すことは避けて通れません。

記録に残す評価場面としては、右図の各観点における評価規準「②」を基本として捉えるとよいでしょう。単元の後半には、指導したことの成果が子供の表現から見取れるようになるからです。

3 評価計画の考え方

学習評価は、単元を見通して計画的に行うようにします。たとえば、下記のような評価規準を考え（ここでは基本形として書いています）、それを単元の指導計画にバランスよく位置付ける方法です。必ずしも1度ずつというわけではありません。何度も登場する評価規準もあり得ます。一方、指導計画に位置付かない評価規準は書く必要がありません。

その際、目標との関係が大切です。目標に描かれていることを分析的に評価するための評価規準だからです。そのため、評価規準は、左の「観点の趣旨」と比べると、子供の学習活動に照らして学習状況を測れるように、具体的に描かれています。

4 評価規準の描き方

評価規準の基本形は、学習指導要領から導き出すことができます。学習指導要領の内容の書き方には次のようなパターンがあります。

(1)　Aについて、学習の問題を追究・解決する活動を通して、次の事項を身に付けることができるよう指導する。
　ア　次のような知識・技能を身に付けること
　　(ア)　Bを理解すること
　　(イ)　Cなどで調べてDなどにまとめること
　イ　次のような思考力、判断力、表現力等を身に付けること
　　(ア)　Eなどに着目して、Fを捉え、Gを考え、表現すること

(1)　評価規準の例

知識・技能	思考・判断・表現	主体的に学習に取り組む態度
①Eなどについて、Cなどで調べて、必要な情報を集め、読み取り、Fを理解している。 ②調べたことをDや文などにまとめ、Bを理解している	①Eなどに着目して、問いを見いだし、Fについて考え表現している。 ②比較・関連付け、総合などしてGを考えたり、学習したことを基に社会への関わり方を選択・判断したりして、適切に表現している。	①A（に関する事項）について、予想や学習計画を立て、学習を振り返ったり、見直したりして、学習問題を追究し、解決しようとしている。 ②よりよい社会を考え、学習したことを社会生活に生かそうとしている。

(2)　単元への位置付けの例（観点名は簡略して、思考・判断・表現→【思】と記述）

たとえば、上記の評価規準を指導計画に位置付ける例としては次のようなものが考えられます。

○「つかむ」段階………【思①】【主①】
○「調べる」段階………【知①】を中心に【思①】【主①】を適宜
○「まとめる」段階……【思②】【知②】
○「いかす」段階………【主②】

1

わたしたちの生活と政治

1 9時間
憲法と政治のしくみ

単元の目標

日本国憲法の基本的な考え方に着目して、日本国憲法の基本的な考え方や立法、行政、司法の役割について考え、表現することを通して、日本国憲法は国家や国民生活の基本を定めていることや、現在の我が国の民主政治は日本国憲法の基本的な考え方に基づいていること、立法、行政、司法の三権がそれぞれ大切な役割を果たしていることを理解できるようにするとともに、日本国憲法について学習問題を追及し、解決しようとする態度を養う。

学習指導要領との関連

内容(1)「我が国の政治の働き」アの(ア)及び(ウ)、イの(ア)

第1・2時	第3〜5時
つかむ「出合う・問いをもつ」	調べる
〔第1時〕 ○法やきまりについて振り返ろう 【主①】 ・これまでの学習を振り返り、法やきまりについて話し合う。 ・法やきまりの基になっている日本国憲法について知っていることを話し合う。 〔第2時〕 ○日本国憲法とはどのようなものなのだろう。 【思①】 ・日本国憲法の前文を基に、日本国憲法の三つの原則について話し合う。 **★日本国憲法の基本的な考え方に着目する** **【学習問題】** 日本国憲法や政治は、わたしたちのくらしとどのようにつながっているのだろう。 ・予想や学習計画を立てる。 三つの原則について詳しく知りたい、私たちのくらしとどう関係しているか　など	〔第3時〕 ○国民主権について調べ、私たちと政治との関わりを考えよう 【知①】 ・日本国憲法第1条や各種資料で国民主権について調べる。 ・民主政治や、象徴としての天皇について考える。 〔第4時〕 ○基本的人権の尊重について調べ、国民の権利や義務について考えよう 【知①】 ・各種資料で国民の基本的人権について調べ、実際の生活場面と結び付けて考える。 **★人々の生活などと関連付ける** 〔第5時〕 ○平和主義について調べ、人々の平和への願いを考えよう 【知①】 ・日本国憲法第9条や各種資料で平和主義や具体的な取組について調べる。 **★戦争や平和への思いに着目する**

単元の内容

本単元では、日本国憲法の基本的な考え方に基づく我が国の政治の考え方やその仕組みについて学習する。これまでの歴史を学んだ後に政治を学ぶという内容構成が、政治先習へと改められた。具体的には、日本国憲法・国の政治の仕組みを学習した後、政治の働きの実際の姿を学ぶ構成に改められている。そのため、既習事項や子供の生活経験を生かした導入の工夫が大切になる。憲法や政治が自分たちのくらしに関わっているという意識を子供にもたせながら学習を進めていきたい。

子供の関心を高めるため、学校生活に関わりの深いものや、国会議員選挙・天皇即位などの時事的な事柄を教材や資料として取り上げることも考えられる。これらの学習を通して、将来の主権者としての意識を高めていきたい。

単元の評価

知識・技能	思考・判断・表現	主体的に学習に取り組む態度
①各種の資料から国民主権、基本的人権の尊重、平和主義を捉える上で必要となる知識を読み取り、それぞれの意味を理解している。 ②各種の資料から我が国の政治の仕組み、内閣や裁判所の働きを捉える上で必要となる知識を読み取り、立法や予算の議決を行う国会や行政、司法の役割を理解している。	①日本国憲法の基本的な考え方と我が国の政治や私たちのくらしとの関わりについて考え、表現している。 ②日本国憲法の基本的な考え方と我が国の民主政治との関わりについて考え、図や文章で適切に表現している。	①日本国憲法について、予想や学習計画を立てたり、学習を振り返ったりして学習問題を追究し、解決しようとしている。 ②これまでの学習を振り返り、日本国憲法の基本的な考え方がくらしにどう生かされているのかという関心を深めている。

【知】：知識・技能　【思】：思考・判断・表現　【主】：主体的に学習に取り組む態度　○：ねらい　・：学習活動　★：見方・考え方

第６～８時	第９時
「情報を集める・読み取る・考える・話し合う」	まとめる「整理する・生かす」
〔第６時〕 ○国会の役割について考えよう　【知②】 ・各種資料で国会の仕組みや、法律ができるまでの流れなどを調べる。 ・国民の祝日や選挙などを基に、政治と私たちのくらしとのつながりについて話し合う。 **★国民主権の考え方に着目する** **〔第７時〕** ○内閣の役割について考えよう　【知②】 ・各種資料で内閣の仕組みや実際に行っていることを調べる。 ・国の予算を基に税金について話し合う。 **〔第８時〕** ○裁判所の働きや、三権分立について考えよう ・各種資料で裁判所について調べる。　【知②】 ・三権分立の仕組みを基に、それぞれの果たす役割について話し合う。 **★三権の役割を関連付ける**	**〔第９時〕** ○学習問題について話し合い、まとめよう　【思②・主②】 ・日本国憲法や国会・内閣・裁判所の役割などと、私たちのくらしとのつながりについて考えて話し合う。 ・日本国憲法の考え方が私たちのくらしにどのように生かされているのか、自分と最も関係が深いと思うことは何かなどを文章でまとめる。 ・国会・内閣・裁判所の働きから、自分との関わりを考えて文章でまとめる。 **★調べてきた事象を比較・分類、関連付け、総合する** **【学習のまとめの例】** 学校や仕事など、わたしたちのくらしに関わることは、日本国憲法の考え方や政治の仕組みが基になって行われている。

問題解決的な学習展開の工夫

つかむ過程では、既習事項や子供の生活経験から法やきまりについて多様な意見を引き出し、それらが何を基に作られているのかという問題意識を高めて学習問題をつかませる。「日本国憲法とは？」という問いへの意識が高まることで、調べる過程での活動がより主体的になる。

調べる過程では、まず日本国憲法の基本的な考え方について調べ、「それらがどう実行されているの？」という問いで、国会・内閣・裁判所について調べる活動につなげていく。実際に調べる際には、市役所の方や税務署の方から聞き取り調査を行うことも考えられる。

まとめる過程では、自分とのつながりを考えてまとめられるようにする。話合いや文章表現などを通して、日本国憲法や政治の仕組みについての理解がより深まるようにする。

つかむ
出合う・問いをもつ

法やきまりについて振り返ろう

本時の目標

既習の法やきまりについて振り返ることを通して、我が国の政治と関わりの深い日本国憲法への関心を高めるようにする。

本時の評価

・社会生活に見られる様々な法と、その基になっている日本国憲法に関心をもち、調べてみたいという意欲が芽生えている。【主①】

用意するもの

既習の法やきまりに関する写真

本時の展開 ▷▷▷

つかむ　出合う・問いをもつ

板書のポイント

3～5年生で学んだ法やきまりに関する場面の写真を提示して、法やきまりについて想起させ、本時のめあてにつなげる。

T　これまでに学習した法やきまりには何がありましたか。 1
C　交通ルール。
C　個人情報保護法。
T　他にもありそうですね。今日は、法やきまりについて考えていきましょう。
＊本時のめあてを板書する。 2
T　予想してみましょう。

調べる　情報を集める・読み取る・考える・話し合う

板書のポイント

子供たちの生活経験から、法やきまりに関わる場面を想起させ、法やきまりに関する疑問をもたせ、話し合ったことを整理して板書する。

T　他には、どのような法やきまりがあると思いますか。 3
C　消防に関すること。
C　学校もそうじゃない？
T　なぜ法やきまりがあるのでしょうか。 4
C　きまりがないと困るから。
C　安全や安心のためだと思う。
T　法やきまりは、どうやって決められるのでしょうか。

2

本時のめあて

どのようなきまりがあるのだろうか

よそう

・くらしに関するもの
・みんなが守るもの

3

気づいたこと

○消防　○環境　○教育

○選挙　○税

4

ぎもん

・何のために？
・どうやって？

話し合って考えたこと

○わたしたちのくらしの基本
○よりよい生活になるように

政治

5

分かったこと

国のきまりや法は日本国憲法を基につくられている。

6

本時のまとめ

日本国憲法を基に、わたしたちのくらしをよくするための法やきまりがある。

まとめる　整理する・生かす

板書のポイント

日本国憲法について整理して板書する。本時のめあてについて子供たちがまとめたことを基に、学習のまとめを板書する。

T　日本国憲法が法やきまりの基になっています。 5

C　憲法って聞いたことあるな。

T　今日のめあてについて、黒板を基に自分の考えをまとめてみましょう。 6

C　法やきまりがあるから安心して生活できるね。

C　みんなのための法やきまりなんだな。

T　今日の学習の振り返りをノートに書きましょう。

学習のまとめの例

・わたしたちの安全・安心や健康な生活のためにいろいろな法やきまりがある。
・日本国憲法を基にして、わたしたちのくらしに関する法やきまりがある。

〈振り返りの例〉

今日の授業で、いろいろな法やきまりがあることが分かりました。それらは、私たちのくらしをよくするためのものだと思います。日本国憲法というものを初めて知ったので、どのようなものか調べてみたいです。

つかむ
出合う・問いをもつ

日本国憲法とはどのようなものなのだろう

本時の目標

日本国憲法の基本的な考え方に着目して問いを見いだし、我が国の民主政治についての学習問題を考えることができるようにする。

本時の評価

・日本国憲法の基本的な考え方と、我が国の政治や私たちのくらしとの関わりについて疑問をもち、学習問題を見いだしている。【思①】

用意するもの

日本国憲法の原本の写真、日本国憲法前文

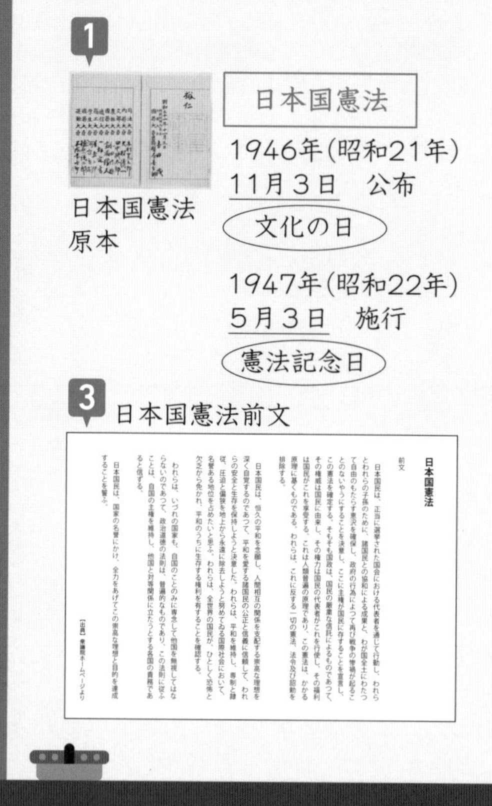

日本国憲法

前文

日本国民は、正当に選挙された国会における代表者を通じて行動し、われらとわれらの子孫のために、諸国民との協和による成果と、わが国全土にわたつて自由のもたらす恵沢を確保し、政府の行為によつて再び戦争の惨禍が起ることのないやうにすることを決意し、ここに主権が国民に存することを宣言し、この憲法を確定する。そもそも国政は、国民の厳粛な信託によるものであつて、その権威は国民に由来し、その権力は国民の代表者がこれを行使し、その福利は国民がこれを享受する。これは人類普遍の原理であり、この憲法は、かかる原理に基くものである。われらは、これに反する一切の憲法、法令及び詔勅を排除する。

日本国民は、恒久の平和を念願し、人間相互の関係を支配する崇高な理想を深く自覚するのであつて、平和を愛する諸国民の公正と信義に信頼して、われらの安全と生存を保持しようと決意した。われらは、平和を維持し、専制と隷従、圧迫と偏狭を地上から永遠に除去しようと努めてゐる国際社会において、名誉ある地位を占めたいと思ふ。われらは、全世界の国民が、ひとしく恐怖と欠乏から免かれ、平和のうちに生存する権利を有することを確認する。

われらは、いづれの国家も、自国のことのみに専念して他国を無視してはならないのであつて、政治道徳の法則は、普遍的なものであり、この法則に従ふことは、自国の主権を維持し、他国と対等関係に立たうとする各国の責務であると信ずる。

日本国民は、国家の名誉にかけ、全力をあげてこの崇高な理想と目的を達成することを誓ふ。

【出典】衆議院ホームページより

本時の展開 ▷▷▷

つかむ　出合う・問いをもつ

板書のポイント

日本国憲法が公布・施行された年月日などを板書する。どのような内容だと思うか問いかけ、本時のめあてにつなげる。

T　日本国憲法が公布・施行された日は、祝日となっています。 ◀1

C　文化の日や憲法記念日は知っているよ。

T　憲法はどのような内容になっていると思いますか。今日は、このことについて調べてみましょう。

＊本時のめあてを板書する。 ◀2

C　政治のことについて書いてあると思うよ。

C　日本全体のルールみたいになっているんじゃないかな。

調べる　情報を集める・読み取る・考える・話し合う

板書のポイント

日本国憲法前文の資料を配布し、同じ資料（拡大版）を黒板に貼付する。線を引いたりキーワードを抜き出したりして板書する。

T　日本国憲法前文にはどのようなことが書かれているのでしょうか。 ◀3

C　選挙のことが書かれているね。

C　権利についても書いてあったよ。

C　平和についても書いてあるね。

T　日本国憲法はどのような考えでつくられているのでしょうか。 ◀4

C　主権は国民にあって、選挙で選ばれた代表が政治をするということ。

C　戦争はもうしないということ。

2

本時のめあて

日本国憲法とはどのようなものなのか調べて考えよう

よそう

・政治のこと
・日本のルール

4

分かったこと

・選挙された代表者
・国会
・主権が国民に存する

・自由のもたらす恵沢
・生存する権利

・戦争の惨禍
・恒久の平和

日本国憲法の三つの原則

○国民主権
○基本的人権の尊重
○平和主義

5

本時のまとめ

日本国憲法には、国民主権・基本的人権の尊重・平和主義という三つの原則がある。

6

ぎもん

・実際にはどういうこと？
・わたしたちにどう関係している？

【学習問題】
日本国憲法や政治は、わたしたちのくらしとどのようにつながっているのだろう。

まとめる　整理する・生かす

板書のポイント
調べたことをもとに、学習のまとめを板書する。今日の学習を振り返り、子供たちから疑問を引き出し、学習問題をたてて板書する。

T　日本国憲法の基本的な考え方をまとめましょう。 ◀5
C　国民主権・基本的人権の尊重・平和主義
T　これまでの学習から、疑問に思ったことや詳しく調べてみたいことは何ですか。 ◀6
C　三つの原則が具体的にどうなっているか調べてみたい。
C　私たちのくらしとどう関わっているのかまだよく分からないな。
T　これから調べて考えていきましょう。

学習のまとめの例

・日本国憲法は、国民主権・基本的人権の尊重・平和主義という三つの原則が基本的な考え方になっている。
・三つの原則の考え方に基づいてつくられたのが、日本国憲法である。

〈振り返りの例〉
日本国憲法の基本的な考え方がよくわかりました。国民主権や基本的人権の尊重などが具体的にどのようなものなのかを詳しく調べたいです。学習問題については、選挙や戦争などは、私たちのくらしと大きく関わっていると思います。

調べる
情報を集める・読み取る
考える・話し合う

国民主権について調べ、わたしたちと政治との関わりを考えよう

1

ぎもん

国民主権とは…？

国民 → 国に属する個々の人間
主権 → 国家の政治の在り方を最終的に決める権利

3 国民主権

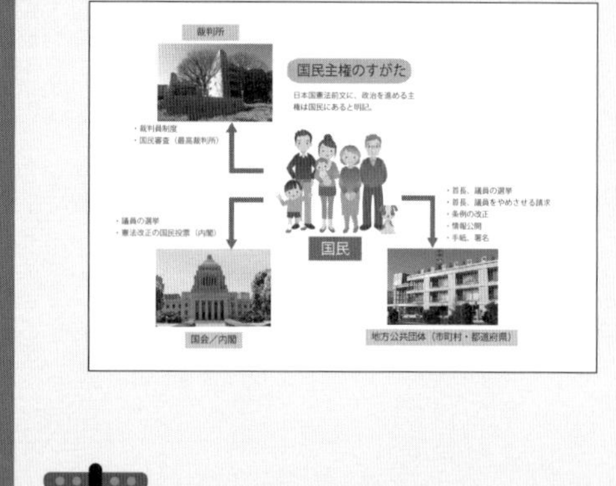

本時の目標

国民主権について各種の資料で調べることを通して、民主政治や天皇の地位などを理解できるようにする。

本時の評価

・各種の資料から、国民主権を捉える上で必要な知識を読み取り、国民が政治の在り方を最終的に決める権利をもっていることを理解している。【知①】

用意するもの

日本国憲法前文の国民主権に関わる部分、国民主権の内容を表した図、日本国憲法第1条、天皇の主な仕事

本時の展開 ▷▷▷

つかむ　出合う・問いをもつ

板書のポイント
国民主権についてどういうことか問いかける。言葉の意味を確認して板書し、その内容を考えさせて本時のめあてにつなげる。

T　国民主権とはどういうことでしょうか。まずは言葉の意味を調べてみましょう。 1
C　国民とは、国に属する個々の人間のことです。
C　主権とは、政治の在り方を最終的に決める権利のことです。
T　では、国民主権とは具体的にどういうことなのでしょうか。今日は、このことについて調べてみましょう。
＊本時のめあてを板書する。 2

調べる　情報を集める・読み取る・考える・話し合う

板書のポイント
国民主権に関する資料を配付し、同じ資料（拡大版）を板書に貼付する。資料から子供が分かったことや気付いたことを整理して板書する。

T　国民主権に関する資料を配ります。分かったことや気付いたことをノートに書いて、発表して下さい。 3
C　選挙で代表者を選ぶんだね。
C　国会で代表者が政治をするということかな。
C　国会だけでなく、県や市の議員も選挙で選んでいるよ。
C　裁判所にも関係しているみたい。
C　国民投票というものもあるね。

2

本時のめあて

国民主権とはどのようなことなのか調べよう

よそう

・国民が主役
・みんなできめる

分かったこと

・選挙で国会の代表者を決める
・国政は国民の代表者が行う
・国政は国民の信託によるもの

気づいたこと

・県や市なども選挙をしている
・国民投票もある
・裁判所にも関わっている

4

本時のまとめ

国民主権とは、国の政治の在り方を最終決定する権利は国民にあるということで、選挙や国民投票などでその権利を行使している。

5 日本国憲法第1条
天皇の主な仕事

第一章　天皇
〔天皇の地位と主権在民〕
第一条　天皇は、日本国の象徴であり日本国民統合の象徴であつて、この地位は、主権の存する日本国民の総意に基く。

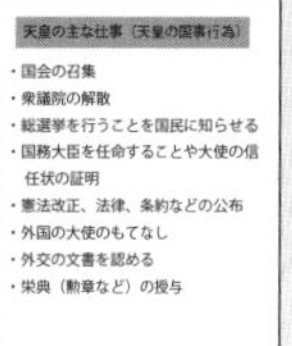
天皇の主な仕事（天皇の国事行為）
・国会の召集
・衆議院の解散
・総選挙を行うことを国民に知らせる
・国務大臣を任命することや大使の信任状の証明
・憲法改正、法律、条約などの公布
・外国の大使のもてなし
・外交の文書を認める
・栄典（勲章など）の授与

天皇は日本の国や国民のまとまりの象徴

まとめる　整理する・生かす

板書のポイント
調べたことを基に、本時のめあてについて子供たちがまとめたことを整理して板書する。その後、天皇についても資料を提示して板書する。

T　今日のめあてについて、黒板を基に自分でまとめてみましょう。　**4**
C　国民主権とは、政治の権利は国民にあるということだね。
C　実際には、選挙で選ばれた代表が国会で政治を行っているよ。　**5**
T　日本の主権者は国民です。では、天皇はどうでしょうか。資料で確認してみましょう。
C　天皇は象徴なんだね。
C　天皇もいろいろな仕事をしているよ。

学習のまとめの例

・国民主権とは、政治の最終決定をする権利は国民がもっているということである。
・国民は、選挙や国民投票などで国の政治に関わっている。

〈振り返りの例〉
今日の授業で国民主権についてよく分かりました。国の政治を決めていくのは私たち国民で、実際には選挙などで代表者を選んで行っています。だから、選挙はとても大事なことなんだと思います。天皇についても日本の象徴だということが分かったのでよかったです。

調べる
情報を集める・読み取る
考える・話し合う

基本的人権の尊重について調べ、国民の権利や義務について考えよう

本時の目標

基本的人権について各種の資料で調べることを通して、国民としての権利及び義務などを理解できるようにする。

本時の評価

・各種の資料から基本的人権をとらえる上で必要な知識を読み取り、日本国憲法では自由、平等、幸せにくらす権利などの基本的人権をすべての国民に保障するとともに国民の義務を定めていることを理解している。【知①】

用意するもの

日本国憲法の基本的人権に関わる条文、国民の権利、義務のイラスト

1

ぎもん

基本的人権の尊重とは…？

人権 → 一人一人が生まれながらにもっている権利

3 日本国憲法に示された基本的人権の尊重

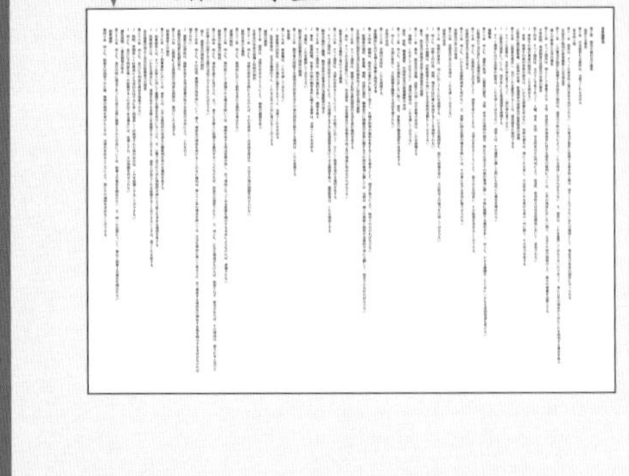

本時の展開 ▷▷▷

つかむ　出合う・問いをもつ

板書のポイント

基本的人権に関わる条文を提示し、どのような内容か、わたしたちのくらしとどんな関わりがあるのか問いかけ、本時のめあてにつなげる。

T　基本的人権とはどのようなことでしょうか。 1

C　私たちがもっている権利のこと。

C　憲法ではどうなっているのかな。

T　基本的人権の内容やわたしたちのくらしとの関わりについて考えていきましょう。

＊本時のめあてを板書する。 2

T　予想してみましょう。

C　みんなが平等になるようにしていると思うよ。

調べる　情報を集める・読み取る・考える・話し合う

板書のポイント

提示した条文と同じ資料を配布し、ポイントに線を引きながら一緒に読み取っていく。イラストを使って生活場面との関わりを板書する。

T　基本的人権について憲法ではどのようなことが定めれているのでしょうか。 3

C　教育を受ける権利があるよ。

C　裁判を受ける権利というのもあるね。

T　それぞれの権利がわたしたちのくらしとどのように関わっているのでしょうか。 4

C　思想や学問の自由と教育を受ける権利というのは、わたしたちの学校と関係があるね。

C　仕事について働く権利や職業を選ぶ自由は、仕事に就くときに関わってくるよ。

2

本時のめあて

基本的人権はどのように守られているのだろうか

よそう

・平等になるようにしている
・いろいろな権利を保障している

4 気づいたこと

基本的人権

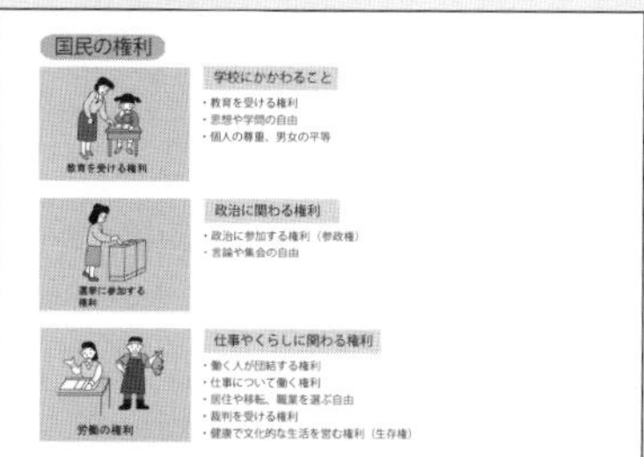

国民の権利

学校にかかわること
・教育を受ける権利
・思想や学問の自由
・個人の尊重、男女の平等

教育を受ける権利

政治に関わる権利
・政治に参加する権利（参政権）
・言論や集会の自由

選挙に参加する権利

仕事やくらしに関わる権利
・働く人が団結する権利
・仕事について働く権利
・居住や移転、職業を選ぶ自由
・裁判を受ける権利
・健康で文化的な生活を営む権利（生存権）

労働の権利

6

本時のまとめ

基本的人権は、国民の権利としてわたしたち一人一人に保障されており、国民の義務を果たすことも大切である。

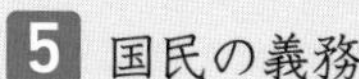

5 国民の義務

子供に教育を受けさせる　仕事について働く　税金を収める

まとめる　整理する・生かす

板書のポイント

国民の義務のイラストを提示し、権利だけでなく義務もあることを板書する。めあてについて子供たちの考えを基に学習のまとめを板書する。

T　国民には三つの義務もあります。 5
C　権利だけでなく、義務もあるんだね。
C　税金を納めることも国民の義務なんだ。
T　今日のめあてについて考えをまとめてみましょう。 6
C　いろいろな国民の権利があり、私たちの基本的人権は守られているんだね。
　様々な生活場面において、私たちの権利は保障されているよ。

学習のまとめの例

・憲法に定められている基本的人権は、国民の権利として私たち一人一人に保障されている。
・生活の様々な場面において、平等や自由、権利が保障されており、私たちの基本的人権は守られている。

〈振り返りの例〉

　基本的人権には、いろいろな権利があり、私たちのくらしの中で保障されていることがわかりました。また、国民には子供に教育を受けさせる義務・働く義務・税金を納める義務もあり、それらをしっかりと果たすことも大切だと思いました。

調べる
情報を集める・読み取る
考える・話し合う

平和主義について調べ、人々の平和への願いを考えよう

本時の目標

平和主義について各種の資料で調べることを通して、人々の平和への願いや努力を理解できるようにする。

本時の評価

・各種の資料から平和主義を捉える上で必要となる知識を読み取り、日本国憲法が掲げる平和への願いや決意、その実現に向けた人々の努力の大切さを理解している。【知①】

用意するもの

日本国憲法第９条の条文、平和記念式典の写真、非核平和都市宣言の写真

ぎもん

平和主義とは…？

平　和　⟷　戦　争

1 日本国憲法第9条

第二章　戦争の放棄
〔戦争の放棄と戦力及び交戦権の否認〕
第九条　日本国民は、正義と秩序を基調とする国際平和を誠実に希求し、国権の発動たる戦争と、武力による威嚇又は武力の行使は、国際紛争を解決する手段としては、永久にこれを放棄する。
2　前項の目的を達するため、陸海空軍その他の戦力は、これを保持しない。国の交戦権は、これを認めない。

分かったこと

・戦争の放棄
・武力の放棄

本時の展開 ▷▷▷

つかむ　出合う・問いをもつ

板書のポイント

憲法第９条の条文を配付し、同じ資料（拡大版）を黒板に貼付する。そこから分かったことを板書し、本時のめあてにつなげる。

T　平和主義とはどういうことだと思いますか。

C　戦争はしないということではないかな。

T　憲法ではどのように定められているのでしょうか、資料で確認してみましょう。 1

C　戦争や武力を永久に放棄するとあるよ。

T　では、平和のためにどのような取組をしているのか、調べてみましょう。

＊本時のめあてを板書する。 2

調べる　情報を集める・読み取る・考える・話し合う

板書のポイント

平和式典の写真や非核平和都市宣言の写真を黒板に貼付する。教科書などで調べさせ、具体的な取組について整理して板書する。

T　これは何の写真だと思いますか。 3

C　テレビで見たことがあるな。

C　戦争が関係していたと思うよ。

T　教科書などから平和の実現に向けた取組について調べてみましょう。

C　広島県や長崎県では、平和記念式典をしているんだね。

C　非核平和都市宣言をしているまちがあるみたいだよ。

C　非核三原則というものもあるよ。

2

本時のめあて

平和の実現のためにどのような取組をしているのか調べよう

よそう

・戦争をしない

3 平和記念式典

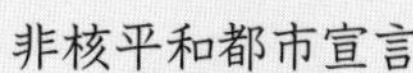

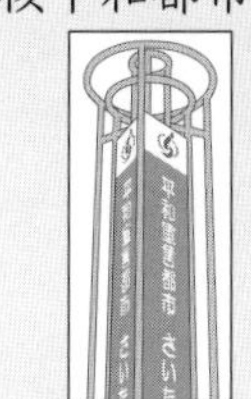

・8月　6日　広島県
・8月　9日　長崎県
・8月15日　終戦記念日

原　爆

「もたない、つくらない、もちこませない」

5

本時のまとめ

平和主義の考えを基に、二度と戦争をくり返さないという思いを大切に、全国的に平和への取組を行っている。

4

話し合って考えたこと

○二度と戦争は起こさない
○平和の大切さを忘れない
○戦争の悲惨さ、命の尊さを伝え続けていく

まとめる　整理する・生かす

板書のポイント
人々の平和への思いについて話し合わせ、子供たちの考えを整理して板書する。その後、めあてについても考えさせ、まとめて板書する。

T　なぜこのような取組を続けているのでしょうか。 4

C　また戦争にならないようにするためだと思うよ。

T　人々の思いや願いもふまえて、今日のめあてについてまとめてみましょう。 5

C　平和記念式典や終戦記念日などで、戦争について忘れず、平和を大切にしようとしているね。

学習のまとめの例

・原爆を落とされた広島県・長崎県や日本全国で平和を願う式典などが行われている。
・戦争を忘れないように様々な取組が全国各地で行われている。

〈振り返りの例〉
今日の授業で、平和主義についていろいろと考えられました。ただ戦争しないということではなく、戦争を忘れないようにすることも大切だと思いました。わたしのまちにも平和の実現のための取組があると思うので調べてみたいです。

調べる
情報を集める・読み取る
考える・話し合う

国会の役割について考えよう

本時の目標

立法や予算の議決などについて各種の資料を調べることを通して、国会の役割を理解できるようにする。

本時の評価

・各種の資料から国会の働きを捉える上で必要な知識を読み取り、選挙で選ばれた議員によって国の政治の方向を決めていることを理解している。【知②】

用意するもの

法律ができるまでの図、国会議事堂の写真、予算が成立するまでの図、国会の仕組みの図、国民の祝日の一覧

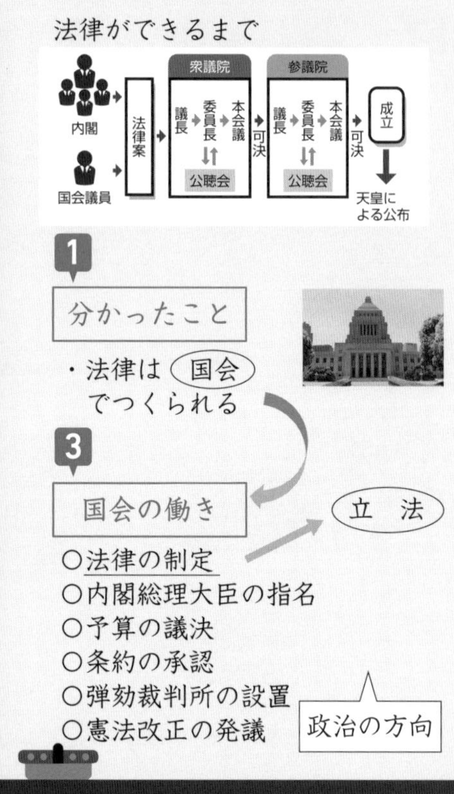

本時の展開 ▷▷▷

つかむ 出合う・問いをもつ

板書のポイント
法律ができるまでの図を提示し、国会が関わっていることを確認する。国会についての疑問を引き出しながら本時のめあてにつなげる。

T　法律はどのようにできるのか、資料を見て確認しましょう。 1
C　国会で法律がつくられている。
T　国会とはどういう所なのでしょうか。
C　選挙で選ばれた代表が集まる所
C　詳しくは分からないね。
T　今日は国会について調べていきましょう。
＊本時のめあてを板書する。 2

調べる 情報を集める・読み取る・考える・話し合う

板書のポイント
教科書などで国会の働きを調べさせ、整理して板書する。国会に関する資料から子供たちが調べたことや考えたことを板書する。

T　国会の働きを教科書で調べましょう。 3
C　法律の制定だけでなく、総理大臣を指名したり予算を決めたりもしてているんだね。
C　どういう仕組みになっているのかな。
T　国会に関する資料を使ってさらに調べてみましょう。 4
C　衆議院と参議院があるんだね。
C　どうして２つの議院があるのかな。
C　話し合う機会を増やして、慎重に話し合いをしているんじゃないかな。

2 本時のめあて

国会はどのような仕組みになっているのか調べよう

よそう

・選挙で選ばれた人たちが進めている
・話合いがしっかりできるようになっている

6 本時のまとめ

国会は二つの議院で国の政治の方向を多数決で決める仕組みになっている。

4 予算が成立するまで

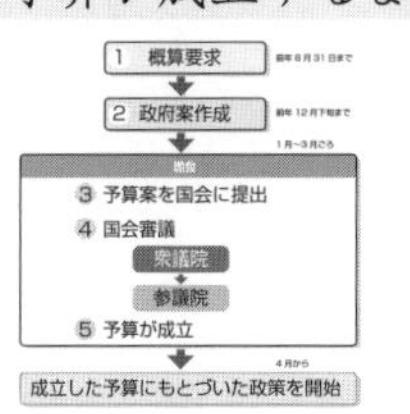

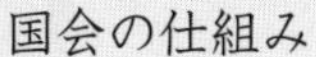
国会の仕組み

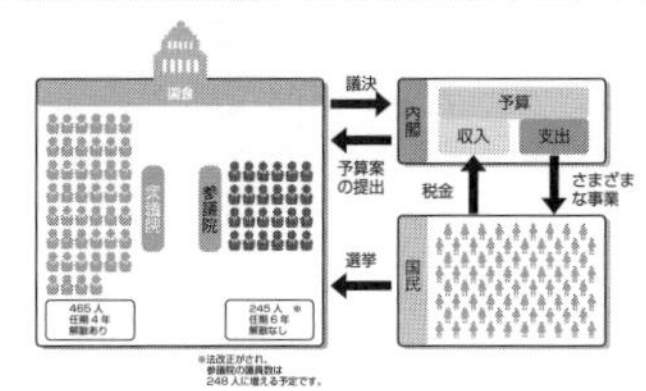

国民の祝日 **5**

気づいたこと

・衆議院・参議院（二院制）
・選挙で選ばれた議員による話合い
・多数決で決める
・内閣とのつながり

話し合って考えたこと

○慎重に話し合うことができるように
○多くの意見を取り入れられるように

まとめる　整理する・生かす

板書のポイント
国民の祝日の一覧を黒板に貼付し、祝日も法律で決められていることを確認する。めあてについて子供が考えたことを整理して板書する。

T　みんなが知っている国民の祝日も、法律によって決められています。 **5**

T　黒板を基に振り返り、今日のめあてについて自分でまとめてみましょう。 **6**

C　国会は法律をつくる立法の役割をしている所だったね。

C　日本の政治の方向性を決める所なので、選挙で選ばれた議員がいろいろなことを決めているね。

学習のまとめの例

・国会では、選挙で選ばれた議員が法律や予算などについて話し合って決めている。
・国会には、衆議院と参議院という２つの議院があり、それぞれで話し合って政治の方向を決めている。

〈振り返りの例〉

国会には、法律や予算を決めたり、内閣総理大臣を指名したりする働きがあることが分かりました。国の政治の方向を決める所なので、２つの議院で慎重に話し合っていることも分かり、国会でどのように話し合っているのか興味をもちました。

調べる
情報を集める・読み取る
考える・話し合う

内閣の役割について考えよう

本時の目標

内閣の働きについて各種の資料で調べることを通して、行政の役割を理解できるようにする。

本時の評価

・各種の資料から内閣の働きを捉える上で必要な知識を読み取り、内閣が実際の政治を行う行政の役割を担っていることを理解している。【知②】

用意するもの

閣議の写真、内閣の仕組みの図、国の予算のグラフ

ぎもん

・内閣とは…？
・内閣総理大臣とは…？

閣議

・内閣総理大臣（首相）
・国務大臣

分かったこと

内閣の働き

○法律案や予算案を国会に提出する
○国会の召集を決める
○衆議院の解散を決める
○外国と条約を結ぶ
○外国との交渉や交際を行う
○最高裁判所の長官を指名する

本時の展開 ▷▷▷

つかむ　出合う・問いをもつ

板書のポイント

内閣総理大臣や、閣議について板書し、疑問を引き出しながら本時のめあてにつなげる。

T　これは閣議の写真です。内閣総理大臣や国務大臣が集まって話し合っています。 1

C　何人も大臣がいるんだね。

C　何について話し合っているのかな。

T　今日は、内閣の仕事について調べていきましょう。

＊本時のめあてを板書する。 2

調べる　情報を集める・読み取る・考える・話し合う

板書のポイント

教科書などで内閣の働きを調べさせ、整理して板書する。内閣の仕組みや予算の資料から子供たちが調べたことや考えたことなどを板書する。

T　内閣の働きを教科書で調べましょう。 3

C　法律や予算の案をつくって国会に提出するのは内閣の役目なんだね。

C　外国との関わりも内閣がやっているよ。

T　内閣の仕組みや国の予算についても資料を使って調べてみましょう。 4

C　いろいろな省や庁があるね。

C　仕事の内容が省や庁で分かれているよ。

C　多くのお金が必要なんだね。

C　たくさんの税金が使われているんだ。

2 本時のめあて

内閣はどのような仕事をしているのか調べよう

よそう

・日本全体のことについて
・外国とのことについて

内閣の仕組み

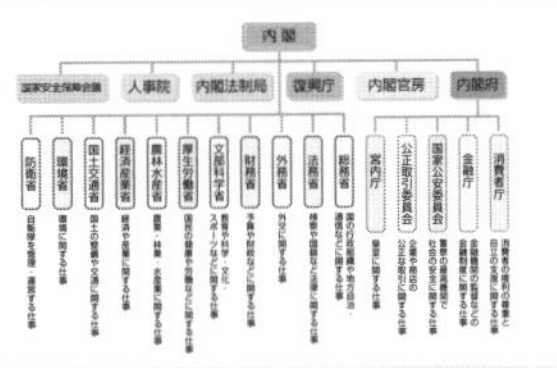

国の予算

収入
総額 96.7兆円
公債 36%
税金 59%
所得税 18%
消費税 18%
法人税 13%
そのほかの税金 10%
そのほか 5%

支出
総額 96.7兆円
社会保障 33%
国債 24%
地方財政 16%
教育・文化・科学 6%
公共事業 6%
防衛 5%
そのほか 10%

国の予算（2016年）

4 気づいたこと

・たくさんの省や庁がある
・それぞれの省や庁で仕事を分担している

・国の収入は税金が半分以上
・いろいろな種類の税金がある
・国の支出で多いのは社会保障費

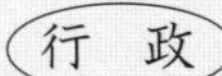

話し合って考えたこと

○内閣や省・庁が実際に仕事を行っている

○税金を使って国のことをいろいろ行っている

5 本時のまとめ

内閣は、内閣総理大臣や国務大臣が集まり、法律や予算などについて話し合い、政治の進め方を決めている。

まとめる 整理する・生かす

板書のポイント
黒板に書かれていることを基に、本時のめあてについて子供たちに考えさせ、それらを基に学習のまとめを板書する。

T 黒板に書かれていることをもとにして、今日のめあてについて自分でまとめてみましょう。 5

C 法律の案を考えているのは内閣だったね。

C 予算についても内閣が案をつくって国会に提出しているよ。

C 実際にはいろいろな省や庁がそれぞれ仕事をしているんだね。

C わたしたちの学校に関係しているのは文部科学省になると思うよ。

学習のまとめの例

・内閣では、内閣総理大臣や国務大臣たちが法律や予算の案を考えて国会に提出している。
・内閣では、法律案や予算案などを国会に提出する他にも、外国との交渉や裁判所に関することも行っている。

〈振り返りの例〉

今日の授業で、内閣がどのような仕事をしているのか分かりました。国会で話し合う法律や予算の案を考えたり、外国との交渉なども行っています。税金の使われ方などについて詳しく知りたいです。

調べる
情報を集める・読み取る
考える・話し合う

裁判所の役割や、三権分立について考えよう

本時の目標

裁判所の働きについて各種の資料で調べることを通して、司法の役割や三権分立について理解できるようにする。

本時の評価

・各種の資料から裁判所の働きを捉える上で必要な知識を読み取り、裁判所では様々な争い事を法律に基づいて解決する司法の役割を担っていることや三権分立の仕組みなどを理解している。【知②】

用意するもの

裁判の仕組みの図、三権分立の図

1

ぎもん

・裁判所とは…？
・国会や内閣との関係は…？

裁判の仕組み

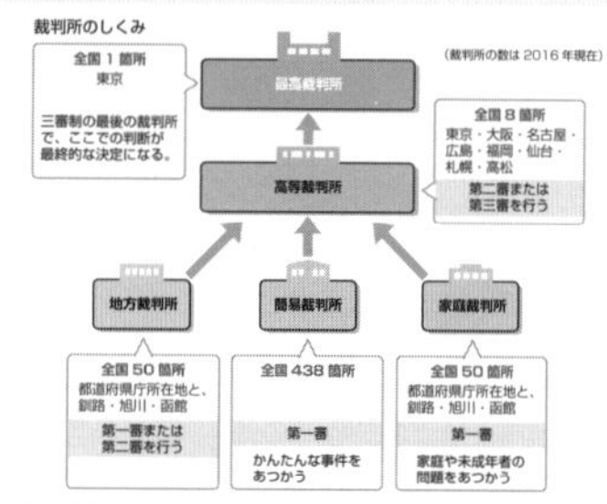

よそう

・争いごとを解決
・それぞれが国民と関係している

本時の展開 ▷▷▷

つかむ　出合う・問いをもつ

板書のポイント

裁判所の仕事や国会・内閣との関係について問いかけ、子供たちの問題意識を高めて本時のめあてにつなげる。

T　裁判所ではどのようなことをしているのでしょうか。 ◀1
C　問題を裁判によって解決してると思うよ。
T　国会や内閣と関係があるのでしょうか。
C　弾劾裁判所や最高裁判所長官の任命ということがあったね。
C　それぞれが関係し合っているのかな。
T　今日はこれらのことについて考えていきましょう。
＊本時のめあてを板書する。 ◀2

調べる　情報を集める・読み取る・考える・話し合う

板書のポイント

裁判の仕組みの図を黒板に貼付し、裁判所の働きについて調べさせ、整理して板書する。三権分立の図を提示し、子供たちの考えを板書する。

T　裁判所の働きについて調べましょう。 ◀3
C　問題を裁判によって解決しているね。
C　３回まで裁判を受けられるよ。
C　裁判員制度というものもあるね。
T　国会・内閣・裁判所はそれぞれどのような関係なのでしょうか。 ◀4
C　国会・内閣・裁判所がそれぞれが互いに確認し合うようになっているね。
C　わたしたち国民も、それぞれの所とつながているよ。

2

本時のめあて

裁判所の働きについて調べ、国会・内閣・裁判所の関係を考えよう

分かったこと 

裁判所の働き

・法律を基に問題を解決する
・3回まで裁判を受けられる
・法律や政治が憲法に違反していないか調べる
・裁判員制度

4 三権分立

気づいたこと

・それぞれが仕事を分担している
・互いに確認し合うようになっている
・3つとも国民とつながっている

6

本時のまとめ

裁判所では、法律を基に問題を解決しており、裁判は3回まで受けることができる。
国会・内閣・裁判所は、立法・行政・司法の権力を分け、互いに確認し合いながら政治を進めている。

話し合って考えたこと 

○日本の政治をそれぞれが分担して行っている
○権力が一つに集まらないように分かれている
○国民も選挙や世論、国民審査によって関わっている

まとめる 整理する・生かす

板書のポイント

三権分立について子供たちが話し合ったことを基に板書する。黒板を基に本時のめあてについて子供たちの考えを整理して板書する。

T　なぜこのような仕組みになっているのでしょうか。 5

C　政治の仕事をそれぞれが分担して仕事を行うためだと思うな。

T　このような仕組みを三権分立といいます。

T　今日のまとめを発表しましょう。 6

C　裁判所では法律にもとづいて問題を解決し、国会・内閣・裁判所は権力を分けているんだね。

学習のまとめの例

・裁判所では、いろいろな問題を法律に基づく裁判によって解決している。
・国会・内閣・裁判所は、それぞれの権力が集中しないように三権分立という仕組みになっている。

〈振り返りの例〉

裁判所で行われている裁判は、法律に基づいて行われていることが分かりました。裁判所の種類を初めて知りました。日本の政治の仕組みが三権分立になっている意味なども友達と話し合ってよく分かりました。国民もしっかりと政治に関わっていました。

まとめる
整理する・生かす

学習問題について話し合い、まとめよう

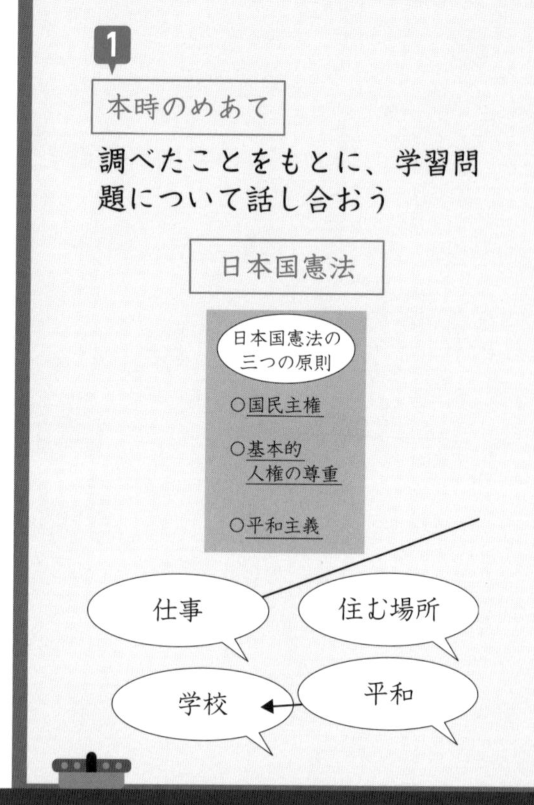

本時の目標

学習したことを基に学習問題について話し合うことを通して、我が国の民主政治について考え、適切に表現できるようにする。

本時の評価

・日本国憲法の基本的な考え方と我が国の民主政治との関わりについて考え、図や文章で適切に表現している。【思②】
・これまでの学習を振り返り、日本国憲法の基本的な考え方がくらしにどう生かされているのか、という関心を深めている【主②】

用意するもの

日本国憲法三つの原則の図、三権分立の図

本時の展開 ▷▷▷

つかむ 出合う・問いをもつ

板書のポイント
これまでの学習で調べたことをもとに、学習問題について考えることを知らせ、本時のめあてと学習問題を板書する。

T　これまでに学習してきたことは何でしたか。
C　日本国憲法について三つの原則を調べました。
C　日本の政治は三権分立の仕組みで進められていることを調べました。
T　今日は、調べてきたことを使って、学習問題について話し合いましょう。
＊本時のめあてを板書する。 

調べる 情報を集める・読み取る・考える・話し合う

板書のポイント
日本国憲法の三つの原則と三権分立の資料を黒板の両脇に貼付する。その間に私たちのイラストを貼付し、子供の意見を板書する。

T　国民主権・基本的人権の尊重・平和主義や、国会・内閣・裁判所などから私たちのくらしに関係のあるものを考えてみましょう。 2
C　選挙は国民主権や参政権、国会や内閣と関係しています。
C　わたしたちの税金は、国の予算として使われていました。
C　選挙で選ばれた議員が法律や予算を話し合い、わたしたちのくらしのことに税金が使われているのだと思います。

【学習問題】
日本国憲法と政治は、わたしたちのくらしとどのようにつながっているのだろう。

【学習のまとめ】
・学校や仕事など、私たちのくらしに関わることは、日本国憲法の考え方や政治の仕組みが基になって行われている。

2

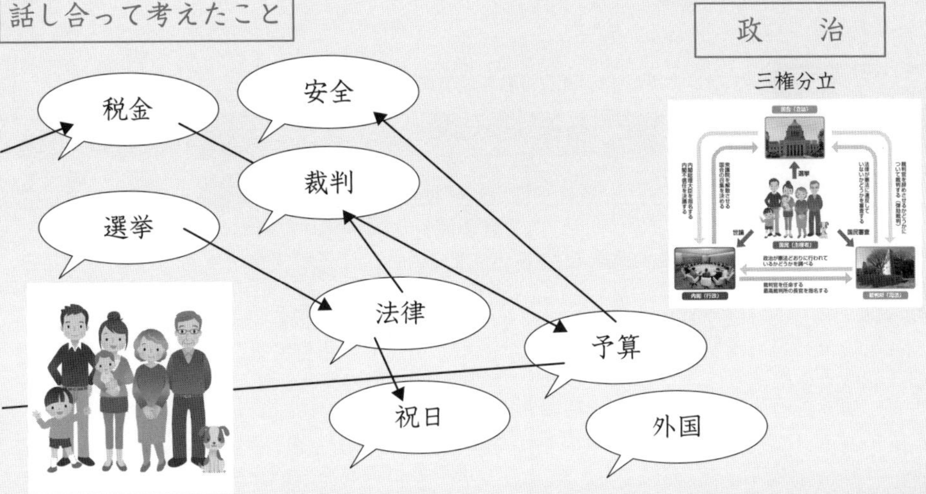

まとめる　整理する・生かす

板書のポイント
出された子供たちの意見や考えを基に、板書上で矢印を使いながらそれぞれをつなげていき、学習問題についての考えをまとめさせる。

T　話し合ったことを参考にして、学習問題に対する考えをまとめましょう。

C　選挙を行うことで、国民主権の考えが守られていると思う。選挙をすることで、私たちのくらしに関わる税金の使い方などにも国民の考えが伝わるのではないかな。

C　国会や内閣で決められたことが実際の私たちのくらしに関わってくる。国会や内閣の仕事に関心をもつことが大切だと思う。

学習のまとめの例

・学校や仕事など、私たちのくらしに関わることは、日本国憲法の考え方や政治の仕組みが基になって行われている。
・私たちのくらしのもとになっているものが日本国憲法であり、政治によって実際にいろいろなことが進められている。

〈振り返りの例〉
これまでの学習で、憲法や政治のことがよく分かりました。憲法の三つの原則や政治の三権分立などもそれぞれが関係し合って私たちのくらしを支えてくれているのだと思います。

2 （5時間）みんなの願いを実現する政治

単元の目標

政策の内容や計画から実施までの過程、法令や予算との関わりなどに着目して、国や地方公共団体の政治の働きを考え、表現することを通して、国や地方公共団体の政治は、国民主権の考え方の下、国民生活の安定と向上を図る大切な働きをしていることを理解できるようにすると共に、児童センターの建設における政治の働きについて主体的に学習問題を追及、解決しようとする態度を養う。

学習指導要領との関連 内容(1)「我が国の政治の働き」アの(イ)及び(ウ)、イの(イ)

第1時	第2～3時
つかむ「出合う・問いをもつ」	調べる
〔第1時〕 ○子育て支援に関わる疑問から、学習問題をつくろう。【思①】【主①】 ・「あすぱる」を利用した体験を基に発表する。 ・資料「利用者の声」を手がかりにして、どうして無料で遊べるのか、どのようにつくられたのかなど、知りたいことや疑問に思ったことを話し合う。 **【学習問題】** 児童センター「あすぱる」は、なぜ、どのようにつくられたのだろう。 ・予想や学習計画を立てる。	〔第2時〕 ○市では、なぜ子育て支援を行っているのだろう。【知①】 ・資料「子ども・子育て支援事業（川口市）」から、川口市の子育てを取り巻く状況について調べ、市民の願いを考える。 〔第3時〕 ○国や県、市役所、市議会はどのようなはたらきをしているのだろう。【知①】 ・「あすぱる」建設について調べ、国や県、市役所、市議会の働きや市民の政治との関わり方について調べる。 **★市民と国や市役所、市議会の働きを関連付ける**

単元の内容

本単元では、具体的な事柄に基づいて「国や地方公共団体の政治の働き」について学習する。ここでは児童センターの建設（社会保障）を取り上げる。具体的には、国の制度や市を中心とした施設の建設を調べ、国や地方公共団体は市民・国民の願いを実現させるために様々な事業を行っていることを考える。

その際、国の法律、市議会の働き、議員の選挙、税金の使い方などを調べることにより、議会制度や選挙の意味、租税の役割について考える。これらの内容から、政治が国民生活にどのような役割を果たしているかを考え、理解を深めていく。さらに政治と自分たちの生活との結び付きを実感させていくことで、主権者意識を育てる。

単元の評価

知識・技能	思考・判断・表現	主体的に学習に取り組む態度
①各種の資料から人々の願いが政治によってどのように実現されているかを読み取り、国や県、市の政治の働きを理解している。 ②各種の資料から税金の使われ方を読み取り、租税の役割を理解している。	①なぜ無料で遊べるのかなど、疑問に思ったこと、知りたいことなどを基に問いを見いだし、児童センター建設の経緯について考え、表現している。 ②国や県、市役所や市議会の働きについて学習したことを基に、学習問題に対する自分の考えを言葉や文章で表現している。	①児童センターの建設における政治の働きについて、予想や学習計画を立てたり学習を振り返ったりして学習問題を追究し、解決しようとしている。 ②これまでの学習を振り返り、税金やその使われ方、選挙などについての関心をより深めている。

【知】：知識・技能　【思】：思考・判断・表現　【主】：主体的に学習に取り組む態度　○：ねらい　・：学習活動　★：見方・考え方

第４時	第５時
「情報を集める・読み取る・考える・話し合う」	まとめる「整理する・生かす」
〔第４時〕 ○市で使う税金の仕組みはどうなっているのだろう。【知②】 ・税金がどのように集められ、どのように使われているのかを調べる。 ・税金がなかったら困ることを考え、話し合う。	〔第５時〕 ○これまでの学習を振り返ろう。【思②】【主②】 ・国や県、市役所や市議会の働きを基に、学習問題について話し合い、自分の考えをまとめる。 **【学習のまとめの例】** 「あすぱる」は市民の願いから誕生した。市には、国や県と協力して、市民の願いを実現するための仕組みが整えられている。

問題解決的な学習展開の工夫

教材開発に当たっては、自分たちの地域の事例を扱うとよい。自分たちと関わりのある地域の事例を学習することは、国や地方公共団体の政治がどのような働きをするのかを、自分事として捉えることができるからである。身近にある実際の事例を基に、「地域にはどのような課題があったのか」「その課題がどのようにして解決されたのか」などを、自分自身が地域に身を置きながら追究することができる学習展開を工夫したい。また学習活動の中に、保護者や地域の人、市役所の人や議員さんなどの話を伺う機会を設けながら、身近な地域の政治に目を向け、国の政治との関連を学ばせたい。さらに地域の課題は、自分自身の課題でもあることに気付き、解決するための自分の意見を述べる場を設けるなど、主権者意識を育てる工夫もしたい。

調べる
情報を集める・読み取る
考える・学び合う

子育て支援に関わる疑問から学習問題をつくろう

本時の目標

児童センターの様子と子供をもつ親の願いについて話し合い、学習問題をつくり、学習計画を立てるようにする。

本時の評価

・どうして無料で遊べるのか、など、疑問に思ったことや知りたいことを基に、学習問題を見いだし、予想を立てている【思①】
・児童センターの利用経験を想起し、自分の考えを意欲的に述べている【主①】

用意するもの

あすぱるの外観写真、6－1のあすぱる利用内容、あるぱるを利用する人たちの声

児童センター「あすぱる」

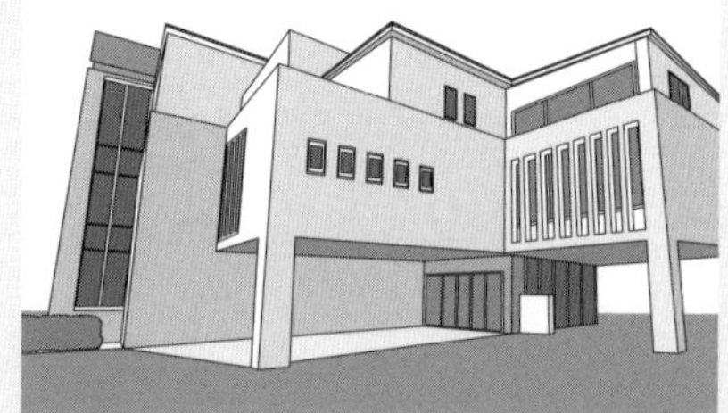

1

6－1の「あすぱる」の
利用内容
1　ベーゴマ大会　…15人
2　こま回し　…12人
3　バスケットボール…11人
4　一輪車　… 8人
5　クッキング教室　… 6人
（複数回答含む）

本時の展開 ▷▷▷

つかむ　出合う・問いをもつ

板書のポイント

「あすぱる」の写真資料を掲示する。そして「6－1のあすぱる利用内容」ベスト5を掲示する。

（事前に聞き取り調査を実施）

T　このクラスで児童センター「あすぱる」を利用したことがある人の人数を発表します。

＊資料「あすぱるの外観写真」

＊資料「6－1のあすぱる利用内容」 1

C　全員だ。

C　ベーゴマやけん玉を教えてもらった。

C　赤ちゃんや小さな子供もお母さんと一緒に遊びにきていたよ。

＊本時のめあてを板書する。 2

調べる　情報を集める・読み取る・考える・話し合う

板書のポイント

資料を配付し、利用者の声を読み取り、分かったことを板書する。そして、利用者の共通する思いを考えさせる。

T　どのような人が、なぜ利用しているのでしょうか。

＊資料「あすぱるを利用する人たちの声」 3

C　小さい子供を安心して遊ばせることができる。同じ年ごろの子供をもつ親どうしで話ができるので助かる。

C　子供と遊べる道具や場所があるので、休みの日によく利用している。

C　「あすぱる」は、子供を育てるのに役立っている。

本時のめあて 2

「あすぱる」が利用されている理由を考えて、学習問題をつくろう。

分かったこと 3

市民
〈利用する親の声〉
・安心して遊べる
・親子で楽しめる
・室内遊び　外遊び
・学習会や行事…毎月
・教えてくれる先生がいる
・同じ年ごろの子どもをもつ親どうしで話ができる
・原そく無料 → どうして？

us　わたしたち
明日　子どもたちの未来
pal　仲間・友だち
→ 子どもたちのため？

4
【学習問題】
児童センター「あすぱる」は、なぜ、どのようにつくられたのだろうか。

本時のまとめ

どうやって？

川口市立児童センター「あすぱる」
川口市がつくった公共施設
学校・図書館・科学館など
「あすぱる」は子育てに役立つ施設

よそう

・子どもが元気に育つように。
・市役所がつくった。

まとめる　整理する・生かす

板書のポイント

ノートに書いた子供たち一人一人の知りたいことや疑問に思ったことを発表させ、主なものを板書して、学習問題の設定につなげる。

T　児童センターについて、知りたいことや疑問に思ったことから学習問題をつくりましょう。

C　どうして無料で遊べるのかな。

C　「あすぱる」の名前の意味から、子供たちのことを思ってつくられた施設なのかな。

C　どうやってこの施設がつくられたのかな。

＊学習問題を板書する。 4

T　学習問題について予想しましょう。

学習のまとめの例

・児童センター「あすぱる」は川口市がつくった公共施設で、0歳から18歳までの子供と保護者が利用できる。
・「あすぱる」は、子供を育てるのに役立つ施設で、利用者は助かっている。

〈学習問題の予想〉
・子供たちが元気に育つようにという願いを込めてつくられたと思う。
・市役所の人たちが計画してつくったと思う。

調べる
情報を集める・読み取る
考える・学び合う

市では、なぜ子育て支援を行っているのだろう

本時の目標

川口市が行っている子育て支援の概要を調べ、「あすぱる」に関わる人々の思いや願いに気付くことができるようにする。

本時の評価

・川口市が行っている子育て支援の取組や、「あすぱる」がつくられた目的を資料から読み取っている。【知①】

用意するもの

あすぱる所長の話、子ども・子育て支援事業の資料

1
「あすぱる」
市の児童厚生施設
↓
子育て支援が目的
約74000人が利用（2016年度）

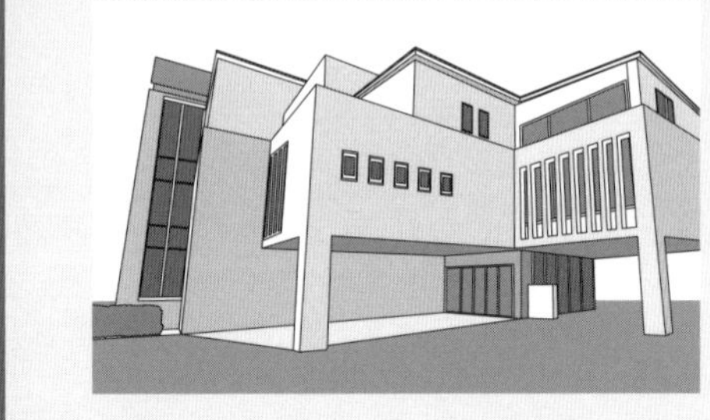

本時の展開 ▷▷▷

つかむ　出合う・問いをもつ

板書のポイント
子供たちに資料を配付し、読み取ったことを発表させる。「子育て支援が目的」というキーワードから本時の問いへとつなげる。

T　この資料を読んで、分かったことや知りたいことを発表しましょう。
＊資料「あすぱる所長の話」　1
C　「あすぱる」は市の児童厚生施設。
C　子供たちが遊べるだけでなく、親の子育てに関する相談や出産前後の学習なども行っている。
C　子育てに悩んでいる親が多いのかな。
＊本時のめあてを板書する。　2

調べる　情報を集める・読み取る・考える・話し合う

板書のポイント
子供たちに資料を配付し、簡単にした資料（拡大版）を黒板に貼り付ける。分かったことや考えたことを板書する。

T　みなさんが知りたいことについて関係のありそうな資料を配ります。
資料「子ども・子育て支援事業」3 4 5
C　核家族が多い。
C　親や親戚がそばにいない。地域に相談できる人がいない。
C　子育てについて相談できる場所がほしい。
C　川口市では、市民の願いや、計画に基づいて、子育てを地域全体で支えるまちづくりを目指している。

本時のめあて 2

なぜ「あすぱる」では、子育て支援を行っているのだろう。

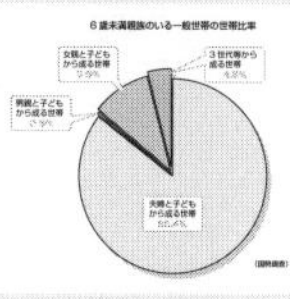

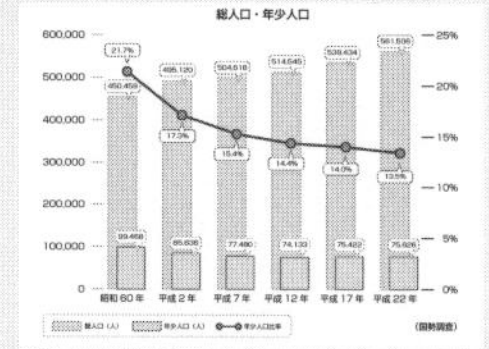

分かったこと

〈川口市の子育てをとりまく状況〉
・少子化
・核家族
・地域のつながりがうすい
子育てに不安・なやみをもつ親

社会の動き

国…児童福祉法
市…子ども・子育て支援事業

子どもは社会の宝

地域のみんなで育てるまちづくり
子育てしやすいまちへ

親（市民の願い） 4

・相談できる
・親子で楽しく遊べる
・いろいろな世代とふれあう
・情報交かん

(場) 施設がほしい

「あすぱる」で働く人の考え 5

・利用者の思いや願いをかなえたい
・何度も利用してもらいたい
・アンケートの実施
通信の発行

本時のまとめ

川口市は市民の願いや
社会の動きなどを受けて
「あすぱる」をつくり
子育て支援を行っている

まとめる 整理する・生かす

板書のポイント

（重要な語句や疑問など色チョークの役割を決めて共通理解を図っておく）子供は板書を見ながらノートに自分の言葉でまとめる。

T　それでは、今日の学習を振り返りながら、ノートに自分の言葉でまとめやもっと知りたいことなどを書きましょう。

C　川口市は、市民の願いや社会の動きなどを受けて、子育て支援を行っている。

C　「あすぱる」は、利用する人たちの思いや願いを参考にしながら活動している。

C　「あすぱる」がつくられるまでに、どんな人たちが関わっていったのだろう。

C　市は市民の願いを全て叶えてくれるのかな。

学習のまとめの例

・川口市では、市民の願いや計画に基づいて子育て支援の取組を進め、「あすぱる」をつくった。
・「あすぱる」の子育て支援を活用することで、親がもつ子育ての悩みや不安を解消することに役立っている。
・「あすぱる」は、子供をもつ親の願いをかなえようと色々な行事を計画し、子育てを支援している。
・子育て支援を充実させることは、安心して子供を産み育てることができ、少子化対策にもつながっていくと分かった。

調べる
情報を集める・読み取る
考える・学び合う

国や県、市役所、市議会はどのようなはたらきをしているのだろう

本時の目標

「あすぱる」ができるまでを調べ、市役所や市議会の働きや市民の政治との関わりを理解できるようにする 。

本時の評価

・「あすぱる」ができるまでを調べ、市役所や市議会の働きや市民の政治との関わり方を捉えている。【知①】

用意するもの

あすぱるがつくられるまでの流れ、川口市役所の人の話

「あすぱる」ができるまで

3

市民の願い

子育て支援へのさまざまな要望

聞く会を開く

聞く会を開く

2

・国の法律（児童福祉法）
・子育てに関する計画
・子育て支援を目的とした施設
・子育てを地域で協力、助け合う

市民……要望
市役所…計画案
予算案
市議会…決定

市では市民の要望をもとにさまざまな取組みを進めている

川口市役所の木村さんの話

本時の展開 ▷▷▷

つかむ 出合う・問いをもつ

板書のポイント
前時の振り返りを子供が発表した後に、本時のめあてを板書する。

T　前時の学習を振り返り、本時のめあてをつかみましょう。
C　どんな人たちが関わって「あすぱる」がつくられたのか知りたい。
＊本時のめあてを板書する。 1
T　どんなことが予想できますか。
C　市役所の人たちが関わっていると思う。
C　国会と同じように市議会で話し合って決めていったと思う。

調べる 情報を集める・読み取る・考える・話し合う

板書のポイント
資料「川口市役所の人の話」を掲示する。市民と市役所と市議会の関係を、矢印を使いながらキーワードで整理していく。

T　みなさんの予想や知りたいことについて関係のありそうな資料を配ります。
・資料「川口市役所の人の話」 2
C　国の法律に基づいている。
＊資料「あすぱるがつくられるまでの流れ」 3
C　市役所が計画や予算案をつくり、議会の承認や国の補助を受け「あすぱる」は完成した。
C　市民は選挙を通して代表を選び、政治の進め方を決めている。

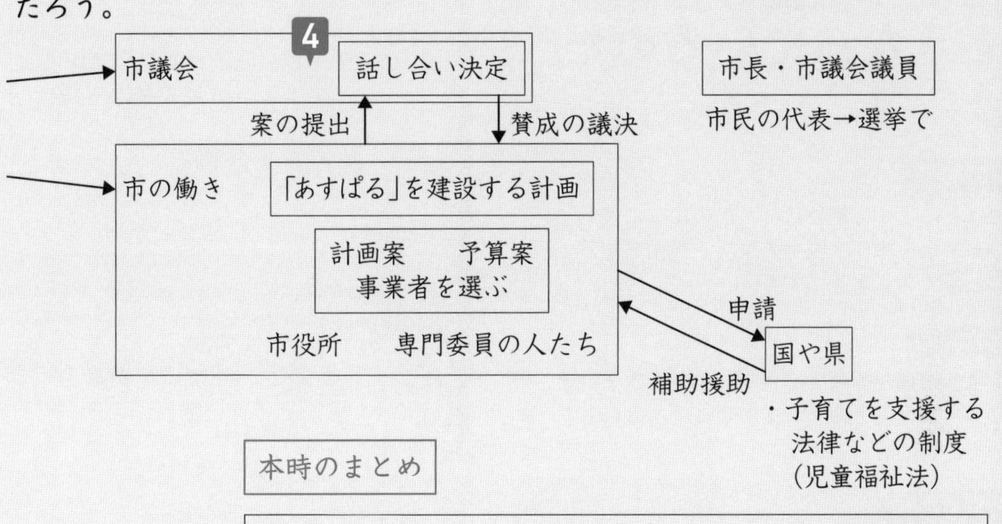

まとめる　整理する・生かす

板書のポイント
板書を見ながら「学び取ったこと」をノートに自分の言葉でまとめる。教師の言葉で学習のまとめを書かないこと。

T　それでは、今日の学習を振り返りながら、ノートに自分の言葉でまとめを書きましょう。
C　市民の要望を基に、市役所や市議会などの働きによって「あすぱる」はつくられた。
C　要望や予算の使いみちは、わたしたち市民が選んだ代表者が決めていた。だから信頼できる議員を選挙で選ぶことが大切だ。
C　「あすぱる」の建設費用は、どのようにしてまかなっているのかな。

学習のまとめの例

- 「あすぱる」は、国の法律に基づき、市民の要望を受け、市役所や市議会などのはたらきによってつくられた。
- 市民の願いは市役所や市議会に出されている。市は「あすぱる」建設の為の計画をつくり、市議会の話合いで建設を決定した。
- 選挙によって選ばれた市民の代表である市議会議員が、必要なことを話し合って決めていた。だから、市民には議員を選挙で選ぶ大きな責任があると考えて分かった。

調べる
情報を集める・読み取る
考える・学び合う

市で使う税金の仕組みはどうなっているのだろう

本時の目標

税金がどのように集められ、どのように使われているのかを調べ、税金の果たす役割を理解することができるようにする。

本時の評価

・税金は、国民が健康で文化的な生活を送るために様々な場面で使われていることを理解している。【知②】

用意するもの

あすぱるに必要なお金、川口市の収入の内訳

建設費
140,000,000円
（1億4000万円）

運営費
20,000,000円
（2000万円）

1　市税
2　国や県の補助金

「あすぱる」に多くの税金が使われている

本時の展開 ▷▷▷

つかむ　出合う・問いをもつ

板書のポイント

資料「あすぱるに必要なお金」を提示し、必要な金額は一の位から書き始めるなどの工夫をしながら板書することで、子供の関心を高めていく。

T　前時の学習を振り返り、本時のめあてをつかみましょう。

＊本時のめあてを板書する。 1

＊資料「あすぱるに必要なお金」 2

C　建設に約１億4000万円かかっている。

C　運営には、働く人の給料など、年間2000万円かかっている。

調べる　情報を集める・読み取る・考える・話し合う

板書のポイント

税金の使われ方については、既習を想起させながら発表させ、福祉や教育等に整理して板書する。

T　税金の集められ方やその使われ方について調べましょう。

＊資料「川口市の収入の内訳」 3

C　市民や会社が一番税金を納めている。

C　国や県からの補助金もある。

C　市の公共施設に税金が使われている。

T　税金の役割について考えましょう。

C　みんなが納めた税金で、住みよいくらしを支え合っている。

C　税金がなかったら、困ることがたくさんある。

本時のめあて 

「あすぱる」に必要な費用は、どのようにしてまかなわれているのだろう。

2

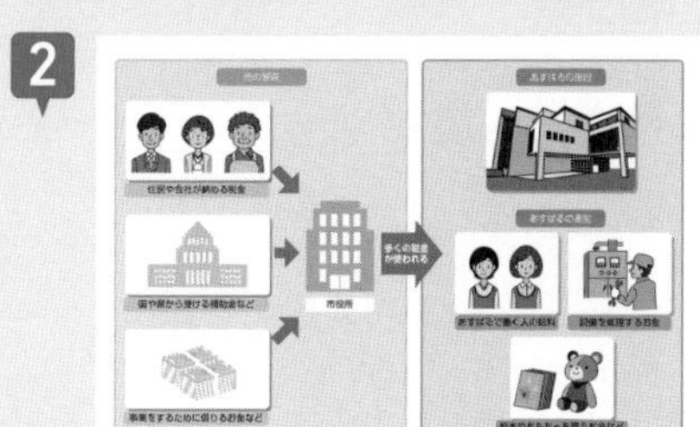

3

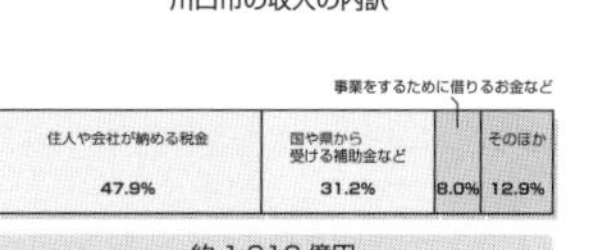

納税の義務
（憲法第 30 条）

税金はわたしたちの生活や社会を支える大切なもの

もし税金がなかったら
授業を受けられない
消防自動車がこない
警察官がいなくなる
ごみがまちにあふれる

4

〈身近な税金の使い道〉
児童センター
学校　子育て・教育
公民館　便利で豊か
図書館
消防署
警察署　市民の安全
ごみ収集
水道　健康で快適
医りょうセンター

公共的な事業

本時のまとめ

「あすぱる」の建設や運営に必要なお金は税金でまかなわれている。
税金は子育てや教育などに使われ、わたしたちの生活や社会を支える大切なものである。

まとめる　整理する・生かす

板書のポイント
板書に整理された言葉や文章を見ながら、「今日の学習で学び取ったこと」をノートに自分の言葉でまとめる。

T　それでは、今日の学習を振り返りながら、ノートに自分の言葉でまとめを書きましょう。
C　「あすぱる」には多くの税金が使われていた。
C　税金は、学校教育やごみ処理などにも多く使われている。
C　税金は生活を支える大切なもので、多くの人が必要とする公共的な事業に使われる。
C　わたしたち国民には納税の義務があり、誰もが税金によるサービスを受けられる。

学習のまとめの例

- 人々の願いを実現するための費用は、市税が使われている。ほかにも、国からの補助金などもある。
- 「あすぱる」に必要な費用は多くの税金によってまかなわれていた。市は税金を使って多くの人が必要とする公共的な事業を行っている。
- 税金は子育てや教育などに使われ、わたしたちの生活や社会を支える大切なものである。
- もし税金がなかったら、安全で快適にくらすことができなくなることが考えて分かった。

調べる
情報を集める・読み取る
考える・学び合う

これまででの学習を振り返ろう

本時の目標

国や県、市役所や市議会の働きを基に、学習問題についての自分の考えをまとめることができるようにする。

本時の評価

・国や県、市役所や市議会の働きについて学習したことを基に、学習問題に対する自分の考えを適切に言語などに表現している。【思②】
・これまでの学習をふり返り、税金やその使われ方、選挙などについての関心をより深めている。【主②】

用意するもの

前時までの掲示資料など

本時のめあて 1

国や県、市役所や市議会の働きをもとに、学習問題についての自分の考えをまとめよう

2

【学習のまとめの例】

児童センター「あすぱる」 ★国の法律 児童福祉法 を受けて

川口市の児童厚生施設……子育て支援が目的

子どもは社会の宝

建設費用←税金 国や県からの補助
↓
納税の義務

○国や県と協力して
○市民と市役所と市議会の働きで実現

本時の展開 ▷▷▷

つかむ 出合う・問いをもつ

板書のポイント

教室に掲示しているこれまでの資料やノートを見て、小単元を簡単に振り返った後に、本時のめあてを板書する。

T　これまでの学習を振り返りましょう。
＊学習問題と本時のめあてを板書する 1
T　国や県、市役所や市議会の働きを中心に、「あすぱる」がなぜ、どのようにつくられたのか、自分の考えをノートにまとめましょう。

調べる 情報を集める・読み取る・考える・話し合う

板書のポイント

子供たちの考えを発表させて、キーワードを使いながら板書する。

T　一人一人がノートにまとめた自分の考えについて、グループで話し合いましょう。
C　「あすぱる」には、たくさんの税金が使われていた。税金の役割はとても重要だ。 2
T　グループで話し合ったことを発表しましょう。
C　市には、国や県と協力して、市民の願いを実現するための仕組みが整えられている。
C　みんなの税金の使い道を決める議員を選挙で選ぶことも大切だ。

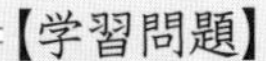

児童センター「あすぱる」は、なぜ、どのようにつくられたのだろうか。

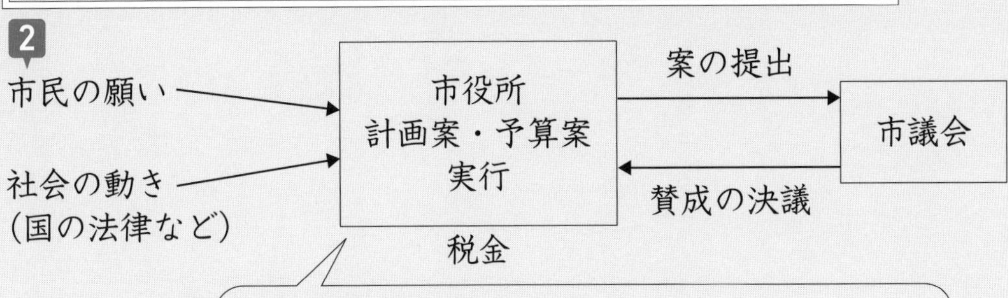

市民の願いを実現するためのしくみが整えられている。⟷国の政治と協力している。

ふりかえり

議員を選挙で選ぶ大切さ→選挙権 18歳以上
大切な税金をむだづかいしない
学校の建物・机やいすなどを大切に使う

もっと知りたいこと 3

・将来の税金について
・市民はどんな願いをもっているか
　それらの願いは実現しているのか
・社会にはどんな課題があるのか（世の中）

まとめる　整理する・生かす

板書のポイント
まとめで、新たな疑問や知りたいことを発表させて板書することで、自らが課題をみつけ追究したいという意欲へとつなげる。

T　疑問に思っていることやもっと知りたいことはありませんか。 3
C　少子化が続くと働く人口が減り、税金からの収入が少なくなる。将来、社会保障のサービスを続けることはできるのだろうか。
C　選挙の投票率が低いと、市民の一部の人の願いしか実現しないのではないだろうか。
T　今考えた疑問やもっと知りたいことは、家に帰って調べたり、家族に聞いたりして、自分で解決してみましょう。

学習のまとめの例

・「あすぱる」は市民の願いから誕生した。市には、国や県と協力して、市民の願いを実現するための仕組みが整えられている。

〈振り返りの例〉
・私は選挙に行くことの大切さを学んだ。議員が議会で大事な予算などを決めているので、信頼できる人を選ばなければならない。また、少子高齢化が進むと、どんな課題が起こるのかもっとくわしく調べてみたいと思った。さらに学校で使われている机や椅子も税金でまかなわれているので、大切に使いたい。

2

日本の歴史

1 (6 時 間) 大昔のくらしとくにの統一

単元の目標

狩猟・採集や農耕の生活の様子、むらとむらの争い、巨大古墳の出現やそこに葬られた人、古墳の分布などについて考え、表現することを通して、大昔から長く続いた自然の中での生活が、稲作や鉄器の伝来によって変化し、その後大和朝廷により国土が統一されたことを理解できるようにするとともに、大昔の人々のくらしについて学習問題を追究、解決しようとする態度を養う。

学習指導要領との関連

内容(1)「我が国の歴史上の主な事象」ア の(ア)及び(シ)、イの(ア)

第 1 時	第 2 ・ 3 時
つかむ「出合う・問いをもつ」	**調べる**
〔第 1 時〕 ○大昔の遺物や想像図を見て、学習問題を見つけよう。【主①】 ・狩猟や採集、農耕の道具、土器やはにわの写真を年代順に並び変えたり、気付いたことを話し合ったりする活動を通して、学習問題をつくる。 **【学習問題】** 大昔の人々のくらしはどのように変わっていったのだろうか。 ・学習問題に対する予想や、学習計画を立てる。 予想⇒「……ではないか。」 学習計画⇒「○○について調べれば、△△について分かるのではないか。」 など **★遺物に着目する。** ●「歴史フローチャート」に本時で立てた学習問題を書き込む。	〔第 2 時〕 ○三内丸山遺跡と狩り・採集のくらしを調べて、縄文時代の生活の様子を考えよう。【知①】 ・当時の生活の様子の想像図から、読み取れることを書き出し話し合う活動を通して、当時の生活の様子について考える。 **★「衣」「食」「住」の視点に着目する。** ●「歴史フローチャート」に本時で学んだことを書き込む。 〔第 3 時〕 ○板付遺跡と稲作が伝わったころの人々のくらしを調べて、縄文時代から弥生時代の生活の変化について考えよう。【思①】 ・縄文時代と弥生時代の想像図を比較したり、農耕に使われた道具の写真を見たりしながら当時の人々の生活の様子について考える。 ●「歴史フローチャート」に本時で学んだことを書き込む。

単元の内容

本単元では以下の内容を学習する。

①狩猟・採集や農耕の生活
②古墳
③大和朝廷（大和政権）による統一の様子

を手掛かりに…

◎むらからくにへと変化したことを理解する。

〈おさえたいポイント　ここだけは！〉

①狩猟・採集中心の生活から、農耕が始まることによって集団で農作業をしながら定住するようになったことをおさえたい。

②古墳の大きさを子どもがイメージできるように、学校の大きさとの比較を入れる。

③古墳の分布の広がりや、副葬品について取り上げ、国土統一の様子をつかませたい。

単元の評価

知識・技能	思考・判断・表現	主体的に学習に取り組む態度
①各種の資料から大昔の人々のくらしの様子を捉える上で必要となる事物や事柄を読み取り、稲作や鉄器の伝来により狩猟・採集から稲作中心の集団生活が始まり、むらどうしの争いを経て、大和朝廷により国土が統一されたことを理解している。	①稲作や鉄器の伝来に着目して問いを見いだし、くらしや社会の変化について考え、適切に表現している。	①大昔の人々のくらしについて、予想や学習計画を立てたり、学習を振り返ったりして学習問題を追究し、解決しようとしている。

【知】：知識・技能　【思】：思考・判断・表現　【主】：主体的に学習に取り組む態度　○：ねらい　・：学習活動　★：見方・考え方

第４・５時	第６時
「情報を集める・読み取る・考える・話し合う」	まとめる「整理する・生かす」
（第４時） ○吉野ヶ里遺跡を調べて、なぜむら同士が争ったのかを考えよう。【思①】 ・吉野ヶ里遺跡の想像図や出土品から、むらとむらが争う様子を捉え、原因を考える。 **★遺物に着目する。** ●「歴史フローチャート」に本時で学んだことを書き込む。 （第５時） ○古墳や副葬品、古墳の分布を調べて、古墳に葬られた人々やその力が及んだ範囲について考えよう。【知①】 ・大山古墳や古墳の分布図などを調べて、古墳に葬られた人々の力の大きさや、及んだ範囲を考え、大和地方を中心に国土が統一されたことについて考える。 ●「歴史フローチャート」に本時で学んだことを書き込む。	（第６時） ○学習問題について話し合い、大昔の人々のくらしの変化やくにの様子の変化について自分の考えをまとめよう。【知①】 ・前時までに書き込んだ「歴史フローチャート」を参考にしながら、学習したキーワードを時系列に整理し、人々のくらしがどのように変化したのかを話し合う。 **【学習のまとめの例】** 長く狩猟・採集のくらしが続いたが、稲作や鉄器などの技術が伝わることによって集団生活するようになり、むらどうしの争いを経て、大和朝廷による国土の統一がなされた。

問題解決的な学習展開の工夫

〈手立て１〉話し合い活動のバリエーション

子ども同士で話し合う際には、ペア、グループ、クラスといった基本形の他にも、第２時で行うような、「衣」「食」「住」それぞれについて調べ、その後クラス全体で意見を持ち寄るという手法もある。また、資料から気付いたことを一問一答的に答えるのではなく、子ども同士の意見をつなぐ役割を教師がしていきたい。

〈手立て２〉歴史フローチャートの活用

各授業の最後でその時間に分かったことをフローチャートにまとめる活動を取り入れる。これにより、出来事の原因と結果を結び付けることができ、単元のまとめでも使えるツールとなる。学習を重ねるごとに内容が増えていくので、子どもたちも初めての歴史学習に興味をもつことができるはずだ。

つかむ
出会う・問いをもつ

大昔の遺物や想像図を見て、学習問題を見つけよう

本時の目標

狩猟や採集、農耕の道具などの特徴的な写真を年代順に並び変える活動を通して、大昔の人々の生活の様子への関心を高めるようにする。

本時の評価

・遺物や想像図などから大昔の人々の暮らしに興味・関心や疑問をもち、学習問題を見いだしている。【主①】

用意するもの

大昔の遺物の写真、等尺年表、時代ごとの人々の生活の様子を表す想像図、フローチャート

本時のめあて 1

大昔の物や想像図を見て、学習問題を見つけよう。

【土でできた人形？】
⇒何に使われていたのかな？
置き物だった？ 2

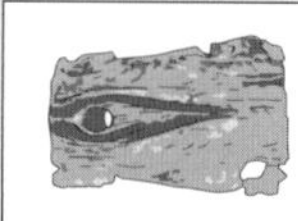

【畑仕事に使う道具？】
⇒耕すのに使っていた？
畑や田んぼで使う？

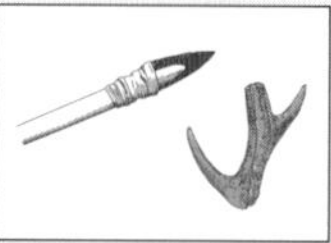

【武器かな？】
⇒動物を捕るのかな？
釣りに使っていた？

3

※どの道具が一番古くて、どの道具が一番新しいだろうか？

本時の展開 ▷▷▷

つかむ 出合う・問いをもつ

板書のポイント

大昔の遺物の写真を提示して、気付いたことを自由に発言させる中から、使われ方などについて疑問を引き出し、学習問題の設定につなげる。

＊本時のめあてを板書する。 1

T　これらは大昔の人が作ったものの写真です。それぞれ何に見えますか。 2

C　A は土でできた人形？C は、武器のように見えます。B は畑で使う道具かな。

T　では、それぞれ何に使われていたのでしょうか。予想してみましょう。

C　矢じり・釣り針…戦っていた。釣りをした。くわ・石包丁…畑仕事。石包丁は分からない。はにわ…置き物として？？

調べる 情報を集める・読み取る・考える・話し合う

板書のポイント

等尺年表を提示し、大昔の時の流れを視覚化するとともに古い順に並び替える操作を黒板で行い、時代の流れを捉えやすくする。

T　では、どの道具が一番古くて、どの道具が一番新しいと思いますか。 3

C　一番新しいのは畑の道具だと思います。今の形に似ているから。

C　矢じりは石でできているから古い気がする。

C　はにわは土でできているからもっと古い？

＊ここで年表を黒板に提示。 4

T　実はこれくらい古いものだったんですね。

10000年前	2500年前	1500年前
矢じり・釣り針	くわ・石包丁	武人埴輪
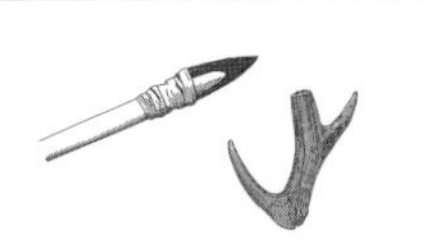		

「くらしの想像図」 4

自然の中でのくらし	米づくりのくらし	リーダーがまとめた

【学習問題】
大昔の人々のくらしはどのように変わっていったのだろうか。

まとめる　整理する・生かす

板書のポイント
それぞれの時代の人々のくらしの様子を提示し、違いについて話し合う活動を通して、変化の様子について疑問をもてるようにする。

T　それぞれの道具が使われていたころの生活の絵を見比べて、気付いたことをノートに書きましょう。 4

T　どのような生活をしていたのかについて話し合ってみましょう。

C　縄文…自然の中で暮らしていたのではないかな。弥生…畑や田んぼで農業を営んでいたのでは。古墳…リーダーのような人が皆をまとめているように見えます。

＊時代によって生活が変化したことを捉える。

学習のまとめの例

・最後に学習問題を子どもたちと共に考え、設定する。その際に板書の絵を参考に考えさせると良い。
・学習問題「大昔の人々のくらしはどのように変わっていったのだろうか。」を板書。予想をノートに書くように指示する。

〈振り返りの例〉
大昔の道具について調べることができて楽しかった。これからその当時の人々のくらしについてもっと知りたくなりました。

調べる
情報を集める・読み取る
考える・学び合う

縄文時代の生活の様子を調べよう

本時の目標

出土品や遺跡の想像図から当時のくらしについて調べる活動を通して、自然の中で狩猟・採集の生活が営まれたことが分かる。

本時の評価

・当時の人々の生活に着目し、衣食住の視点に沿って調べ、自然の中で狩猟・採集の生活が営まれたことが分かっている。【知①】

用意するもの

三内丸山遺跡想像図、縄文時代の食べ物の一覧、遺物の写真（縄文土器、黒曜石、石器など）、フローチャート

2

本時のめあて

縄文時代の人々はどのような生活をしていたのだろうか。

4

衣	食	住

本時の展開 ▷▷▷

つかむ　出合う・問いをもつ

板書のポイント
縄文時代のくらしの様子の拡大図を提示し、気付いたことを自由に発言させる活動を通して、疑問を引き出し、学習問題につなげる。

T　これは三内丸山遺跡（青森県）という縄文時代の遺跡でのくらしの様子です。気付いたことを発表しましょう。 1

C　わらのようなものでできた家があるよ。

C　大きな家に皆で集まったのかな。

C　高い建物は見張りをするためかな。

T　これは縄文時代の集落の様子です。今日の学習では、当時の生活について調べていきましょう。

＊本時のめあてを板書する。 2

調べる　情報を集める・読み取る・考える・話し合う

板書のポイント
縄文時代の生活の様子について絵図や1年の生活の様子を表した資料をもとに、「衣」「食」「住」の視点でそれぞれ調べる。

T　皆さんの疑問に沿った資料を用意しました。「衣」「食」「住」の視点に分かれて調べましょう。 3

T　どんなことが分かりますか。

C　このころの人々は竪穴住居に住んでいました。

C　縄文土器という食べ物を煮炊きする道具があった。

C　食べ物は狩りや採集によって手に入れたようです。

C　狩りの道具は石や骨で作られていました。

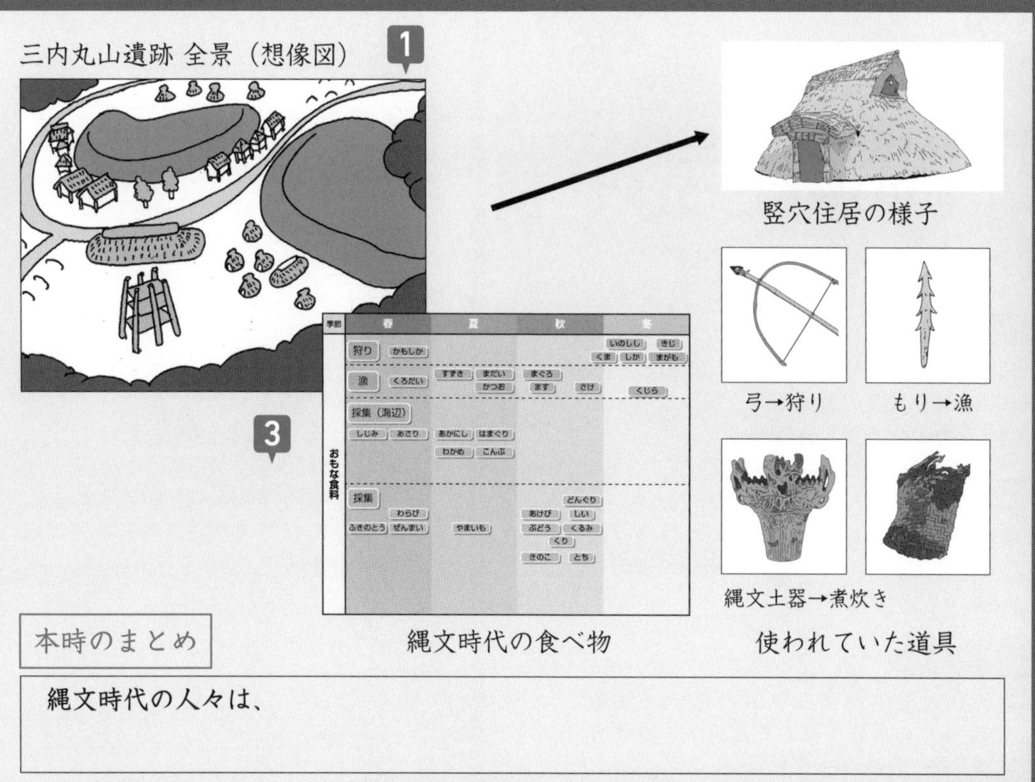

季節	春	夏	秋	冬
おもな食料：狩り	かもしか			いのしし、きじ、くま、しか、まがも
おもな食料：漁	くろだい	すずき、まだい、かつお	まぐろ、ます、さけ	くじら
おもな食料：採集（海辺）	しじみ、あさり	あかにし、はまぐり、わかめ、こんぶ		
おもな食料：採集	わらび、ふきのとう、ぜんまい	やまいも	どんぐり、あけび、しい、ぶどう、くるみ、くり、きのこ、とち	

まとめる　整理する・生かす

板書のポイント

「衣」「食」「住」の視点ごとに発表したことをもとに、縄文時代の人々の生活の様子についてキーワードを押さえ、まとめる。

T　分かったことをもとに、縄文時代の人々の生活についてまとめましょう。 4

C　たくさんの家が建てられている。倉庫ややぐらのようなものもある。

C　森の動物を狩ったり、木の実などを採集したり、魚や貝を獲ったりして生活していた。

C　みんなで協力して生活をしていた。

C　狩りに使う道具や土器などを手作りしていた。

T　まとめが書けたら、振り返り、フローチャートを書きましょう。

学習のまとめの例

・縄文時代の人々は、むらを作り、皆で協力して生活していた。主な食べ物は、魚や貝、木の実、けものの肉。

・もりや弓などの武器やかごや土器などの食料を保存する道具を手作りするなど、工夫して生活していた。

〈振り返りの例〉

縄文時代の人々は、狩猟や採集を中心に生活していたことに驚いた。むらの皆で協力して自然の中で工夫して生活していることに感心した。

調べる
情報を集める・読み取る
考える・学び合う

縄文時代から弥生時代の生活の変化について考えよう

本時の目標

縄文時代と弥生時代の想像図を比較したり、農耕に使われた道具の資料を調べたりして、生活が変化したことを捉えられるようにする。

本時の評価

・生活の様子の変化に着目し、稲作が伝わったことによる影響について考え、適切に表現している。【思①】

用意するもの

縄文時代と弥生時代の生活の様子（比較用）、弥生時代の農耕道具の写真、弥生時代の食べ物の一覧、フローチャート

2

本時のめあて

縄文時代の人々の生活との違いはなんだろうか。

よそう

〈縄文時代との違いを読み取りましょう〉
・田んぼで米を作っている。
・畑を耕しているように見える。
・生活の仕方も変わった？
・指示を出している人がいる。

本時の展開 ▷▷▷

つかむ　出合う・問いをもつ

板書のポイント

弥生時代の生活の様子を見せることで、違いがわかるようにする。２つの絵図を比較して気付いたことを発表するようにする。

T　弥生時代の生活の様子を見て、気付くことはありますか。 1
C　田植えをしている人がいます。
C　畑を耕しているように見えます。
C　田植えの所で指示を出している人がいます。
＊本時のめあてを板書する。 2
T　縄文時代と比べて変化はありますか。
C　米づくりをするようになっています。
C　生活の仕方も変わったのかもしれません。
T　弥生時代の生活について調べましょう。

調べる　情報を集める・読み取る・考える・話し合う

板書のポイント

農耕に使われた道具のレプリカに触れたり、写真の資料を提示したりして、米づくりが行われた当時の生活について話し合えるようにする。

T　弥生時代に農耕に使われていた道具や生活の様子についての資料を配付します。 3
＊資料「農耕に使われていた道具」
＊資料「弥生時代の１年間の生活の様子」
T　どんなことが分かりますか。
C　米づくりに必要な道具が作られ、技術が進歩しています。
C　縄文時代と食べているものが違っています。米づくりが始まったから変わったのかも知れません。

縄文時代の人々の生活の様子

弥生時代の人々の生活の様子

1

3

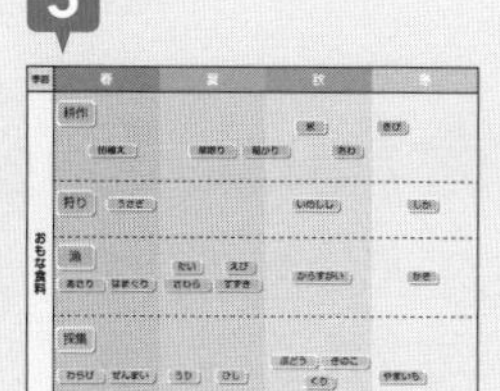

弥生時代の食べ物　農耕に使われた道具

4

本時のまとめ

米づくりが伝わった頃の人々は、

まとめる　整理する・生かす

板書のポイント
縄文時代との食べ物や生活の様子の変化についてキーワードを整理し、まとめる際の手助けになるようにする。書き出しを提示してもよい。

T　今日のめあてを見て、黒板に書かれている言葉を使いながらまとめを書きましょう。4

T　書いたことを発表してください。

C　弥生時代の人々は、稲作が伝わったことによって、農耕のための道具を作りました。

C　稲作の伝来によって、縄文時代には狩りや採集が中心でしたが、食べる物の中心が米に変化しました。

T　今日学習したことを振り返って、フローチャートに書き込みましょう。

学習のまとめの例

・弥生時代の人々は、稲作が伝わったことによって生活の中心が狩猟・採集から米づくりに変わっていった。
・米づくりなどの農耕のための道具が作られ、技術が進歩した。大陸から技術を伝えた指導者を渡来人という。

〈振り返りの例〉
米づくりが伝わったことで、人々の生活が大きく変化したことに驚いた。狩りがあまり行われなくなり、農耕が生活の中心となって、食糧を保存しようとしていたのではないかと思った。

調べる
情報を集める・読み取る
考える・学び合う

吉野ヶ里遺跡を調べて、なぜむら同士が争ったのかを考えよう

本時の目標

縄文時代のむらと吉野ヶ里遺跡のむらのつくりを比べる活動を通して、争いが起こった理由を考える。

本時の評価

・吉野ヶ里遺跡の想像図や出土品から、むらとむらが争う理由を考え、適切に表現している。【思①】

用意するもの

吉野ヶ里遺跡の想像図、縄文時代の想像図、出土品の写真（首のない人骨、矢じりのささった人骨）

気付いたこと 1

〈2つのむらの様子を見比べて気付くこと〉
・むらの周りが柵や堀で囲まれている。
・門番が立っている。
・見張りをするやぐらが建っている。
・攻めてくる敵がいたのかな。

本時のめあて 2

なぜむらの様子が変わったのだろうか。

よそう 4

※なぜ争うようになったのか問う。
・食料を求めてむら同士で争った。
・たくさん米を収穫できる土地をめぐって争った。

本時の展開 ▷▷▷

つかむ　出合う・問いをもつ

板書のポイント
縄文時代のむらと吉野ヶ里遺跡のむらの様子を並べて提示し、むらのつくりが変化していることを捉えやすくする。

T　2つのむらの様子を見比べると、どのような違いがありますか。 1
C　周りが塀や柵で囲まれている。
C　門番が入口のところを守っている。
T　どうしてそのようなつくりに変わっていったのでしょうか。
C　攻めてくる敵がいたのかな。
T　だれに攻められていたのでしょうか。この頃のむらの様子について調べていきましょう。
＊本時のめあてを板書する。 2

調べる　情報を集める・読み取る・考える・話し合う

板書のポイント
争いがあったことが分かる資料を配付し、なぜむらとむらが争うようになったのかについて考えられるようにする。

T　争いがあったという予想に関係していそうな資料を配ります。 3
＊資料「首のない人骨」
＊資料「矢じりのささった人骨」
T　どのようなことが分かりますか。
C　首がない人骨が出てきているということは、戦って負けた人がいたのではないか。
C　みんなで協力して狩りや採集をしていたころと比べると、争いが生まれて平和ではなくなったように感じます。

三内丸山遺跡の想像図

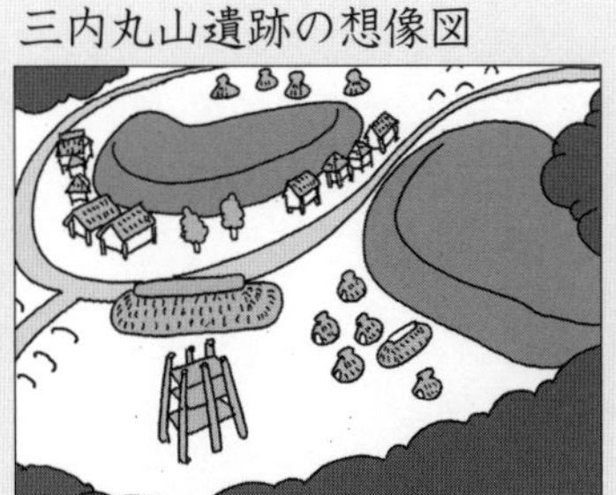

吉野ヶ里遺跡の想像図

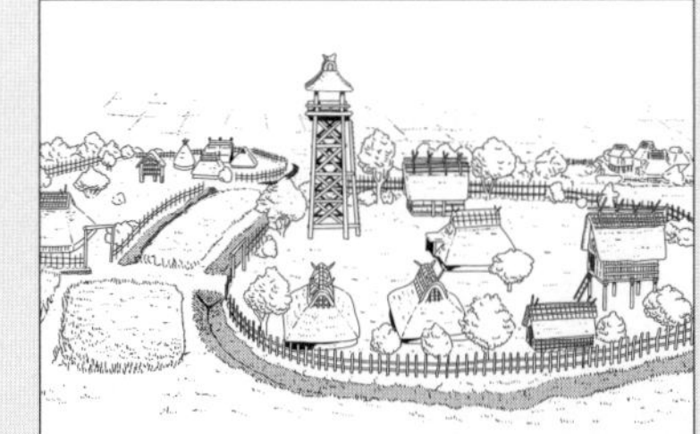

3

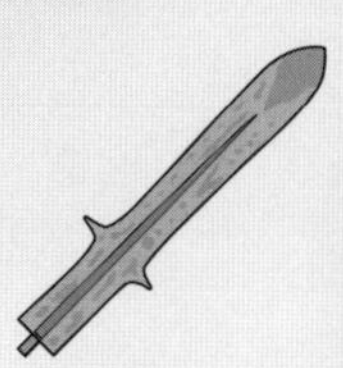

鉄剣

矢じりが刺さった人骨

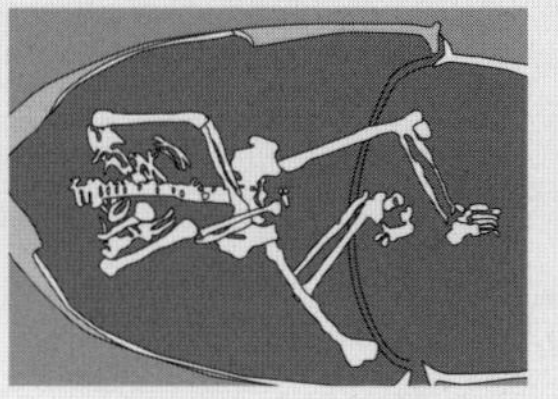

首のない人骨

5

本時のまとめ

むらの周りが柵や堀で囲まれていたのは、

まとめる　整理する・生かす

板書のポイント
縄文時代や弥生時代の初めにはなかった争いが生まれた原因について、黒板を見ながら分かったことを整理し、まとめにつなげる。

T　以前はなかった争いが起こるようになった原因はなんだと思いますか。分かったことをもとに話し合ってみましょう。 4

C　以前は自給自足で賄っていた食糧が人口が増えて足りなくなったのではないか。

C　米づくりをするようになって、米がたくさん収穫できる土地を取り合うことになったのではないか。

T　黒板の言葉を使って、この時間のまとめを書いてみましょう。 5

学習のまとめの例

・米づくりをするようになってから、むらの食糧や土地を狙って争いが起こるようになった。

・争いに備えて、むらの周りを堀や柵で囲ったり、門番をつけたりして、自分のむらを守った。

〈振り返りの例〉

今までの人々のくらしは、むらの皆で協力して平和に過ごしていたが、この頃から他のむらの食糧や土地を狙って争いが起こるようになった。強いむらが他のむらを支配していくことで生活の仕方が大きく変わった。

調べる
情報を集める・読み取る
考える・学び合う

古墳に葬られた人々の力の大きさや範囲について考えよう

本時の目標

古墳の大きさや副葬品、古墳の分布図について調べる活動を通して、葬られた人々の力の大きさや範囲について考え、大和地方を中心に国土が統一されたことが分かるようにする。

本時の評価

・大山古墳の大きさや、全国の古墳の分布に着目して問いを見いだし、大和地方を中心に国土が統一されたことが分かっている。【知①】

用意するもの

大山古墳と自校の大きさの比較（実寸）、古墳の分布図、副葬品の写真、稲荷山古墳の鉄剣、フローチャート

1 古墳の大きさ比べ

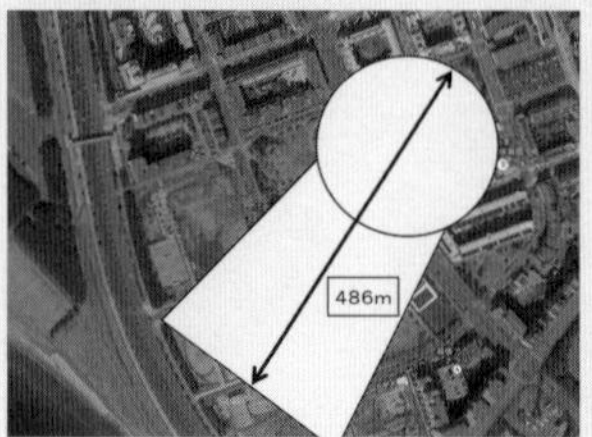

○古墳づくりの様子

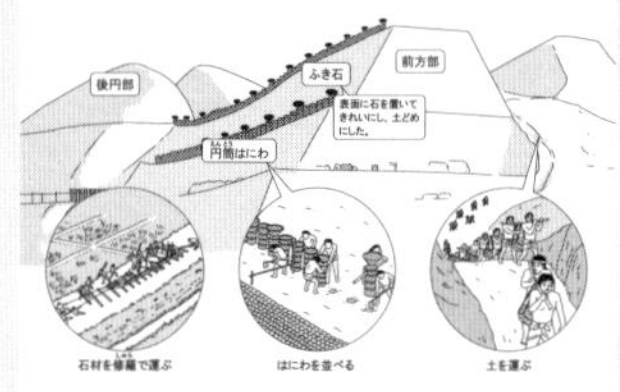

・指示を出している人がいる。
⇒多くの人が働いている。
・石やはにわを並べている。
・渡来人
⇒大陸から技術が伝わった。

本時の展開 ▷▷▷

つかむ　出合う・問いをもつ

板書のポイント
大山古墳と自校の大きさ比べをすることでとても大きな古墳が作られたことを捉え、葬られた人々の力の大きさが分かるようにする。

T　大阪府にある、大山古墳と○○小学校の大きさを比べると…こうなります。 1

C　私たちの学校よりずっと大きい！！

T　こんなに大きなお墓を作るような人はどんな人だと思いますか。

C　とても権力のある人だったのかな。でも、どうしてこんな巨大なものを作ったのかな。

T　このように大きな古墳を作ったのはなぜか皆で考えていきましょう。

＊本時のめあてを板書する。 2

調べる　情報を集める・読み取る・考える・話し合う

板書のポイント
古墳づくりの様子や前方後円墳の断面図から、どのように古墳が作られたのかをつかむ。副葬品も提示し、力の大きさについて捉える。

T　古墳がどのように作られたのかを資料から読み取れることを話し合いましょう。 3

C　たくさんの人々が働いています。

C　作り方の指示を出している人がいます。

C　技術を伝えたのは渡来人ではないですか。

T　石室と呼ばれる場所にはこれらの副葬品が入っていたのは何のためでしょう。 4

C　死後も権力を示すためではないか。

C　それだけ大きな権力をもつ王や豪族が現れたということが分かりました。

2 本時のめあて なぜ大きな古墳が作られるようになったのだろうか。

○古墳が作られた頃の主な出来事

3世紀	・小さな「くに」が各地にできる。豪族が出現する。 ・邪馬台国の卑弥呼が中国に使いを送る。 ・大和朝廷が国土統一を進める。
4世紀	・古墳が各地に作られる。

※「邪馬台国」「卑弥呼」おさえる。

○一緒に埋葬されていたもの 

・武具、馬具
・鏡
・勾玉
・はにわ

※教科書や資料集から拡大掲示する。

なぜこんなものを一緒に埋葬したの?
・さびしくさせないため。
・死後も権力を示すため。

○古墳の広がり 

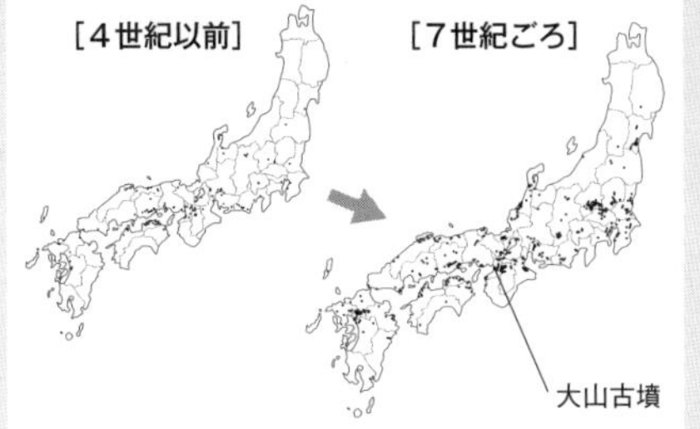

・稲荷山古墳の鉄剣が出土

本時のまとめ 6

各地に小さな「くに」ができ、それを治める豪族が現れた。そのお墓として、

まとめる 整理する・生かす

板書のポイント
古墳の分布図や稲荷山古墳の鉄剣について提示し、大和朝廷の力が全国に広がっていたことを捉える。

T 前方後円墳の分布図から、どのようなことが考えられますか。 5

C 全国各地に大きな力をもつ豪族が出現したことがわかるね。

C 稲荷山古墳の鉄剣に書いてある文字から、大和朝廷の力が全国に広がっていたことがわかります。

T 今日の学習や今までの学習から分かったことを振り返り、まとめをフローチャートに書きましょう。 6

学習のまとめの例

・大山古墳のように大きな古墳が作られるようになった。この時代を古墳時代という。
・全国に古墳が作られるようになり、特に力をもっていた大和朝廷が国土を統一していった。

〈振り返りの例〉

縄文時代のむらから、くにが生まれ、多くのくにを従えたのが大和朝廷だと分かった。古墳の分布図や稲荷山古墳の鉄剣から、力が全国に広がっていったことが分かり、力の大きさに驚いた。

まとめる
整理する・生かす

大昔の人々のくらしの変化やくにの様子の変化についてまとめよう

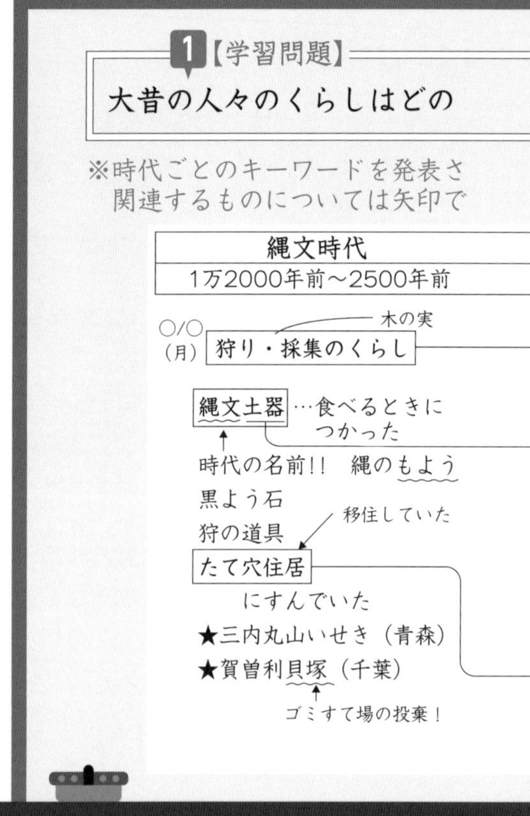

本時の目標

毎時間書いてきた「歴史フローチャート」を活用し、考えたことや気付いたことを整理する活動を通して、大昔の人々の生活や社会の変化を理解することができる。

本時の評価

・既習の資料や知識を活用し、稲作や鉄器の伝来により、くらしや社会が大きく変わり、やがて、大和朝廷により国土が統一されたことを理解している。【知①】

用意するもの

歴史フローチャート、拡大版フローチャート

本時の展開 ▷▷▷

つかむ　出合う・問いをもつ

板書のポイント

まずは単元の学習問題を板書し、本時ではこれまで学習してきたことを振り返りまとめる時間であることを捉えさせる。

T　単元の学習問題に対するまとめの時間です。 1

1時間目にどんなことを予想したかノートで確認しましょう。 2

T　今まで学習してきたことを、「歴史フローチャート」に書いたキーワードをもとに整理して、話し合っていきましょう。 3

＊児童が「歴史フローチャート」を活用して単元のまとめを書くことを確認し、本時の学習の進め方の見通しをもたせる。

調べる　情報を集める・読み取る・考える・話し合う

板書のポイント

黒板に拡大版の白紙のフローチャートを貼る。時代ごとにキーワードを発表させ、関連しているものは矢印等でつなぎ整理する。

T　まずは縄文時代について整理していきます。この頃の人々の生活についてのキーワードを挙げてください。

C　縄文時代は「狩り・採集の生活」だと思います。あとは「縄文土器」も大切です。

C　「三内丸山遺跡」にはたくさんの「竪穴住居」が建っていました。

C　他にも狩りに使う道具を作っていました。むらの皆で協力して、工夫して暮らしていました。

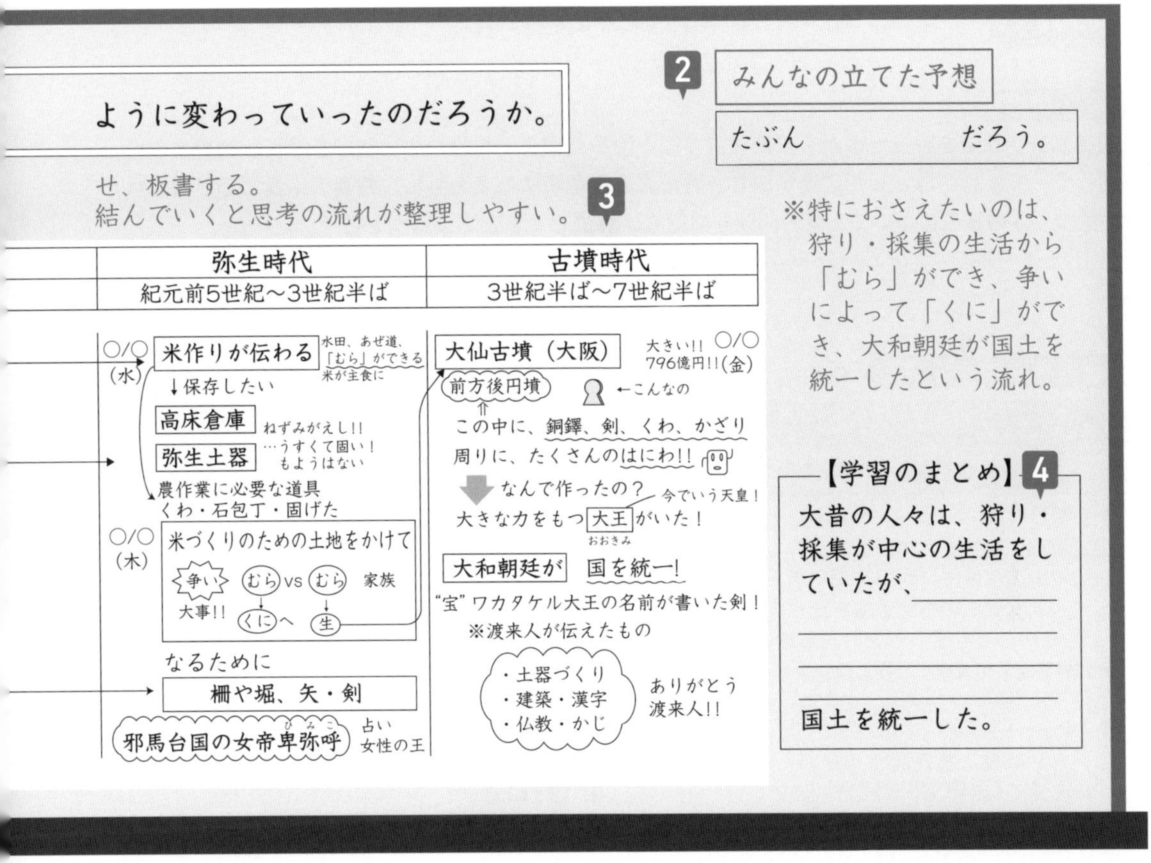

ように変わっていったのだろうか。

2 みんなの立てた予想

たぶん だろう。

せ、板書する。
結んでいくと思考の流れが整理しやすい。 3

※特におさえたいのは、狩り・採集の生活から「むら」ができ、争いによって「くに」ができ、大和朝廷が国土を統一したという流れ。

弥生時代	古墳時代
紀元前5世紀～3世紀半ば	3世紀半ば～7世紀半ば

○/○（水） 米作りが伝わる（水田、あぜ道、「むら」ができる 米が主食に）
↓保存したい
高床倉庫 ねずみがえし!!
弥生土器 …うすくて固い！ もようはない
農作業に必要な道具 くわ・石包丁・固げた

○/○（木） 米づくりのための土地をかけて
争い 大事!! むら vs むら 家族 → くにへ 生
なるために
柵や堀、矢・剣
邪馬台国の女帝卑弥呼（ひみこ） 占い 女性の王

大仙古墳（大阪） 大きい!! 796億円!!（金） ○/○
前方後円墳 ←こんなの
この中に、銅鐸、剣、くわ、かざり
周りに、たくさんのはにわ!!
なんで作ったの？
大きな力をもつ大王（おおきみ）がいた！ 今でいう天皇！
大和朝廷が 国を統一!
"宝"ワカタケル大王の名前が書いた剣！
※渡来人が伝えたもの
・土器づくり
・建築・漢字
・仏教・かじ
ありがとう 渡来人!!

【学習のまとめ】 4
大昔の人々は、狩り・採集が中心の生活をしていたが、＿＿＿＿＿＿＿＿＿＿＿＿＿＿＿＿国土を統一した。

まとめる 整理する・生かす

板書のポイント
時代ごとに整理したフローチャートを見せ、関連するキーワードについては矢印で結んだり、囲んだりしてまとめにつなげていく。

T 完成したフローチャートをもとに、単元のまとめを書いてみましょう。 4

T 『大昔の人々のくらしはどのように変わっていったのだろうか。』の答えになるように、キーワードをもとに考え、自分の言葉で書くようにしてください。

＊支援を要する児童に対しては、リード文を用意しておいても効果的。書き出しと文末を書いたものを黒板に貼ってもよい。

学習のまとめの例

・大昔の人々は狩り・採集が中心の生活をしていたが、稲作の伝来によって集団で生活するようになった。「むら」と「むら」が争うようになり、豪族が現れた。その後、豪族たちが大王を中心に大和朝廷をつくり、国土を統一していった。

〈振り返りの例〉

「大昔のくらしとくにの統一」の学習を通して、昔の人々のくらしがわかったり、何年もかけて生活が進歩してきたことに驚いた。これからの歴史学習も楽しみになった。

2 （8時間） 天皇を中心とした政治

単元の目標

聖徳太子が政治を行った頃から聖武天皇が国を治めた頃までの世の中の様子を考え、表現することを通して、天皇を中心とした政治が確立されたことを理解するとともに、飛鳥や奈良に都が置かれた頃の国づくりの様子について、学習問題を追究し、解決しようとする態度を養う。

学習指導要領との関連

内容(2)「我が国の歴史」アの(イ)及び(シ)、イの(ア)

第1・2時	第3・4時
つかむ「出合う・問いをもつ」	調べる
〔第1時〕 ○正倉院の宝物を見てみよう。【主①】 ・宝物のふるさとについて調べる。 ・ペルシャ出土の物と宝物を比べる。 ・「国家の珍しき宝」と言われる理由を考える。 **★代表的な文化遺産や世界とのつながりに着目する。** 〔第2時〕 ○飛鳥や奈良に都が置かれた頃につくられたものを見てみよう。【思①】 ・法隆寺と東大寺について調べる。 **★体表的な文化遺産に着目する。** ・この頃につくられたものを調べ、共通点を考える。 〈危険を冒してまで交流を続けた理由〉 ・それほどとり入れたい制度や文化があった？ ・政治に関することや仏教に関すること？ **★世界とのつながりに着目する。** **【学習問題】** 飛鳥や奈良に都が置かれた頃、どのような国づくりを目指して、大陸と交流していたのだろう。	〔第3時〕 ○聖徳太子の業績を調べ、目指した国づくりを考えよう。【知①】 ・冠位十二階、十七条の憲法、遣隋使の派遣などを調べる。 ・聖徳太子が隋にあてた手紙から、どのような国づくりを目指していたかを考える。 **★聖徳太子の働きに着目する。** 〔第4時〕 ○中大兄皇子と中臣鎌足が目指した国づくりを考えよう。【知①】 ・大化の改新やその後につくられた政治の仕組みなどを調べる。 ・聖徳太子の目指した国に近付くかどうか、話し合う。 **★人物の働きに着目する。**

単元の内容

本単元では、聖徳太子から聖武天皇の頃にかけて、政治の主役を豪族から天皇にという願いのもと、政治の仕組みが整えられ、天皇の力が全国に及ぶなど、天皇を中心とした政治が確立されたことを学習する。

国家としての政治の体制づくりや、政治の主人公としての主権者意識の芽生えという点では、歴史の大きな転換期と言える。

また、この頃には外国との文化交流も積極的に行われた。世界情勢を見抜き、優れた文化をとり入れるという姿勢がこの頃に生まれていたのだ。

主権者として政治にどのように関わっていくか、世界とどのようにつながっていくか等、「現在」を生きるわたしたちが、わたし自身を見つめるきっかけが、この単元にはつまっている！

単元の評価

知識・技能	思考・判断・表現	主体的に学習に取り組む態度
①各種の資料から聖徳太子の業績や大化の改新とその後の政治を捉える上で必要となる事柄を読み取り、聖徳太子が目指した天皇中心の政治が大化の改新を経て実現されたことを理解している。 ②各種の資料から大仏の造営や鑑真の業績を捉える上で必要となる事柄を読み取り、天皇中心の政治が確立したことや、その過程で大陸から様々な制度や文化を取り入れてきたことを理解している。	①奈良に都が置かれていた頃、大陸とどのように交流し、どんな国づくりを目指していたのだろうという問いをもつなど、学習問題を見いだしている。 ②これまでの学習を活用し、天皇中心の政治が確立されるまでの間にだれがどのような役割を果たしたのかを考え、言葉や文章で表現している。	①飛鳥や奈良に都が置かれた頃の国づくりの様子について、予想や学習計画を立てたり、学習を振り返ったりして学習問題を追究しようとしている。

【知】：知識・技能　【思】：思考・判断・表現　【主】：主体的に学習に取り組む態度　○：ねらい　・：学習活動　★：見方・考え方

第５～７時	第８時
「情報を集める・読み取る・考える・話し合う」	まとめる「整理する・生かす」
（第５時） ○大仏づくりにこめた聖武天皇の願いについて考えよう。【知②】 ・聖武天皇の詔と世の中の様子を関連させて考える。 ・人々が詔に従ったかどうか話し合う。 **★世の中の様子と人物の働きとの関連に着目する。** （第６時） ○大仏づくりの様子を調べ、その意味を考えよう。【知②】 ・大仏造営の様子や行基の働きなどを調べる。 ・聖武天皇の願いは叶ったと言えるかどうか話し合う。 **★世の中の様子に着目する。** （第７時） ○鑑真の業績を調べ、大陸から学んだ制度や文化を整理しよう。【知②】 ・何度も失敗しても、鑑真が来日した理由を考える。 **★人物の働きに着目する。**	（第８時） ○それぞれの人物がどのような国づくりを目指したのか話し合おう。【思②】 ・聖徳太子は天皇の力の強い国づくり。争いのない平和な国づくり。仏教が広まる国づくり。 ・中大兄皇子は、天皇が政治の中心となるような仕組みの整った国づくり。 ・聖武天皇は、病気や反乱のない安定した国づくり。仏教の教えが広がる国づくり。 **★人物の業績と社会の変化との関連に着目する。** **【学習のまとめの例】** 天皇を中心とした国づくりを目指して、大陸から政治の制度や文化をとり入れた。

問題解決的な学習展開の工夫

「つかむ」では、正倉院の宝物について「国家の珍しき宝」としての価値を考える。正倉院展でたくさんの人々が珍しそうに宝物を眺める写真から、過去が現在につながっていることを実感できる。また、正倉院宝物と法隆寺献納宝物の比較から、聖徳太子の頃から大陸と交流していたことに気付くとともに、当時の旅が危険だったという事実から驚きや疑問を引き出す。

「まとめる」では、聖徳太子と聖武天皇の目指した国づくりを比較する。同じような国づくりを目指しながらも、少しずつ異なるところについて話し合うことを通して、聖武天皇の頃には、天皇を中心とした政治が確立してきたことを理解することができる。人物になり切って、他の誰かに感謝のメッセージを送る活動も、歴史の大きな流れを意識できるのでおすすめ。

つかむ
出合う

正倉院の宝物を見てみよう

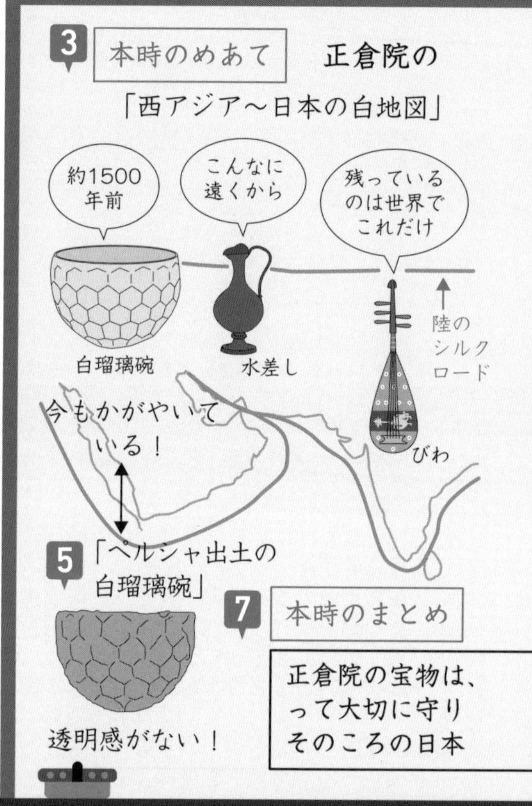

本時の目標

正倉院の宝物について調べ、その価値を考えることを通して、当時の日本と世界とのつながりへの関心を高めるようにする。

本時の評価

・正倉院の宝物の価値に気付き、当時の日本が世界とどのようにつながっていたのかを調べたいという意欲を高めている【主①】

用意するもの

正倉院展の様子が分かる写真、宝物の写真、西アジア～日本の地図、ペルシャ出土の白瑠璃碗の写真、修理の様子が分かる写真

本時の展開 ▷▷▷

つかむ 出合う・問いをもつ

板書のポイント

アジアの各地にルーツをもつ宝物が日本へ。そして、1200年以上の時を超えて現在へ。という流れを意識して、現在の写真を右端へ。

T　資料を見て気付いたことを発表しましょう。

C　みんな真剣に見ているね。何を見ているのかな。 1

T　正倉院展の様子です（奈良の正倉院にある宝物を展示、宝物は約9000点ある）。 2

T　宝物は「国家の珍しき宝」と言われています。どんな宝物があるか見てみましょう。3

C　宝石みたい。

＊本時のめあてを板書する。

調べる 情報を集める・読み取る・考える・話し合う

板書のポイント

白地図上に宝物の写真を貼り、空間的な広がりを表す。宝物が伝わった「陸のシルクロード」と「海のシルクロード」も書き込む。

T　正倉院に納められた宝物が、どうして「国家の珍しき宝」なのか調べてみましょう。4

C　世界に一つしか残っていないから。

C　日本と世界とのつながりが分かるから。

C　足利義政や織田信長もほしがったから。

C　珍しいということは分かったけれど並んでまで見るほどかな。

T　正倉院の白瑠璃碗とペルシャの地中から発掘された白瑠璃碗と比べてみましょう。 5

C　ペルシャの方はガラスの透明感がないよ。

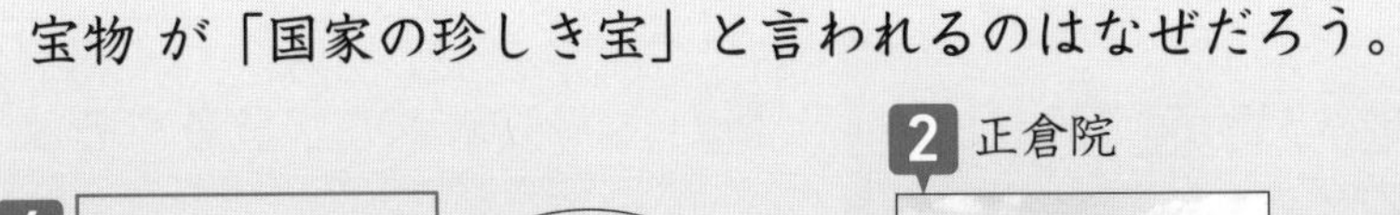

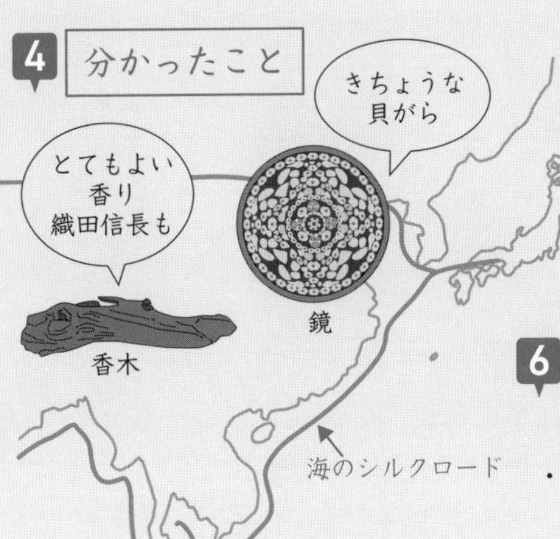

2 正倉院

世界文化遺産

1200年以上 →

1 正倉院の様子

「国家の珍しき宝」

6 1200年以上前の美しさを保ってるのはなぜ?

- 校倉造の高床式倉庫
  →湿気や害虫を防ぐ
- 勅封制度
  →みだりに開封されない

＋

修理の様子

人の手で
点検・修理
現在も続く

1200年以上もの間、人の手によ
続けられてきた。宝物からは、
と世界とのつながりが見える。

まとめる 整理する・生かす

板書のポイント

当時のままの状態で保存されていたことの価値に気付くことができるように、白瑠璃碗を比較したときの子どもの気付きや驚きの声を板書する。

T　正倉院の宝物が1200年以上前の美しさを保っているのはなぜでしょう。 ◀6

C　高床式の構造が湿気や害虫を防ぐんだ。

C　天皇の許可がないと開けられなかったんだ。

C　落雷や雨漏りの危機を乗り越えてきたんだ。

C　触れるだけで崩れてしまいそうな物もあるんだね。明治時代に始まった染織品の修理は現在も続いているんだって。

C　宝物は人の手によって守り伝えられてきたんだね。

学習のまとめの例

- 正倉院の宝物は、1200年以上も、大切に守られてきた。その頃のままの状態で今も残っているなんて、すごいことだ。だからこれは「国家の珍しき宝」と言っていいと思う。 ◀7
- 1200年前の日本と世界とのつながりがわかる物が今日まで大切に守られてきた。これはまさに「国家の珍しき宝」だ。

〈振り返りの例〉

たくさんの人が宝物を真剣に見ていた理由がわかった気がする。わたしも本物を見に行きたい。

つかむ
問いをもつ

飛鳥や奈良に都が置かれていた頃に作られたものを見てみよう

本時の目標

奈良に都が置かれた頃につくられたものについて調べ、大陸との交流と関連付けて考えることを通して、学習問題をつくることができるようにする。

本時の評価

・奈良に都が置かれた頃、大陸とどのように交流し、どんな国づくりを目指したのだろうという問いをもつなど学習問題を見いだしている【思①】

用意するもの

東大寺の写真、法隆寺の写真、正倉院の宝物と法隆寺献納宝物の写真、旅の様子がわかる地図や年表、遣唐使舟の復元写真

飛鳥時代

3 本時のめあて 飛鳥や奈良

2 法隆寺

6 「法隆寺献納内宝物」

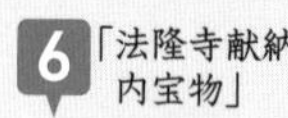

日本初！世界文化遺産
聖徳太子
世界最古の木造建築

7 「遣隋使の交路」

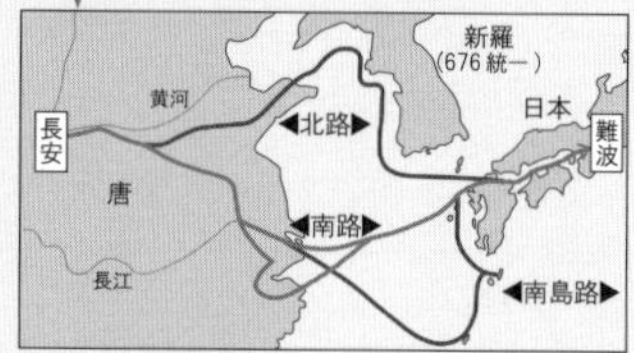

約5か月の旅

本時の展開 ▷▷▷

つかむ 出合う・問いをもつ

板書のポイント

飛鳥時代から奈良時代にかけての時間の流れがわかるように、法隆寺と東大寺の写真を黒板の左右に提示する。

T　正倉院は東大寺というお寺の倉庫です。実は、もっと昔から今に残るお寺があります（法隆寺を提示）。どちらも世界文化遺産です。どんなお寺か調べてみましょう。1 2

C　法隆寺は聖徳太子が約1300年前に建てた。

C　世界最古の木造建築で日本初の世界文化遺産！

C　東大寺は聖武天皇が約1200年前に建てた。

C　どちらも奈良にある。

＊本時のめあてを板書する。 3

調べる 情報を集める・読み取る・考える・話し合う

板書のポイント

共通点を見付けやすいように、ポイントとなる言葉に波線を引くなどする。

T　飛鳥や奈良に都が置かれた頃にどんなものが作られたのか、年表で調べましょう。 4

C　十七条の憲法。本格的な都。新しい法律。

T　共通するのは、どんなことでしょう。 5

C　憲法とか法律とか政治に関するものだね。

T　実は、法隆寺と東大寺にも共通することがあります＊法隆寺の宝物を提示。 6

C　あれ？同じようなものだね。

C　ということは、聖徳太子の頃から世界とつながりがあったということかな。

→ 奈良時代

に都が置かれたころにつくられたものをみてみよう。

4 分かったこと

十七条の憲法　新しい法律

藤原京（都）　平城京（都）

5 話し合って考えたこと

政治に関するもの
今までになかったもの
仏教に関するもの

→ こんなに大変なのになぜ？ ← 4隻600人

8【学習問題】

飛鳥や奈良に都が置かれたころ、どのような国づくりを目指して、大陸と交流していたのだろう。

6 正倉院宝物

紺瑠璃杯　漆胡瓶　五弦琵琶

1 東大寺

世界文化遺産
聖武天皇
世界最大級の木造建築

7 遣唐使船

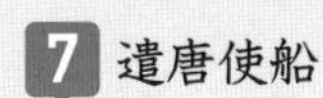

まとめる 整理する・生かす

板書のポイント

大陸との交流の様子が分かる地図や年表、写真から危険な旅であったことに気付かせ、学習問題へつながる驚きや疑問を板書していく。

T　まだ豪族の力が強かった頃、進んだ制度や文化を取り入れようと、聖徳太子が隋に遣いを送り、大陸との交流がさかんになりました。旅の様子を資料で見てみましょう。 7

C　航路と陸路で５か月も！？

C　４隻の船に600人って多すぎない？

C　遭難するほど大変なのに、交流を続けていたのはどうしてなのかな？

C　それほど取り入れたい制度や文化ってどんなものなんだろう。

学習のまとめの例

「学習問題」 8
飛鳥や奈良に都が置かれた頃、どのような国づくりを目指して大陸と交流していたのだろう。

〈予想の例〉

- 世界とつながっているから、外国と仲良くやっていける国づくりかな。
- 憲法とか法律とかが作られているから、政治のしくみの整った国づくりを目指したのかな。
- 世界文化遺産になっている寺が作られているくらいだから、仏教のさかんな国づくりじゃないかな。

調べる
情報を集める・読み取る
考える・話し合う

聖徳太子の業績を調べ、目指した国づくりを考えよう

本時の目標

聖徳太子の業績を調べることを通して、豪族の力が強い世の中で、聖徳太子が天皇の力を強めることを目指したことを理解できるようにする。

本時の評価

・聖徳太子の業績に関わる資料から必要な事実を読み取り、聖徳太子が天皇中心の世の中を目指したことを理解している【知①】

用意するもの

聖徳太子の肖像画、隋の皇帝の肖像画、隋の範囲がわかる地図、豪族の勢力図、十七条の憲法、小野妹子の肖像画、隋の皇帝にあてた手紙

「豪族の勢力図」

※教科書や
資料集から
拡大掲示する

1 「聖徳太子」

3 気づいたこと

豪族の勢力はん囲が広い
天皇よりも豪族が強そう

5 よそう

天皇の力を強める
政治の仕組みを整える

本時の展開 ▷▷▷

つかむ　出合う・問いをもつ

板書のポイント
この頃の日本と隋との違いが一目で分かるように、対比的に資料を提示して、板書に位置付ける。

T　お箸を使うマナーを中国から日本に取り入れたのが聖徳太子だと言われています。 1
T　この頃の中国と日本の様子です。 2
C　中国は広い範囲を皇帝が治めていたんだ。
C　日本は天皇よりも豪族の方が強そう。 3
T　天皇は豪族を従えるのに苦労していました。そんな中で聖徳太子は隋と交流しようと考え使者を派遣しました。
＊本時のめあてを板書する。 4

調べる　情報を集める・読み取る・考える・話し合う

板書のポイント
聖徳太子のねらいをキーワードで示す。冠位十二階や法隆寺設立のねらいについても、十七条の憲法の中に関連する内容があれば下線を引く。

C　豪族をまとめて天皇の力を強めたのかな。
C　日本も進んでいるよということを見せたのかな。 5
T　聖徳太子のしたことと、そのねらいを調べてみましょう。 6
C　冠位十二階で政治の仕組みをつくったね。
C　十七条の憲法は、天皇に従い、互いに争うなと豪族に言っているようね。
C　仏教を広めるために寺をつくっているね。
C　遣隋使として小野妹子を送っているよ。

4 本時のめあて

大国の隋と交流するために、聖徳太子はどのようなことをしたのだろうか。

2 隋の皇帝

隋の範囲

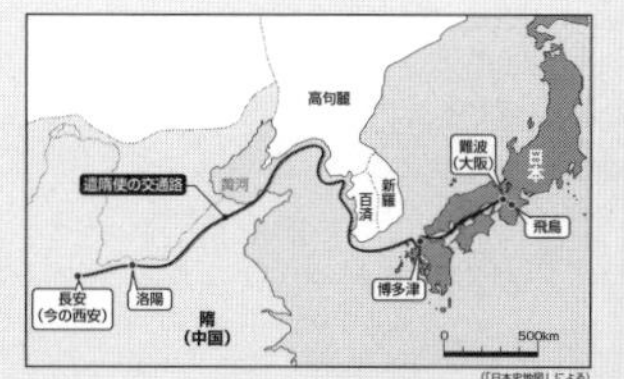

(『日本史地図』による)

6 分かったこと

冠位十二階

家柄　能力

↓

役人 ＝＝＝＝＝ 「天皇に従いなさい」

十七条憲法

1　和を大切にし、人と争わないように心がけなさい。
2　仏教を信仰しなさい。
3　天皇の命令には、必ず従いなさい。
4　役人は礼儀(れいぎ)を守りなさい。
17　大事なことは1人で決めず、多くの人と議論してから決めなさい。

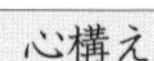

心構え

小野妹子

遣隋使
文化や学問
国家のしくみ

法隆寺

→仏教を広める

本時のまとめ

大国の隋と交流するために、天皇が政治の中心となるような仕組みをつくり、天皇の力を強めようとした。

7 話し合って考えたこと

日本も進んだ国になったと伝えたい。
隋のように天皇の力の強い国だと知らせたい。

まとめる　整理する・生かす

板書のポイント

実際の手紙は電子黒板などに提示する。手紙の内容について考え、太子の目指した国づくりにつながる発言を、板書していく。

T　君ならどんな手紙を小野妹子に持たせますか。

C　「日本も政治の仕組みが整い、隋と同じように天皇の力が強い国となりました。だから仲良く交流しましょう」

T　実際の手紙を紹介します。対等にということに隋の皇帝は怒ったのですが、なぜ、太子はこんな手紙を持たせたのでしょう。 ◀7

C　1回目の時よりも日本が進んだ国になったことがうれしかったのかな。

学習のまとめの例

・聖徳太子は、隋と交流するために、豪族よりも弱かった天皇の力を強め、それを隋に知らせようとした。
・聖徳太子は、冠位十二階や十七条の憲法によって、天皇が政治の中心となるような仕組みをつくろうとした。

〈振り返りの例〉

豪族の力が強く、国内が大変な状況なのに、外国に目を向けた聖徳太子はすごい。お箸を使うマナーを取り入れたのも、日本は中国と同じくらい進んでいますよとアピールするためだったのかもしれないな。

調べる
情報を集める・読み取る
考える・話し合う

中大兄皇子と中臣鎌足が目指した国づくりを考えよう

本時の目標

大化の改新とその後の政治の仕組みづくりについて調べることを通して、聖徳太子の死後も、天皇を中心とした国づくりが引き継がれたことを理解できるようにする。

本時の評価

・大化の改新とその後の政治に関わる資料から必要な事実を読み取り、大化の改新を経て天皇中心の国づくりが進められたことを理解している。【知①】

用意するもの

大化の改新の方針、藤原京の復元写真、税の制度、防人の歌、中大兄皇子と中臣鎌足の肖像画

622年　聖徳太子がなくなる
　　　　蘇我氏＞天皇
645年　大化の改新
　　　　中大兄皇子らが
　　　　蘇我氏をうつ

なぜ？　そのあとどうするの？

1　ぎもん

大化の改新
「中大兄皇子」「中臣鎌足」

＋
中国から帰国した留学生

3　よそう

・天皇の力を強く
・二度と豪族の力が
　強くならないよう
・中国の政治を参考

本時の展開 ▷▷▷

つかむ　出合う・問いをもつ

板書のポイント

聖徳太子の死後の出来事を短冊に書いておき、テンポよく提示する。蘇我氏が滅された理由を後で書き加えられるように間を空けておく。

T　聖徳太子の死んだ後の出来事を見てみましょう。
C　聖徳太子と一緒に国づくりを進めた蘇我氏が滅されているよ。どうして？ ◀1
T　蘇我氏が滅された理由を調べましょう。
C　蘇我氏の力が天皇をしのぐほど大きくなったから、滅されたんだ。
T　中大兄皇子らによる政治の改革を大化の改新と言います。
＊本時のめあてを板書する。 ◀2

調べる　情報を集める・読み取る・考える・話し合う

板書のポイント

めあての解決につながるキーワードを板書したり、大化の改新の方針の中の関連するところに下線を引いたりする。

C　豪族の力が強くなり過ぎないような仕組みを作ったんじゃないかな。 ◀3
T　大化の改新の後につくられたものを調べ、今までと違うところを見付けましょう。 ◀4
C　豪族ではなく、天皇が土地や人を治めた。
C　政治の中心となる本格的な都をつくった。
C　律令という国を治めるための法律ができた。
C　豪族は貴族として政治に参加した。
C　租・調・庸と兵役が義務付けられた。

2 本時のめあて

聖徳太子の死んだ後、どのような国づくりが進められたのだろうか。

4 分かったこと

大化の改新の方針

○豪族が私有する土地と人民はすべて朝廷のものとする。
○戸籍をつくり、土地を公平に分ける。
○地方を国、郡、里に分け、役人（国司、郡司、里長）に治めさせる。
○税の制度(租・庸・調)を決める。

豪族 —土地・人民／地方の政治→ 朝廷

藤原京の復元

※教科書や資料集から拡大掲示

中国を手本
政治の中心
↑
天皇を中心に
貴族も参加

律令＝国を治めるための法律
全国を支配するしくみが整う

税の制度

・租：とれた稲の3％をおさめる。
・庸：都に出て、国の仕事に決められた日数だけ働く。
・調：地方の特産物か布をおさめる。

農民は税を納める

5 話し合って考えたこと

聖徳太子の目指した国づくりに
近づいた？　近づかない？
↑
・法律も都も税のしくみもそろった
・豪族から土地と人民をとり上げた

6 本時のまとめ

聖徳太子の死後も、中国の制度を手本にして法律や税の仕組みが整えられ、天皇を中心とする国づくりが進められた

まとめる　整理する・生かす

板書のポイント
「防人の歌」については、黒板にスペースがなければ、電子黒板に提示する。

T　太子の目指した国に近づきましたか。 5
C　近付いた。天皇の力が強まるように、土地も人も天皇のものだとはっきり示したから。
C　近付いた。方針だけでなく、政治を行うための都をつくったり律令という仕組みを整えたりと、具体的なものができてきたから。
T　農民から見たら、どんな国づくりだったのでしょう。こんな歌があります。
C　この歌からだと、政治を支えるための税を押し付けられた国づくりかもしれない。

学習のまとめの例

・聖徳太子の死んだ後、都や律令がつくられるなど、天皇が政治の中心となって力をもつような国づくりが進められた。 6
・聖徳太子が目指したように、中国を手本として天皇の力を強める国づくりが聖徳太子の死んだ後も、続いていった。

〈振り返りの例〉
日本初の本格的な都や法律、税の仕組みなど、今も政治を行うときに必要なものが、この頃につくられていたと思うと、この頃が国の始まりかもしれないと思った。

調べる
情報を集める・読み取る
考える・話し合う

大仏づくりにこめた聖武天皇のねがいについて考えよう

本時の目標

聖武天皇の頃の世の中の様子を調べ、大仏建立の詔と関連付けて考えることを通して、聖武天皇が仏教の力で国を安定させようとしたことを理解できるようにする。

本時の評価

・大仏の造営に関わる資料から必要な事実を読み取り、都に大仏、全国に寺をつくるなど、仏教の力で国を治めようとしたことを理解している。【知②】

用意するもの

平城京の想像図、大仏の写真、聖武天皇の肖像画、大仏建立の詔、世の中の様子の年表、国分寺の分布、地方のくらしの写真

本時の展開 ▷▷▷

1 平城京の想像図

※教科書や資料集から拡大掲示

気づいたこと
・人がたくさん
・にぎやか

2 大仏の写真

ぎもん
・どうやって
　つくったの
・なぜつくったの

よそう
・仏教を広めるため？
・力を見せつけるため？

8 本時のまとめ

聖武天皇は、
造ったり、

つかむ　出合う・問いをもつ

板書のポイント
手の大きさや口の大きさなど、大仏の大きさを実感できる資料を提示するとよい。廊下や特別教室の床にかくと、より分かりやすい。

T　資料を見て気付くことを発表しましょう。 1
C　人がたくさんいて、にぎやかな様子。
T　平城京につくられた東大寺には、大仏がつくられました。これは、○○の部分の大きさです。
C　えっ？こんなに大きいの？
C　どうしてこんなに大きい大仏をつくったのかな？ 2
＊本時のめあてを板書する。 3
C　天皇としての力を見せつけるためかな。

調べる　情報を集める・読み取る・考える・話し合う

板書のポイント
大仏造立の詔と世の中の様子の年表から、関連するところに下線を引く。

T　聖武天皇の言葉とその当時の様子が分かる年表などから、理由を調べましょう。 4
C　人々を救うという言葉があるから、病気や反乱のない世の中にしたかったのだね。 5
C　全国に国分寺を建てたから、大仏だけでなく仏教の力で、国をなんとかしようと考えたのだね。
C　みんなによびかけているから、みんなで力を合わせて大仏をつくることで、人々の気持ちをまとめようとしたのかな。

3 本時のめあて

聖武天皇はなぜこんなに大きい大仏をつくったのだろう？

4 大仏造立の詔

私は仏教をさかんにして、すべての人々を救うために、大仏をつくることを決意した。国じゅうの銅を使い、山をくずして大仏殿を建てる。私の力でつくるのは簡単だが、それだけでは心のこもったものにはならない。少しでも大仏づくりを手伝いたいと思う者がいれば協力してもらいたい。

聖武天皇

5 分かったこと

よくないことが続く
仏教の力で
何とかしよう
人々の気持ちを
まとめよう

世の中の様子の年表

720年	九州で反乱がおこる
724年	聖武天皇が位につく
729年	各地で反乱がおこる
737年	都で病気が流行する
740年	貴族の反乱がおこる 都をうつす
741年	国分寺を建てる命令を出す
743年	大仏造立の詔を出す

6 国分寺の分布と地方のくらし

・天皇の力が全国に広がる

・地方のくらしはきびしい
・重い税

7 話し合って考えたこと

天皇の力は強くて、
命令に従わないと
いけないけれど、
それどころではない？

病気や反乱の続く世の中を仏教の力で安定させようと考え、大きな大仏を都に全国に国分寺を建てたりした。

まとめる　整理する・生かす

板書のポイント
話し合いの根拠となる資料を提示する。資料から子どもが読み取ったことと、そこから考えたことを色分けして板書すると分かりやすい。

T　人々はこの命令に従ったのでしょうか。2つの資料を手がかりに考えましょう。 6

C　従ったと思う。そうでないと、こんなに大きな大仏が完成しないと思うから。 7

C　従わなかったと思う。都はにぎやかそうでも、農民のくらしは大変だと思う。それで手伝えと言われても手伝えない。

C　国分寺が全国につくられたということは、天皇の力が全国に広がっていたということだから、従うしかなかったんじゃないかな。

学習のまとめの例

・聖武天皇は、国中の力を合わせて大仏を造れば、病気や反乱が続く世の中も安定すると考え、大きな大仏をつくった。 8

・聖武天皇は、全国に寺をつくるなど、仏教の力で世の中がよくなることを願っていた。大仏づくりもその一つだった。

〈振り返りの例〉

わたしなら手伝わないけれど、完成したということは、多くの人が手伝ったということかな。どうやってつくられたのか調べてみたい。

調べる
情報を集める・読み取る
考える・話し合う

大仏づくりの様子を調べ、その意味を考えよう

本時の目標

大仏づくりの様子について調べ、その意味を考えることを通して、大仏づくりが国を挙げての一大事業として行われ、天皇の力が全国に及んだことを理解できるようにする。

本時の評価

・大仏づくりに関わる資料から必要な事実を読み取り、全国から材料を集めるなど天皇の力が全国に及んでいたことを理解している。【知②】

用意するもの

大仏開眼式の想像図、大仏のサイズ、大仏造立の詔、大仏づくりの想像図、行基の肖像画、全国から人や材料が集まる様子の地図

2 「大仏造立の詔」

私は仏教をさかんにして、すべての人々を救うために、大仏をつくることを決意した。国じゅうの銅を使い、山をくずして大仏殿を建てる。私の力でつくるのは簡単だが、それだけでは心のこもったものにはならない。
少しでも大仏づくりを手伝いたいと思う者がいれば協力してもらいたい

6
話し合って考えたこと

願いはかなった？
・人口の1/3が参加
・大仏も完成
・この後の世の中は？

本時の展開 ▷▷▷

つかむ　出合う・問いをもつ

板書のポイント
大仏開眼式の様子を黒板の右に、「大仏造立の詔」を左に貼る。２つの資料を矢印で結び、詔から９年経っていることを示す。

T　大仏開眼式の様子です。 1
C　たくさんの人が集まっているね！
C　完成をアピールしているようだね。
T　詔から９年もかかったのはなぜでしょう。 2
C　人を集めるのに苦労したんじゃないかな？ 3
＊本時のめあてを板書する。 4
T　調べたいのはどんなことですか。
C　つくり方と人や材料の集め方。

調べる　情報を集める・読み取る・考える・話し合う

板書のポイント
大仏づくりに関する具体的な数字が資料として残っている。それらを板書することで、より一層、子どもたちの驚きが膨らむ。

T　調べる中で、驚いたことを共有しましょう。 5
C　粘土で型を作って、そこに1100～1200度でとかした銅を流し込んでいた。
C　同じ作業を８回も繰り返していた。
C　材料は東北地方や九州地方からも。
C　銅は約500t も集まっている。
C　260万人というのは、人口の約３分の１。
C　行基に協力を求めたら、行基を慕う多くの人も大仏づくりに参加した。

1 大仏開眼式の想像図

※教科書や資料集から拡大掲示

大仏のサイズ

目の長さ 1.2m
顔の長さ 4.7m
耳の長さ 2.5m
手の長さ 3.1m
口の長さ 1.1m
高さ 15.8m
足の大きさ 3.6m

3 ぎもん

9年もかかったのは……作業が大変？
人が集まらない？　材料がない？

4 本時のめあて

どのようにして、こんなに大きい大仏をつくったのだろう。

「大仏づくりのようすの想像図」

※教科書や資料集から拡大掲示

ねん土で型をつくる
1100～1200度で銅
同じ作業を8回くり返す
渡来人の技術

5 分かったこと

行基

大仏づくりに協力
↓
多くの人々が協力 ➡

全国から集められた人や物資

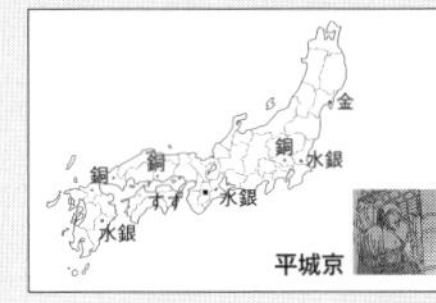

東北や九州からも
銅は約500t
人数のべ260万人

気づいたこと

・たくさんの人……約1万人
→インド・中国からも
・完成をアピールしているよう

7 本時のまとめ

たくさんの人と材料を全国から集め長い年月をかけて大仏をつくった

まとめる　整理する・生かす

板書のポイント
叶ったと言える理由、叶ったと言えない理由について、キーワードで板書する。

T　詔にある聖武天皇の願いは叶ったと言えるのでしょうか。 6

C　260万人もの人が参加したから、仏教をさかんにしたい、みんなで大仏をつくりたいという願いは叶ったと言ってもいいと思う。

C　詔に従って多くの人が参加したのだから、世の乱れを治めたいという願いも叶ったと言える。

C　でも、この後、どんな世の中になるのかも見てから判断した方がいいと思うな。

学習のまとめの例

・大仏づくりに必要なたくさんの人と材料を全国から集めて、こんなに大きな大仏をつくることができた。 7
・行基の協力や渡来人の活躍と、260万人もの人が集まったことで、何年もかかって大きな大仏をつくった。

〈振り返りの例〉
大仏開眼式に中国やインドから位の高い僧を招いたのは、日本はこんなに大きな大仏をつくるほど、仏教がさかんで国としてのまとまりもありますよと、外国にアピールしたかったのかもしれないな。

調べる
情報を集める・読み取る
考える・話し合う

鑑真の業績を調べ、大陸から学んだ制度や文化を整理しよう

本時の目標

鑑真の業績について調べ、大陸との交流を通して生まれた制度や文化について整理することを通して、国づくりのために政治の仕組みを整え仏教を広めたことを理解できるようにする。

本時の評価

鑑真の業績に関わる資料から必要な事実を読み取り、天皇中心の国づくりの過程で、大陸から様々な制度や文化を学んできたことを理解している。【知②】

用意するもの

鑑真の肖像画、鑑真の人物年表、唐招提寺の写真、聖徳太子の肖像画、中大兄皇子の肖像画、中臣鎌足の肖像画、聖武天皇の肖像画

1 鑑真の人物年表

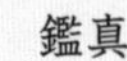

年	できごと
688年	中国の揚州で生まれる。
742年	２人の留学僧が鑑真に出会い、日本に来るように説得する。
743年	計２回渡航するが、暴風などで失敗する。
744年	３回目の渡航は、弟子の密告により失敗する。４回目も失敗。
748年	５回目の渡航も、暴風により失敗する。 ※このころ、失明したとされる。
753年	６回目の渡航により、来日に成功する。
758年	大和じょうの称号をもらう。
759年	唐招提寺を建立する。
763年	亡くなる。

2

気づいたこと

ぎもん

・5回も失敗
・失明
・なぜあきらめないの??

➡

4

よそう

・仏教を広めたい
・聖武天皇の強い願い

本時の展開 ▷▷▷

つかむ 出合う・問いをもつ

板書のポイント
子供の驚きや疑問から本時のめあてをつくるために、年表を見てすごいと思ったところに下線を引いていく。

T　聖武天皇が日本に招こうとした鑑真の年表です。鑑真は、中国の位の高い僧でした。◀1

C　５回も失敗して、６回目でやっと成功！ ◀2

C　何度失敗してもあきらめないのはすごい！

＊本時のめあてを板書する。 ◀3

C　聖武天皇が強くお願いしたからかな。 ◀4

C　仏教を広めるためじゃないかな。

C　東大寺の大仏を見に来たんじゃないかな。

調べる 情報を集める・読み取る・考える・話し合う

板書のポイント
本時のまとめを黒板中央の下に置く。黒板を上下に見るとめあてとまとめが対応し、左右に見ると疑問や予想とまとめが対応する。

T　鑑真が日本で行ったことを調べましょう。 ◀5

C　日本の僧に正しい仏の教えを指導したんだ。

C　唐招提寺という僧が学ぶためのお寺もつくっているよ。

C　僧を育てて正しい仏教を広めるために、何度失敗しても日本にやって来たのだね。

＊苦難の末に日本に渡航し、仏教を広めたエピソードを語り聞かせ、鑑真の業績を補説する。

3 本時のめあて

何度も失敗したのに、それでも鑑真が日本に来たのはなぜだろう。

7 大陸から学んだ制度や文化って？

唐招提寺

5 分かったこと

唐招提寺を立てる
↑
正しい仏教の教えを指導
薬草の知識
苦難を乗り越えて

聖徳太子 中大兄皇子 中臣鎌足 聖武天皇

冠位十二階 法隆寺

藤原京 律令

税のしくみ

平城京 東大寺 大仏

8 話し合って考えたこと

政治の仕組みや制度
仏教の教え

6 本時のまとめ

日本でも僧を育て、正しい仏教を広めるため

まとめる 整理する・生かす

板書のポイント
聖徳太子、中大兄皇子、中臣鎌足、聖武天皇の順に肖像画を提示しながらそれぞれの時期の外国との交流を整理していく。

T 聖徳太子が始めた遣隋使は、遣唐使として聖武天皇の頃も続いていました。大陸から学んだ制度や文化にはどのようなものがありましたか。 7

C 聖徳太子の頃は、冠位十二階や法隆寺。

C 大化の改新の後は、藤原京や税のしくみ。

C 聖武天皇の頃は、平城京や東大寺、大仏。

T 危険な航海を乗り越えてまで学びたかった制度や文化とはどのようなものと言えるでしょうか。 8

学習のまとめの例

・危険を冒してまで大陸から学びたかったのは、天皇を中心とする政治の仕組みや仏教の正しい教え。
・何度も失敗しても、鑑真が日本に来たのは、日本でも僧を育てて正しい仏教を日本でも広めるため。 6

〈振り返りの例〉
・大陸との交流を通して、日本が学びたかったのは正しい仏教に関することと、国らしくするための政治の仕組みだと思った。
・鑑真が日本に来ていなかったら、お寺や大仏はあるけれど、正しい仏教は広まっていなかったのかもしれない。

まとめる
整理する・生かす

選んだ人物になり切ってメッセージを書こう

本時の目標

３人の人物が目指した国づくりについて話し合うことを通して、天皇を中心とした政治が確立されていったことを理解できるようにする。

本時の評価

これまでの学習を活用し、天皇中心の政治が確立されるまでの間に、だれが、どのような役割を果たしたのかを考え、言葉や文章で表現している【思②】

用意するもの

聖徳太子の肖像画、中大兄皇子の肖像画、聖武天皇の肖像画

【学習問題】
飛鳥や奈良に都が置かれた頃、

1 本時のめあて それぞれの人物

500年

2 分かったこと 聖徳太子

天皇の力の強い国
仏教を大切にする国
争いのない平和な国

天皇の力　弱い

仏教の広まり　仏教をとり入れる

世の中の様子　豪族の争い

本時の展開 ▷▷▷

つかむ 出合う・問いをもつ

板書のポイント
天皇の力、仏教の広まり、世の中の様子という３つの視点で整理する。一目で分かるように、対応しないところは空白にしておく。

＊本時のめあてを板書する。 1

T　聖徳太子、中大兄皇子、聖武天皇はどのような国づくりを目指しましたか。 2

C　聖徳太子は争いがなく、天皇の力の強い国づくり。仏教が広まる国づくり。

C　中大兄皇子は、天皇が中心となるような政治の仕組みの整った国づくり。

C　聖武天皇は、病気や反乱のない安定した国づくり。仏教の教えが正しく広がる国づくり。

調べる 情報を集める・読み取る・考える・話し合う

板書のポイント
話し合いから出てきた意見を、人物の肖像画の下に書く。音楽の強弱記号のようなものを使って表現すると、力の変化が一目で分かる。

T　聖徳太子と聖武天皇の国づくりで、似ているところと違うところはどんなところですか。 3

C　二人とも仏教によって平和な世の中をつくろうとしたところは似ていると思う。

C　聖徳太子は豪族の力が強いことに悩んでいて、聖武天皇は病気や反乱に悩んでいた。

C　聖武天皇は仏教を広めることに力を入れていて、聖徳太子は天皇の力を強めることを重視していたと思う。

どのような国づくりを目指して、大陸と交流していたのだろうか。

がどのような国づくりを目指したのか話し合い、メッセージを考えよう。

600年　　　700年

中大兄皇子

天皇を中心とした政治の仕組みの整った国

聖武天皇

仏教の教えが正しく広がる国 病気や災いのない国

4 聖武天皇は、天皇の力の強い国づくりを目指さなかった?

↓

目指さなくても聖徳太子の頃より強くなっていた。
大仏造りで天皇中心の国ができあがった。

大化の改新　　全国に

人口の1/3が大仏づくりに参加

病気や反乱

3 話し合って考えたこと

5 【学習のまとめ】
天皇を中心とした国づくりを目指して、大陸から政治の制度や文化を取り入れた。

まとめる　整理する・生かす

板書のポイント
メッセージの書き方を電子黒板などで示す。メッセージの中にある言葉を使って、板書の中の学習のまとめを完成させる。

T　聖武天皇は、天皇の力の強い国づくりを目指さなかったのでしょうか。 4

C　聖武天皇のときには天皇の力が強くなっていたから、目指す必要がなかったと思う。

C　それでも大仏が完成したときに中国やインドからも人をよんでいたから、天皇の力の強さを日本にも世界にも見せつけたかったのかもしれないよ。

T　選んだ人物になり切って、時代を超えた感謝のメッセージを書こう。

学習のまとめの例

・聖武天皇から中大兄皇子へ
私が大仏づくりに集中できたのも、あなたが天皇を中心とした政治の仕組みを整えてくれたおかげです。

・聖徳太子から聖武天皇へ
仏教を広めたいという願いを、あなたは大仏と国分寺で実現してくれました。わたしの理想を実現してくれてありがとう。

〈振り返りの例〉
天皇中心の国をつくるという聖徳太子の理想は、まるでリレーのバトンのように中大兄皇子や聖武天皇に引き継がれ、見事に実現したと思った。

3 （4時間） 貴族の文化

単元の目標

京都に都が置かれた頃の文化の特色について考え、表現することを通して、日本風の文化が生まれたことを理解できるようにするとともに、貴族の生活や文化について学習問題を追究し、解決しようとする態度を養う。

学習指導要領との関連 内容(2)「貴族の文化」アの(ウ)及び(シ)、イの(ア)

第1時	第2時
つかむ「出合う・問いをもつ」	**調べる**
〔第1時〕 ○貴族のくらしの様子を見てみよう 【主①】 ・藤原道長に代表される貴族の様子について話し合う。 ・貴族の屋敷の想像図を基に、くらしの様子について気付いたことを話し合う。 **★世の中の様子に着目する。** **【学習問題】** 貴族の生活や文化は、どのようなものだったのだろう。 ・予想や学習計画を立てる。 大陸の文化とはちがうようだ。 「和風」という感じがする。 想像図にかかれているものを詳しく調べると分かるのではないか。	〔第2時〕 ○貴族の生活について調べて、その特色を考えよう 【知①】 ・大和絵や服装、食事の様子などの資料をもとに、貴族の生活について調べる。 ・世界文化遺産である平等院鳳凰堂や当時の部屋の造りを調べる。 ・調べたことをカードにまとめる。 ・調べたことをもとに、貴族の生活の特色について考える。 **★人物の働きに着目する。** **★代表的な文化遺産に着目する。**

単元の内容

本単元では、貴族の生活を理解するために、当時の政治を行っていた藤原道長を取り上げ、その働きを捉えるようにする。また、紫式部と清少納言の活躍を調べたり、貴族の服装や建物、年中行事などに着目したりすることで、貴族の生活や文化について理解することができるようにする。

これらのことを手掛かりに、京都に都が置かれた頃、日本風の文化（国風文化）が生まれたことが分かるようにすることがポイントである。

また、現在にまで受け継がれている文化が多く見られるため、当時の文化と自分の生活との関わりを振り返り、昔と今のつながりについて考えることも有効である。

単元の評価

知識・技能	思考・判断・表現	主体的に学習に取り組む態度
①各種の資料から貴族のくらしの様子を捉える上で必要となる事柄を読み取り、貴族が華やかで優雅な生活を送っていたことを理解している。 ②平安時代に、貴族たちが中国の影響を受けながらも日本独自の文化を生み出したことを理解している。	①貴族の文化は現在の生活と深いつながりをもつ日本らしい文化であることなど、文化の特色や現在とのつながりについて考え、言葉や文章で表現している。	①貴族の生活や文化について、予想や学習計画を立てたり、学習問題を追究し、解決しようとしている。

【知】：知識・技能　【思】：思考・判断・表現　【主】：主体的に学習に取り組む態度　○：ねらい　・：学習活動　★：見方・考え方

第３時	第４時
「情報を集める・読み取る・考える・話し合う」	まとめる「整理する・生かす」
〔第３時〕 ○平安時代と令和時代のつながりを見つけよう【思①】 ・かな文字の起こりについて調べる。 ・紫式部や清少納言の文学作品や、かな文字の広がりについて調べる。 ・節句やお盆、お月見などの年中行事について調べる。 ・調べたことをカードにまとめる。 ・調べたことをもとに、京都に都が置かれた頃の文化の特色について考える。 **★人物の働きに着目する。**	**〔第４時〕** ○これまでにまとめたカードをもとに学習問題について話し合い、貴族の生活や文化の特色などについて自分の考えをまとめよう。【知②】 ・調べたことをまとめたカードを整理し、聖徳太子が政治を行った頃から聖武天皇が国を治めた頃までの文化と比較する。 ・調べたことを総合的に捉え、貴族の生活や文化の特色をまとめる。 ・年表から情報を読み取り、なぜ、この時代に日本風の文化が生まれたのかを考える。 ・貴族が生み出した文化と自分の生活とのつながりについて、考えたことをまとめる。 **★世の中の様子に着目する。** **★現在の生活・文化とのかかわりに着目する。** **【学習のまとめの例】** 華やかで優雅な生活を送っていた。また、中国との関わりが減り、今の私たちの生活にも受け継がれる日本風の文化が生まれた。

問題解決的な学習展開の工夫

○意欲的に学習をスタートさせるために…

単元との出会いとして、貴族の屋敷の想像図を用いる。貴族が行っていることや服装などに着目して、気付いたことを出し合うことで、絵には表れていない生活の様子や文化について、もっと知りたいな、詳しく調べたいなという興味を高めることが期待できる。そこから学習問題を設定し、問題解決的な学習を展開する。

○日本風の文化の誕生を捉えるために…

文化や生活について調べて収集した情報をカードにまとめていくようにする。そうすることで、第４時に、全体を見てこの時代の文化の特色を捉えることができる。また、カードを整理し、「○○な文化」とネーミングすると、子どもなりの言葉で、日本風の文化の誕生を表現することができる。

問題をつかむ
出合う・問いをもつ

貴族のくらしの様子を見てみよう

本時の目標

望月の歌や貴族の屋敷の想像図を手がかりに貴族のくらしへの興味を高め、学習問題を設定する。

本時の評価

・貴族の華やかなくらしに興味を抱き、その生活や文化に疑問をもつなど、学習問題を見いだしている。【主①】

用意するもの

藤原道長の肖像画、望月の歌と解説、貴族の屋敷の想像図

「望月の歌」 資料②

この世をば
わが世とぞ思う
望月の
かけたることも
なしと思えば

藤原道長

1

分かったこと

・立派な服装。
・藤原道長が世の中を支配。
・強い力をもち、政治を行っていた。

【貴族】
高い位につき，政治を行っていた人々のこと。

本時の展開 ▷▷▷

つかむ　出合う・問いをもつ

板書のポイント

藤原道長の肖像画と望月の歌を提示し、道長の服装や歌の意味について話し合い、分かったことや考えたことを板書する。

T　資料を見て、どのようなことが分かりますか。 1

C　藤原道長が世の中を支配していたようです。

C　服装は、とても立派です。

T　当時、力をもち、政治を行っていた人々を「貴族」とよびました。

＊本時のめあてを板書する。 2

調べる　情報を集める・読み取る・考える・話し合う

板書のポイント

貴族の屋敷の想像図を提示し、気付いたことを自由に発言させる中で、出てきたことを想像図の周りに板書する。

T　貴族の屋敷の想像図を黒板に貼ります。 3
　絵を見て見つけたことや思ったことを発表しましょう。

C　とても大きな屋敷で、池や庭もあるね。

C　貴族は遊んでいるように見える。

C　立派なくらしだから、お金持ちだと思う。

C　建物や服装を見ていると、日本風なくらしだといえそう。

C　屋敷の中の様子を、見てみたい。

2

本時のめあて

平安時代の貴族の様子を見て、学習問題をつくろう。

3

気づいたこと

「貴族のやしきと内部」(想像図)

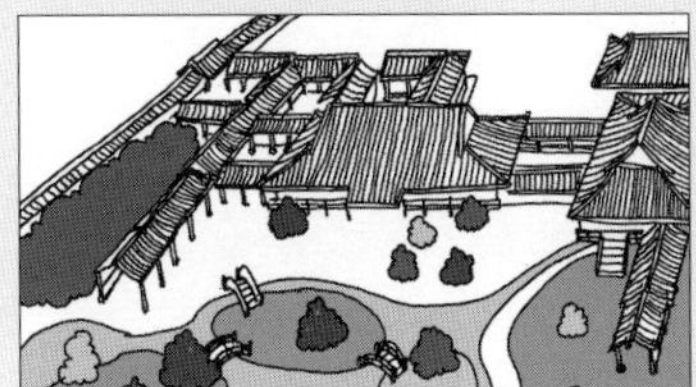

・大きな屋敷
・池や庭
・立派なくらし
・けまり
・和服

ぎもん

・この屋敷で、どのような生活を？
・どのような文化が生まれたのか？

4

【学習問題】
貴族の生活や文化は、どのようなものだったのだろう。

5

よそう

・大陸の文化とはちがう。
・「和風」な生活や文化。
・今の時代にもつながっている。

まとめる　整理する・生かす

板書のポイント
単元の学習問題を板書して囲み、それに対する予想を引き出し、まとめながら板書していく。

学習問題：貴族の生活や文化は、どのようなものだったのだろう。 4

T　単元の学習問題に対する予想をノートに書きましょう。
C　これまでの大陸の文化とは違うね。 5
C　「和風」な生活や文化をつくっているのかな。
C　今の時代にもつながっています。

学習のまとめの例

・藤原道長に代表される貴族について分かった。貴族がしていた生活や生み出した文化を調べていきたい。
・屋敷の想像図から、貴族の生活を少し見ることができた。これから、もっと詳しく調べてみたい。

調べる
情報を集める・読み取る
考える学び合う

貴族の生活について調べて、その特色を考えよう

本時の目標

大和絵や平等院鳳凰堂、服装や食事などに関する資料を調べ、貴族の生活について理解できるようにする。

本時の評価

・各種の資料から貴族のくらしを捉える上で必要な事柄を読み取り、貴族が華やかで優雅な生活を送っていたことを理解している。【知①】

用意するもの

大和絵、平等院鳳凰堂の写真、服装の写真、食事の写真

大和絵
※教科書や資料集
から拡大掲示

1

・優雅なくらし
・道長のように服装が豪華
・貴族の服装をもっと調べたい
・食事はどうだったのかな

平等院鳳凰堂

本時の展開 ▷▷▷

つかむ 出合う・問いをもつ

板書のポイント

当時の貴族の様子を表した大和絵や、平等院鳳凰堂を提示して、気付いたことや疑問を出し合い板書することで、本時の学習問題につなげる。

T　資料を見て、気付いたことや疑問はありますか。 1

C　のんびりと優雅なくらしをしている感じがするね。

C　女性の服装も華やかで豪華だね。

C　どんな食事をしていたのだろう。

＊本時のめあてを板書する。 2

調べる 情報を集める・読み取る・考える・話し合う

板書のポイント

写真資料や教科書を活用して調べて分かったことを発表させ、写真のまわりに花びらを増やすように板書するのもよい。

T　調べて分かったことを発表しましょう。 3

C　束帯や十二単とよばれる豪華な服が生み出され、貴族はそれを着用していました。

C　ごちそうを食べていたようです。

C　囲碁や蹴鞠などを楽しんでいました。

T　つまり、どのような生活だと言えますか。

C　華やかで優雅な生活。

C　力があるからこそできる生活。

2 本時のめあて　貴族は、どのような生活をしていたのだろう。

束帯

十二単

食事の再現

3 分かったこと

・束帯と十二単…男性女性それぞれの正装
・寝殿造という造りの屋敷
・歌を詠んだりけまりを楽しんだりしていた
・豪華な食事

↓

【華やかな生活】【優雅な生活】
【大きな力があるからできる生活】

4 本時のまとめ

・華やかな生活
・優雅な生活

5 ふりかえり

生活の様子から、貴族の力の大きさがよく分かった。

まとめる　整理する・生かす

板書のポイント

本時のまとめにつながるようなキーワードには下線を引き、子ども自身でまとめることができるようにする。

T　学習問題に対するまとめをノートに書きましょう。 4

C　豪華な食事や立派な服装、大きな屋敷などに表れているように、貴族は、華やかで優雅な生活を送っていました。

T　今日の学習のふり返りをノートに書きましょう。 5

C　疑問を解決することができました。貴族の生活を調べていると、貴族が大きな力をもっていたことが分かりました。

学習のまとめの例

・豪華な食事や立派な服装、大きな屋敷などに表れているように、貴族は、華やかで優雅な生活を送っていた。
・貴族は華やかな生活を送っていた。その生活は、大きな権力をもっていなければ送ることができなかった。
・貴族の生活を調べていると貴族が大きな力をもっていたということがよく分かりました。

調べる
情報を集める・読み取る
考える学び合う

平安時代と令和時代のつながりを見つけよう

本時の目標

平安時代に生み出された文化について調べ、その特色や現在の自分たちの生活とのつながりを考え、表現できるようにする。

本時の評価

・貴族の文化は、現在の生活と深いつながりをもつ、日本らしい文化であることなど、文化の特色や現在とのつながりについて考え、言葉や文章で表現している。【思①】

用意するもの

外国語版源氏物語、大和絵、月見をする貴族、紫式部、清少納言の肖像画、百人一首、年中行事が分かる写真、かな文字のおこり

外国語版
源氏物語

大和絵
※教科書や資料集から拡大掲示

1 気づいたこと

・外国語版として売られている本の絵と大和絵に描かれている様子がよく似ている。
・平安時代の生活の様子が描かれている。

月見をする貴族

→今でも日本の行事として行われている。

本時の展開 ▷▷▷

つかむ　出合う・問いをもつ

板書のポイント

資料を提示して、気付いたことを板書することで、日本を代表する文化の誕生があったことに気付かせる。

T　資料を見て、どのようなことに気付きますか。
C　本の絵は平安時代の様子が描かれているよ。
C　世界とのつながりがあると思うよ。 1
C　今でも行われている月見は、貴族もしていたようだよ。
C　ほかにも文化が生まれたと思う。
T　今日のめあてを考えましょう。
＊本時のめあてを板書する。 2

調べる　情報を集める・読み取る・考える・話し合う

板書のポイント

調べて分かったことを板書するときは、できる限り文章ではなく、キーワードで記述する。写真や絵の資料を上手く活用する。

T　調べて分かったことを発表しましょう。 3
C　ひらがなやカタカタというかな文字が生まれました。
C　かな文字を用いて、和歌や書がつくられました。
C　その和歌は、百人一首として今も親しまれています。
C　節句やお盆という年中行事も生まれました。
C　今の時代にもつながっています。

2 本時のめあて

貴族は、どのような文化を生み出したのだろう。

3 分かったこと

かな文字の起こり

平がな	安→安 あ あ あ 以→以 い い い
片かな	阿→ア 伊→イ 宇→ウ 江→エ 於→オ

ひらがな：漢字をくずしたもの
カタカナ：漢字の一部を省略したもの

紫式部
「源氏物語」

清少納言
「枕草子」

・百人一首に使われている歌
・七草
・お盆
・節句 ──→ 今も続く行事

本時のまとめ

・今の時代にも残るもの
・日本らしい文化

4 ふりかえり

貴族が生み出した文化と現在の
自分たちの生活とのつながりは深い。

まとめる　整理する・生かす

板書のポイント
振り返りには視点を与え、ノートに書かせる。数名の子どもたちを指名し、発表したことを板書する。

T　今日の学習のる振り返りをノートに書きましょう。その際、貴族が生み出した文化と自分たちの生活とを関連させて考えましょう。

4

C　平安時代の貴族が生み出した文化は、今も続いているものがあるということが分かりました。つまり、今の私たちの生活と、平安時代の貴族の生活は、関連が深いと言えます。

学習のまとめの例

・貴族は、かな文字を用いて歌や書をつくった。紫式部や清少納言が詠んだ歌は、百人一首に取り上げられている。
・貴族は、今も残る年中行事を行っていた。月を見ながら歌を詠み、かな文字を用いて表現もした。
・貴族は、日本らしいといえる文化を生み出している。なかには、世界にも伝わっているものもある。

まとめる
整理する・生かす

貴族の生活と文化をキャッチコピーで表そう

本時の目標

貴族の生活と文化をキャッチコピーで表す活動を通して、京都に都が置かれた頃、日本風の文化が生まれたことを理解できるようにする。

本時の評価

・平安時代に、貴族たちが中国の影響を受けながらも日本独自の文化を生み出したことを理解している【知②】

用意するもの

中国風の文化、子どもたちがまとめた貴族の生活・文化カード、年表

1

【学習問題】
貴族の生活や文化は、どのようなものだったのだろう。

平安時代以前は…
【大陸の文化】
【中国風の文化】

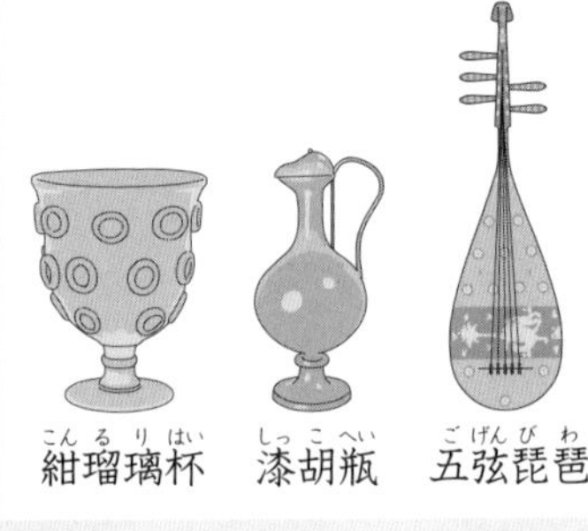

本時の展開 ▷▷▷

つかむ　出合う・問いをもつ

板書のポイント
班で話し合ったキャッチコピーを板書するために、短冊状に切った画用紙を用いて、子どもたちに書かせる。画用紙の裏にはマグネットを。

T　今日は、単元の学習問題をまとめます。
＊学習問題を板書する。 1
T　貴族の生活や文化について、班の人と話し合い、キャッチコピーで表しましょう。決まったら、短冊状の画用紙に書きましょう。
C　これまでにまとめたカードを見ながら考えるとよさそうだ。

調べる　情報を集める・読み取る・考える・話し合う

板書のポイント
班でまとめたキャッチコピーを板書上に貼り、そのキャッチコピーにした理由を説明する。

T　友だちがまとめているカードをもとに【〇〇な生活】【〇〇な文化】というふうに班でまとめましょう。 2
T　生活に関わることと文化に関わることを分類して話し合っていきましょう。
C　生活と文化でつながりが見られるところもあるね。
C　今の私たちの生活に近い文化が生まれているよ。

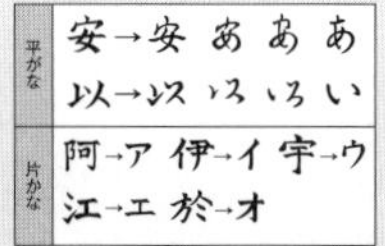

【学習のまとめ】

話し合って考えたこと

1班：○○な生活・○○な文化 2

2班：○○な生活・○○な文化

3班：○○な生活・○○な文化

4班：○○な生活・○○な文化

3 ぎもん

これまでは中国風の文化だったのに、なぜ、この時代に日本風の文化が生まれたのか？

年表
大陸の文化が伝わる
遣隋使を送る
遣唐使を送る
遣唐使をやめる
かな文字が広がる
日本風の文化が栄える

・かな文字や日本風の文化が広がる前に、遣唐使をやめている。
・でも、中国との交流は続いていたみたいだ。
・中国風の文化の影響を受けながらも、独自の文化が生まれた。

まとめる　整理する・生かす

板書のポイント
以前の文化が中国風だったことを想起させるとともに、資料を提示して矢印でつなぐ。それにより、「なぜ？」という疑問を導く。

T　なぜ、平安時代の文化は、日本風の文化になったのでしょう。 3

C　かな文字が広がる前には、遣唐使をやめているよ。

C　中国との交流は続いていたようだけど、関わりは少なくなったのだろうか。

C　大陸の文化の影響を受けながらも、日本風に変化していったようだね。

学習のまとめの例

・【華やかで優雅な生活】
貴族は、寝殿造りという屋敷で生活し、年中行事をして過ごし、歌やけまりなどをたしなんでいた。

・【今も受け継がれる日本風の文化】
かな文字の発展とともに、歌や書物を楽しむようになり、現在にも残るような文化が生み出された。

6 時間

4 武士による政治のはじまり

単元の目標

源平の戦い、鎌倉幕府の始まり、元との戦いについて調べ、この頃の世の中の様子を考え、表現することを通して、武士による政治が始まったことを理解できるようにするとともに、武士による政治のはじまりについて学習問題を追究し、解決しようとする態度を養う。

学習指導要領との関連

内容(2)「我が国の歴史上の主な事象」アの(エ)及び(イ)、イの(ア)

第1時	第2・3時
つかむ「出合う・問いをもつ」	調べる
〔第1時〕 ○武士のやしき（想像図）を見て、武士について調べてみよう。【主①】 ・想像図で武士の生活の様子を見て、気付いたことを話し合い、武士の生活の様子について問いをもつ。 **★貴族の屋敷との違いに着目する。** **〔第2時〕** ○武士について調べ、学習問題を考えよう。【思①】 ・これまでの学習で登場した貴族と新たに登場した武士とを比較して、武士が力を付けてきたことについての学習問題を立てる。 **★貴族のくらしとの違いに着目する。** **【学習問題】** 武士が力を付けて、どのような世の中になっていったのだろうか。 ・学習計画を立てる。 ～ではないか。～を調べれば……。	**〔第3時〕** ○源氏と平氏がどのような戦いをしたのか調べよう。【知①】 ・年表や資料を基に、平清盛が、藤原氏と同じように思いのままに政治を行っていたことを調べる。 **★貴族の政治と平氏の政治を関連付ける。** ・年表や資料で源頼朝が平氏に不満をもつ武士をまとめて平氏を滅ぼしたことを調べる。 **〔第4時〕** ○源頼朝はどのような政治を行ったのだろう。【知①】 ・鎌倉幕府が開かれた場所や守護地頭の配置を日本地図で調べ、源氏の勢力の位置や広がりを読み取る。 ・幕府の将軍と武士（御家人）の関係について調べ、将軍と武士との結び付きの強さについて理解する。 **★どのような政治の仕組みを作ったかに着目する。**

単元の内容

本単元では、武士による政治が始まったことを学習する。その際、次の2点を大事に扱いたい。

○武士のやしき

貴族の屋敷と武士の館を比較することで、武士の生活の様子について興味・関心をもたせたい。具体的には、日頃から戦いに備えつつ耕作地で自給自足の生活を行っていたことを読み取らせ、武士にとって土地を守ることが何より大切であったことに気付かせる。

○鎌倉に幕府を開いたこと

幕府の緊急時に「いざ鎌倉へ」と御家人たちがはせ参じた逸話は有名である。授業では、頼朝が鎌倉に幕府を開いたわけについても「地形や位置」に着目させ、守りやすさや源氏に関係が深い関東であること、朝廷のおかれた京都から離れていることなどに気付かせる。

単元の評価

知識・技能	思考・判断・表現	主体的に学習に取り組む態度
①各種の資料から源平の戦いや源頼朝が行った政治を捉える上で必要となる事柄を読み取り、武士による政治が始まったことを理解している。 ②各種の資料から元との戦いを捉える上で必要となる事柄を読み取り、幕府の力が西国にまで及んでいたことや元との戦いにより幕府と御家人の関係が崩れていったことを理解している。	①武士と貴族との違いや関係に着目して様々な疑問をもち、どんな武士がどのように力を付けてきたのかを調べる学習問題を見いだしている。 ②源平の戦い、鎌倉幕府の始まり、元との戦いの３つの事象を総合し、武士が登場してからの世の中の変化を文章で記述したり説明したりしている。	①武士による政治のはじまりについて予想や学習計画を立てたり学習を振り返ったりして、学習問題を追究し、解決しようとしている。

【知】：知識・技能　【思】：思考・判断・表現　【主】：主体的に学習に取り組む態度　○：ねらい　・：学習活動　★：見方・考え方

第４・５時	第６時
「情報を集める・読み取る・考える・話し合う」	まとめる「整理する・生かす」
（第５時） ○鎌倉幕府は元とどのように戦ったのだろうか。【知②】 ・地図帳や資料で、鎌倉幕府が元と戦ったことについて調べる。 ★鎌倉幕府の政治の仕組みと元との戦いを関連付け、戦った武士（御家人）の様子について考える。 ○元との戦いのあと、鎌倉幕府はどうなったのか、地図帳や年表、資料で、元との戦いの後の鎌倉幕府について調べる。	（第６時） ○学習問題について話し合い、武士が力を付けてどのような世の中になっていったのか、自分の考えをまとめよう。 ・源平の戦い、鎌倉幕府の始まり、元との戦いで理解したことを基にして武士による政治が始まったことについて話し合う。 **★学習した３つの事象を総合して、この頃の世の中の様子を文章で記述したり説明したりする。**【思②】 ○この単元で学習問題について調べたり、話し合ったりしたことを振り返りましょう。 ・調べたことや考えたことが表現できたか振り返り、次回の単元の学びに生かすようにする。 **【学習のまとめの例】** 貴族に代わって力を付けた武士が登場し、世の中は強い武力をもったものが治めるようになった。しかし、力をもった鎌倉幕府もご恩と奉行の関係がくずれ、ほろんでしまった。

問題解決的な学習展開の工夫

○本単元では、武士による政治の始まりが「いつ」始まったのか、「どのように」始まったのか、またそれによって、世の中は「どうなった」のかを子ども一人一人に考えさせたい。そのためにも、「いつ」「どのように」「どうなった」という疑問詞を用いて、子供に問うことで深い思考を促したい。

前述した「問い」による思考を促すためにも、「人物の働き」に着目させる。たとえば、平清盛や源頼朝がどのようなことをしたのか。なぜそのようなことをしたのか。また、行ったことはその後の世の中にどのような影響を与えたのか等について問いたい。そうすることで「武士の政治の始まり」について深い思考から着実な理解へとつなげられるであろう。

つかむ
興味関心をもつ

武士のやしき（想像図）を見て、武士について調べてみよう

本時の目標

武士のやしきと貴族のやしきを比較する活動を通して、武士の生活の様子について興味や関心を高めるようにする。

本時の評価

・武士と貴族のやしきやくらしぶりの違いに気付き、武士について様々な疑問を抱いている。【主①】

用意するもの

武士のやしき（想像図）、貴族のやしき（想像図）、地図帳

1 武士のやしき（想像図）

気づいたこと

・畑仕事や田植え仕事をしている。
・武器を持っている人がいる。
・馬に乗って、弓矢を打つ訓練をしている人がいる。
・田畑の人に命令している人。
・貴族のやしきとくらべて、しっそな感じ。

本時の展開 ▷▷▷

つかむ 出合う・問いをもつ

板書のポイント

武士のやしきを提示し、武士の生活の様子について触れる。

T 武士のやしきの想像図です。ここにはどんな人がいますか。 1

C 畑仕事や田植えをしている人がいるよ。

C どの人が武士なのだろう。

C 武芸を専門としている人だから弓や刀を持っている人だと思うよ。

T 今日は武士の生活について学習しましょう。

＊本時のめあてを板書する。

調べる 情報を集める・読み取る・考える・話し合う

板書のポイント

武士と貴族のやしきを対比して提示し、既習事項である貴族の生活の様子とのちがいを考える。

T これまで学習した貴族のやしきとくらべてどんなところがちがうでしょう。 2

C 貴族のやしきは大きな池に舟を浮かべていたり、蹴鞠をしていたりしていたよ。

C 武士は馬に乗って弓の訓練や道具の手入れをしているね。

C 見張り台ややしきがほりに囲まれているよ。なんだか、戦いに備えているようだよ。

本時のめあて

武家やしき（想像図）を見て、武士の生活はどのようなものだったかを調べよう。

分かったこと

・武士は戦うことを専門の仕事としていた。
・農民たちに指示して田や畑を耕していた。
・自分たちのことは自分たちでしていた。

ぎもん

・貴族と武士の関係は。
・武士はだれと戦っていたのか。

2 貴族のやしき（想像図）

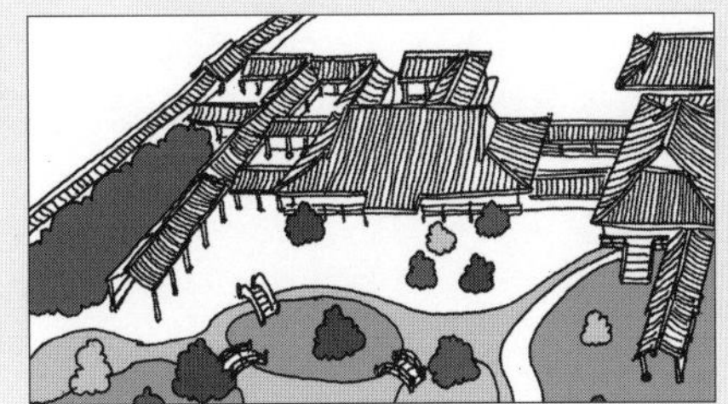

気づいたこと

・池に舟をうかべたり、和歌をよんだりしている。
・蹴鞠をしている。
・武士のやしきとくらべてごうかな感じ。

本時のまとめ

・武士は戦いを専門にしていた。
・武士は普段から戦いに備えていた。
・武士は自給自足の生活をしていた。

まとめる 整理する・生かす

板書のポイント
武士について、資料の読み取りから分かったことと疑問を出し合い、次時の学習問題づくりにつなげられるようにする。 4

T　２つの資料から読み取ったことを比べて、武士の生活はどのようなものであったのか考えよう。
C　戦うことを仕事としていた。戦いのないときは畑や田を農民に耕させたり、訓練をするなどしていた。
T　武士について疑問に思ったことはありますか。
C　貴族との関係やだれと戦っていたのかなど。

学習のまとめの例

〈振り返りの例〉
T　新しく武士が登場してきました。今日の学習を振り返って、これから学習していきたいことを書きましょう。
C　貴族と武士の関係はどのようになっていくのか。
C　戦いを専門にしていた武士どうしで戦いをしていたのか。
C　武士が登場して、これからどのような世の中になっていくのか。

つかむ
読み取る

武士について調べ、学習問題を考えよう

本時の目標

資料や年表を読み取る活動を通して、武士が力をつけてきたことについての学習問題をたてる。

本時の評価

・武士と貴族との違いや関係に着目して様々な疑問をもち、どんな武士がどのように力を付けてきたのかを調べるための学習問題を見いだしている【思①】

用意するもの

年表（この時代のおもなできごと)、武士についての資料（服装、武芸の様子)

1 武芸の訓練の様子（絵巻物)

2 武士の服装

本時の展開 ▷▷▷

つかむ 出合う・問いをもつ

板書のポイント
前時の武士のやしきの様子でも描かれていた武芸の訓練の様子の絵巻物を見て、前時の学習を振り返る。

T この資料を見てください。だれがどんなことをしている絵ですか。 1
C 武士が馬に乗り、弓で的を射ています。
C 武士が戦いの訓練をしている絵です。
T 今日はこのことについて学習しましょう。
＊本時のめあてを板書する。

調べる 情報を集める・読み取る・考える・話し合う

板書のポイント
前時のように、これまで学習してきた貴族と武士の違いに着目するとともに、資料から、武士が力を付けてきたことを読み取るようにする。

T この資料は何でしょう。 2
C （前時の）武士のやしきにいた武士の服装と同じような服装だね。(直垂)
C 鎧を着ているよ。戦い時の服装かな。(大鎧)
C 女の人の服装は着物みたいだね。
T この年表を見て気になることはありますか。
C ○○の乱が二回もあるよ。何か大きな戦いかな。
C 人物の名前が出てきている。きっと戦いに勝った有名な武士なのではないのだろうか。

本時のめあて

武士と貴族とのちがいについて考え、武士についての学習問題をつくろう。

2 年表（この時代の主な出来事）

1156年　保元の乱（京都）がおこる
1159年　平治の乱（京都）がおこる
1167年　平清盛が太政大臣になる
1180年　源氏が平氏をたおすために兵を挙げる（石橋上の戦い）
1185年　壇ノ浦の戦い
1192年　源頼朝が征夷大将軍になる
1219年　北条氏が権力をにぎり、武士の政治がより強まる。

3 気づいたことやぎもん

・武士が力をつける世の中になった
・武士はどのような戦いをしたのか
・平清盛、源頼朝、北条氏が力をもつ。
・上記の人物はどんな人物たちだったのか。

【学習問題】

武士が力をつけて、どのような世の中になっていったのだろうか。

学習の計画

・教科書の年表で「保元の乱」「平治の乱」について調べる。
・資料集の資料から「平清盛」「源頼朝」がどのようなことをしたのか調べる。
・北条氏とはいったいどんな武士だったのか、資料集や教科書で調べる。
・今日の年表以外の出来事も何があったのか調べる。

ふりかえり

まとめる　整理する・生かす

板書のポイント

資料から読み取ったことを基に気付いたことや疑問を出し学習問題を立てる。 3

T　資料の読み取りから気付いたことや疑問はありますか。

C　普段は動きやすい服装の武士だが、戦いのときには鎧をきていたんだね。

C　武士が力を付けたことによって世の中はどのようになっていくのか。

T　みなさんの疑問を基に、これから学んでいく学習問題を考えました。

＊学習問題を板書する。

C　それでは、学習計画を立てよう。

学習のまとめの例

〈振り返りの例〉

・強い力をもった武士たちはどのように世の中をおさめていったのか、これから調べていきたい。
・平清盛、源頼朝、北条氏は、武士としてどんな政治をしたいたのか知りたい。
・武士が力をもったことによって、世の中は強い武力をもつものが力をもつ時代になってきたのだと思った。

調べる
情報を集める

源氏と平氏がどのような戦いをしたのか調べよう

本時の目標

源平の戦いを調べる活動を通して、平清盛と源頼朝の活躍により、武士が力を付けていったことを理解できるようにする。

本時の評価

・源平の戦いを調べる活動を通して、平清盛と源頼朝の活躍により、武士が力を付けていったことを理解している。【知①】

用意するもの

平治の乱の資料（絵巻物）、源氏と平氏の戦い（年表・地図）、平清盛（肖像画など）源頼朝（肖像画など）、源義経（肖像画など）

1

平治の乱
（絵巻物）
※教科書や資料集
から拡大掲示

平清盛（肖像画）

気づいたこと

・武士どうしが戦っている。
・はげしい戦い

調べたこと

・平治の乱
・平氏が源氏に勝った
・平氏がこのあと力を付けた
・平氏が政治の中心だった
・平清盛

本時の展開 ▷▷▷

つかむ　出合う・問いをもつ

板書のポイント

武士たちの戦いの様子を提示し、源氏と平氏が中心となって戦った様子を捉え、戦いのあと、どちらが力を付けていったのか理解する。

T　この資料を見てください。だれがどんなことをしていますか。 1

C　武士が戦っている。

T　今日はこのことについて学習しましょう。

＊本時のめあてを板書する。

T　この戦いがどのような戦いで、この後、世の中はどうなったか調べましょう。

調べる　情報を集める・読み取る・考える・話し合う

板書のポイント

源氏が平氏を滅ぼしたことについて、年表や地図（源氏の進路）をもとにして調べる。

T　この人物は源氏の有名な人物です。どんなことをしたのか資料から調べましょう。 2

C　源頼朝は、平氏の政治に不満をもった武士たちをまとめました。

C　父親は破れたけれど生き残って平氏をたおそうとしました。 3 4

C　源義経は、頼朝の弟です。

C　源義経は、壇ノ浦で平氏をほろぼしました。

本時のめあて

武士は、どのような戦いをしたのだろう。

2

源頼朝（肖像画）　源義経（肖像画）

源平の戦い・源氏の進路図

3

4

年表（この時代の主な出来事）

1156年	保元の乱（京都）がおこる
1159年	平治の乱（京都）がおこる
1167年	平清盛が太政大臣になる
1180年	源氏が平氏をたおすために兵を挙げる（石橋上の戦い）
1185年	壇ノ浦の戦い
1192年	源頼朝が征夷大将軍になる
1219年	北条氏が権力をにぎり、武士の政治がより強まる。

調べたこと

・源頼朝…関東の武士をまとめる
　　　　　平氏をたおそうとする。
・源義経…頼朝の弟
　　　　　壇ノ浦の戦いで平氏をほろぼす。

5　分かったこと

・最初は平氏が勝ち、力を付けた
・平清盛が、藤原氏のような政治で強い力をもった
・源頼朝が武士をまとめ、源義経が平氏をほろぼした

本時のまとめ

武士は、源氏と平氏が力をもち戦った。源頼朝・源義経などの源氏によって平氏はほろぼされた。

まとめる　整理する・生かす

板書のポイント

源平の戦いについて調べたことをもとに、分かったことをノートに記述する。

T　今日の学習では、源氏と平氏の戦いを調べました。どのようなことが分かりましたか。ノートにまとめましょう。　5

C　最初に力をもったのは平氏。平清盛は、藤原氏のような政治をして強い力をもった。

C　最初は敗れた源氏だが、源頼朝が武士をまとめ、源義経が平氏を滅ぼした。

C　源氏と平氏が戦って源氏が勝った。

学習のまとめの例

学習のまとめは、本時のめあてに正対した内容でまとめる。

その際に、分かったことで内容をつなげあわせたり、統合したりしてまとめるように板書する。

〈まとめの例〉

武士は、源氏と平氏が力をもち戦った。源頼朝・源義経などの源氏によって平氏は滅ぼされた。

調べる
地図や資料を活用する

源頼朝はどのような政治を行ったのだろう

本時の目標

鎌倉幕府の場所や守護地頭の配置を地図や資料で調べる活動や将軍と武士（御家人）の関係について調べる活動を通して、源頼朝が行った政治について理解できるようにする。

本時の評価

・幕府が開かれた鎌倉の地形や将軍と武士の相互関係に着目し、源頼朝がおこなった政治について理解している。【知①】

用意するもの

鎌倉の様子（想像図）、将軍と御家人の関係図、年表、日本地図

1 鎌倉の様子
上からの鳥瞰図（想像図）

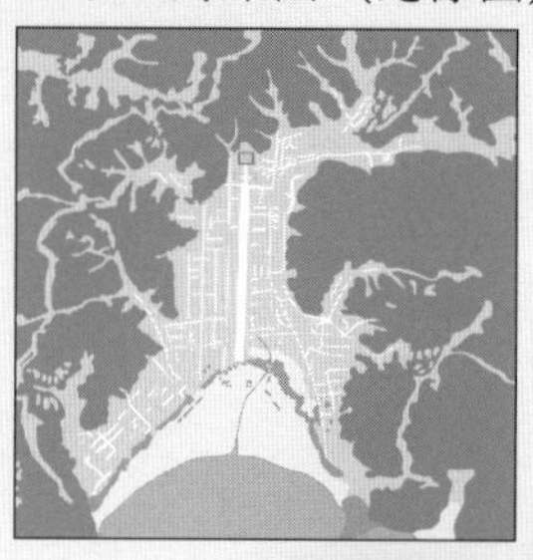

鎌倉の切通（現在の写真）

気づいたこと
やぎもん

・関東地方、現在の神奈川県
・海と山々に囲まれている
・どうして鎌倉で政治をしたのか
・敵がせめにくい
・平氏はほろびたのに敵がいたのか

本時の展開 ▷▷▷

つかむ　出合う・問いをもつ

板書のポイント

平氏を倒した源頼朝が、どのようなはたらきをしたのか、鎌倉幕府の位置などから、考えるようにする。

T　この資料を見てください。頼朝が幕府を開いた鎌倉です。どんな場所ですか。 1

C　鎌倉は関東地方です。絵を見ると周りを海や山で囲まれていることが分かります。

C　攻められにくい場所のようだけれど、平氏は滅んだのに敵がいたのかな。

T　今日はこのことについて学習しましょう。

＊本時のめあてを板書する。

調べる　情報を集める・読み取る・考える・話し合う

板書のポイント

年表を提示し、気になることや疑問について調べるようにする。（守護・地頭、征夷大将軍、執権、北条氏、承久の乱、六波羅探題など）

T　この時代の年表です。気になることや疑問はありますか。 2

C　守護・地頭ってなんだろう。

C　源氏の将軍が絶えたあとの北条氏とは。

C　承久の乱があるよ。平氏は滅んだのに源氏はだれと戦ったのだろう。

T　気になることや疑問について教科書や資料集で調べて発表しましょう。

本時のめあて

平氏をたおした源頼朝は、どのような政治をおこなったのだろう

2

年表

1185	頼朝が各地に守護・地頭をおく
1192	頼朝が征夷大将軍になる
1203	北条時政が執権になる
1219	三代将軍実朝が殺され、源氏の将軍が絶える 北条氏が政治の実権をにぎる
1221	承久の乱が起きる 京都に六波羅探題をおく

気になること・ぎもん

・守護、地頭とは
・北条氏とは
・承久の乱…源氏はだれと戦ったのか
・六波羅探題とは

3 将軍と御家人の関係図

①戦のときには将軍（幕府）のために戦う。
　または、費用をまかなう。
②京都、鎌倉の警護（京都大番役、鎌倉番役）。

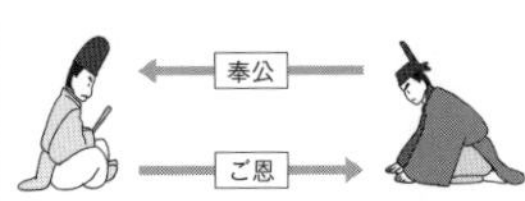

①ご家人の土地を守る。
②手がらをたてたときに新たな土地を与える。
　または、守護・地頭に任命する。

武士（御家人）と将軍（幕府）は、ご恩と奉公という強いつながりで結ばれていたから、将軍が絶えても、朝廷に勝つことができた。

本時のまとめ

源頼朝は、守護・地頭をおいた。また征夷大将軍となり武士の総大将になった。源氏の将軍が絶えたあとも、ご恩と奉公の結びつきで幕府と御家人の関係は続いた。

調べる 情報を集める・読み取る・考える・話し合う

板書のポイント

「ご恩と奉公」という将軍と御家人の間の強い結び付きについて調べ、承久の乱に勝利し、西国まで力の範囲が広がったことを理解する。 3

T　幕府は朝廷と戦いました。（承久の乱）源氏の将軍は絶えてしまったのに、どうやって勝ったのでしょう。資料を基に考えましょう。

C　ご恩と奉公という強い結び付きがあったから、朝廷にも勝てたのだと思います。

C　武士（御家人）にとって、土地を守ることはとても大事なことだったようだから、領地を与えてくれたり認めてくれたりする将軍（幕府）と強く結び付いたのだね。

学習のまとめの例

〈まとめの例〉

　源頼朝は守護・地頭をおいた。また征夷大将軍となり武士の総大将になった。源氏の将軍が絶えたあとも、ご恩と奉公の結びつきで幕府と御家人の関係は続いた。頼朝は、幕府の土台となる政治を行った。

調べる
既習事項をいかす

鎌倉幕府は元とどのように戦ったのだろうか

本時の目標

地図や資料で鎌倉幕府が元と戦ったことについて調べる活動を通して、戦った武士（御家人）の様子や元が襲来したことによる影響について理解する。

本時の評価

・各種の資料から元との戦いを捉える上で必要な事柄を読み取り、幕府の力が西国にまで及んでいたことや、元との戦いにより幕府と御家人の関係が崩れていったことを理解している。【知②】

用意するもの

元と戦う竹崎季長（蒙古襲来絵詞）、元との戦い（年表・地図）、北条時宗（肖像画など）

1 元と戦う竹崎季長（蒙古襲来絵詞）

気づいたこと

・武士が戦っている。
・武士どうしの戦いではない。
・外国の人と戦っている。

本時のめあて

鎌倉幕府は、外国とどのように戦い、戦ったあとは、どうなったのだろう。

本時の展開 ▷▷▷

つかむ　出合う・問いをもつ

板書のポイント
元と戦う竹崎季長（蒙古襲来絵詞）の資料を提示し、気付いたことを出し合い、本時の問いをつかむ。

T　この資料を見てください。だれがどんなことをしていますか。 1
C　武士が戦っている。武士どうしではない。
C　見たことない人たちと戦っている。外国の人かな。
T　今日はこのことについて学習しましょう。
＊本時のめあてを板書する。
T　この戦いがどのような戦いで、このあと、世の中はどうなったか調べましょう。

調べる　情報を集める・読み取る・考える・話し合う

板書のポイント
元との戦いについて、年表や地図をもとにして疑問をもち、主体的に調べるようにする。

T　資料から外国との戦いについて疑問に思ったことはありますか。 2
C　外国は、火薬を使ったり集団で戦ったり強そうだけれど、御家人たちはどのように戦ったのかな。
C　この時の執権北条時宗はどうやって外国の襲来を乗り切ったのかな。
C　元と戦ったあと幕府はどうして滅びたのかな。
＊疑問に思ったことを（各自で）調べる。

2 北条時宗(肖像画)

2

年表
1268 蒙古（モンゴル）の使いが来る　北条時宗が執権となる
1271 モンゴルが国名を元とする
1274 文永の役（元との戦い）がおこる
1281 弘安の役（元との2回目の戦い）がおこる
1333 鎌倉幕府が滅びる

気づいたこと・ぎもん

・外国とどのように戦ったのか　　・勝ち負けは　・どのように乗り切った
・戦ったあとの世の中はどうなった　・幕府はどうしてほろびたのか

3

調べたこと

・2度にわたって元（モンゴル）と戦った。
・火薬や集団戦法など武士は苦しんだ。
・執権北条時宗と御家人（西国武士）の活躍。・元軍をしりぞけた。
・満足にほうびがもらえない武士もいた。

分かったこと

ご恩と奉公の関係がくずれる　⇒　鎌倉幕府めつぼうへ

本時のまとめ

幕府は、元と2度にわたってたたかった。たたかった御家人たちは満足にほうびがもらえず、不満がのこり、ご恩と奉公の関係がくずれることになっていった。

まとめる　整理する・生かす

板書のポイント

事実を調べ、調べた事実と幕府が滅んだ理由を既習事項（ご恩と奉公）と結び付けるようにする。

T　調べたことを発表しましょう。 3
C　２度にわたって元と戦いました。
C　火薬や集団戦法などに武士は苦しんだ。
C　九州の武士など、御家人たちががんばった。
T　調べたことから、どんなことが分かりますか。
C　一生懸命戦ったけれど満足にほうびがもらえなかったから武士は不満だった。
C　これまでみたいなご恩と奉公の関係は崩れた。

学習のまとめの例

〈まとめの例〉

幕府は、元と２度にわたってたたかった。たたかった御家人たちは満足にほうびがもらえず、不満がのこり、ご恩と奉公の関係がくずれることになっていった。

まとめる
学習問題を結論付ける

学習問題について話し合い、自分たちの考えをまとめよう

本時の目標

学習問題について話し合う活動を通して、自分たちの考えをまとめる。

本時の評価

・源平の戦い、鎌倉幕府の始まり、元との戦いの3つの事象を総合し、武士が登場してからの世の中の変化を文章で記述したり説明したりしている。【思②】

用意するもの

源平の戦い、鎌倉幕府の始まり、元との戦いで提示した主な資料

本時のめあて 

学習問題について話し合い、自分たちの考えをまとめよう。

1159平治の乱　1185平氏がほろびる
源平の戦い

これまで提示
平治の乱・壇ノ浦の戦い
・ご恩と奉公（関係図）・

2 自分の考え

・
・　※　ノートに記述し、内容
・　　　は板書に記載しない。
・

本時の展開 ▷▷▷

つかむ　出合う・問いをもつ

板書のポイント

これまでの学習を振り返り、源平の戦い、鎌倉幕府の始まり、元との戦いの3つの事象を示した年表を掲示する。

T　今日はこのことについて学習しましょう。 

＊学習問題と本時のめあてを板書する。

T　これまで学習してきた内容の年表と主な資料です。これらを見たり、これまでのノートの記述を振り返りながら、自分の考えを書きましょう。

調べる　情報を集める・読み取る・考える・話し合う

板書のポイント

元との戦いについて、年表や地図をもとにして疑問をもち、主体的に調べるようにする。

T　自分の考えをグループ内で発表し、グループで学習問題について話し合いましょう。 

T　グループで話し合ったことをクラスで発表し合いましょう。 3

C　これまで平氏と源氏が戦ってきたね。

C　武士の政治は平氏や源氏が活躍して始まったことが分かったよ。

C　この時代から貴族にかわって武士が力を付けてきたことが分かったよ。

【学習問題】
武士が力をつけて、どのような世の中になっていったのだろうか。

1185頼朝が守護地頭を置く　1192頼朝が征夷大将軍になる
鎌倉幕府の成立

1274文永の役　1281弘安の役
元との戦い

してきた3限から5限までの主要な資料
・鎌倉の様子（鳥瞰図）
竹崎季長と元の戦い（蒙古襲来絵詞）

3 自分たちの考え
・
※　各グループの発表内容をまとめたものを記述する。
（学習問題の結論の例を参照）

ふりかえり
例　今回学習した単元から、貴族中心の政治から武士中心へと移り変わった。鎌倉幕府はほろびたが、このあとも武士による政治が続くのだろうか。※ノートのみの記載もありうる。

まとめる　整理する・生かす

板書のポイント
これまでの学習を振り返って、この単元で何を学んだのかノートなどに記述する。

T　発表し合ったことをまとめて、自分たちの考えにしましょう。
＊学習のまとめ例を参照する。
T　この時代の学習でどのようなことを学んだのか振り返りましょう。
C　武士の政治はこの後どうなっていくのだろう。
C　鎌倉幕府が滅びた後、だれが政治の中心になっていくのだろう。

学習のまとめの例

〈例1〉
平清盛や源頼朝など、貴族に代わって力を付けた武士が登場し、世の中は強い武力をもったものがおさめるようになった。しかし、力をもった鎌倉幕府もご恩と奉公の関係がくずれほろんでしまった。

〈例2〉
平氏や源氏のような強い武力をもった武士の集団が中心となって政治を行うようになった。その中でも、源頼朝は鎌倉幕府を開き、武士の政治の始まりの土台をつくった。

5 室町の文化

6時間

単元の目標

京都の室町に幕府が置かれた頃の代表的な建造物や絵画について考え、表現することを通して、今日の生活文化につながる室町文化が生まれたことを理解できるようにするとともに、室町の文化について学習問題を追究し、解決しようとする態度を養う。

学習指導要領との関連

内容(2)「我が国の歴史上の主な事象」アの(オ)及び(シ)、イの(ア)

第1・2時	第3・4時
つかむ「出合う・問いをもつ」	調べる
（第1時） ○「金閣」と「銀閣」は、だれが建てたのだろう。 ・「金閣」と「銀閣」について調べる。【主①】 **★「金閣」と「銀閣」は、現在も保存されている建造物であることに気付く** （第2時） ○書院づくりについて調べ、学習問題をつくろう。【思①】 ・「銀閣」の隣にある東求堂と現代の和室の写真資料を比較する。 **★書院造の影響を受けている伝統的な家屋を観察する** ・書院造にどのようなものを置いたり、掛けたりすると書院造の雰囲気に合うか考える。 **【学習問題】** 室町の文化には、どのような特色があるのだろう。なぜ、現在に受け継がれているのだろう。 ・予想を立てる。 和室に合うという特色があるのではないか	（第3時） ○雪舟はどんな人物だろう。【思②】 ・雪舟について知ると共に、「雪舟が描いた水墨画（天橋立図）（秋冬山水図）」を鑑賞する。 **★雪舟によって描かれた水墨画（天橋立図）（秋冬山水図）が国宝に指定されていることに気付く** （第4時） ○雪舟は、どのようにして水墨画を完成させたのだろう。【知①】 ・水墨画を完成させた雪舟について調べ、話し合う。 **★水墨画は、現在も人々に親しまれていることを理解する**

単元の内容

本単元では、京都の室町に幕府が置かれた頃の代表的な建造物や絵画を手掛かりに、今日の生活文化につながる室町文化が生まれたことについて学習する。

室町の文化には、現在も保存されている建造物やわたしたちの生活文化に直接つながっているものが数多くある。例えば、金閣・銀閣、畳や障子、生け花、茶の湯、御伽草子などである。

単元の中心資料となる足利義満や足利義政、雪舟の肖像画、金閣や銀閣、雪舟の水墨画、生け花、茶の湯などの写真資料は、教科書や資料集にも掲載されている。これらを適度な大きさに拡大して板書上に提示することで、子供たちの素朴な疑問・気付き・思考を引き出したり、子供たちが複数の資料を比較したり・関連付けたりすることができる。

単元の評価

知識・技能	思考・判断・表現	主体的に学習に取り組む態度
①各種の資料から雪舟がどのように水墨画を完成させたのかを捉える上で必要な事柄を読み取り、室町の文化を代表する独自の水墨画を完成させた雪舟の業績を理解している。 ②室町の文化として生まれた能や狂言、室町時代に始まった盆踊り、御伽草子などが現在も受け継がれていることを理解している。	①室町時代に生まれた書院造に着目し、それが現在の和風建築に生かされていることに驚きや疑問をもち、学習問題を見いだしている。 ②室町時代に生み出された雪舟の水墨画を鑑賞し、水墨画がもつ独自のよさ（特色）など、考えたことを手紙に書き表している。	①室町の文化について、予想や学習計画を立てたり学習を振り返ったりして、学習問題を追究し、解決しようとしている。 ②本単元や既習単元「貴族の文化」の学習で学んできたことを比較して、「室町の文化にはどのような特色があるのか」「なぜ、現在に受け継がれているのか」について、進んでまとめようとしている。

【知】：知識・技能　【思】：思考・判断・表現　【主】：主体的に学習に取り組む態度　○：ねらい　・：学習活動　★：見方・考え方

第５時	第６時
「情報を集める・読み取る・考える・話し合う」	まとめる「整理する・生かす」
（第５時） ○「室町の文化」と現在とのつながりを見いだそう。【知②】 ・能・狂言・盆踊り・御伽草子について調べる。 **★「室町の文化」として生まれた能、狂言なども、今なお多くの人々に親しまれていることを関連付ける**	（第６時） ○貴族の文化と室町の文化を比べながら学習問題について話し合い、室町文化の特色やなぜ現在に受け継がれているのか、自分の考えをまとめよう。【主②】 ・既習の「日本風の文化」の学習と比較し、「室町の文化」の特色を確かめ、現在に受け継がれていることについて考えたことをまとめる。 **★「日本風の文化」と「室町の文化」を表に整理することで、それらが生まれた時代やわたしたちとのつながりを確かめ、特色を捉える** **【学習のまとめの例】** 室町の文化は茶の湯や水墨画に代表されるように民衆が親しみやすいものだった。そのため、現在でも受け継がれている。

問題解決的な学習展開の工夫

金閣と銀閣は、だれが建てたのかを調べたり、東求堂と現代の和室の写真資料を比較し、「おや？」と疑問に思ったことや気付いたことを付箋に書き出したり（自己内対話）、ペアやグループで話し合ったり（他者との対話）することを通して、学習問題「室町の文化には、どのような特色があるのだろう。なぜ、現在に受け継がれているのだろう。」をつくる。

学習問題を解決するために「雪舟が描いた水墨画を鑑賞したり、雪舟の生涯を調べたりする学習」を行い、水墨画は現在も人々に親しまれていることを理解する。また、「能・狂言・盆踊り・御伽草子について調べ、交流する学習」や「『日本風の文化』と『室町の文化』を比較したり、現在との結び付きに着目したりする学習」を行い、室町の文化の特色を理解する。

つかむ
出合う

金閣と銀閣は、だれが建てたのだろう

本時の目標

資料を読み取る活動を通して、室町時代の文化への関心を高めるようにする。

本時の評価

・室町時代の代表的な建物である「金閣」と「銀閣」に着目して、室町時代の文化に関心をもとうとしている。【主①】

用意するもの

「文化」という視点で既習を振り返ることができるノート等、写真資料「金閣」「銀閣」、肖像画「足利義満」「足利義政」、京都市の地図など

1 これまで学んできた「文化」…。

「大陸の文化」と「日本風の文化」があった。

大陸の文化には、ガラスのコップや琵琶などがあった。

日本風の文化にはかな文字や大和絵、十二単、蹴鞠などがあった。

京都市の地図

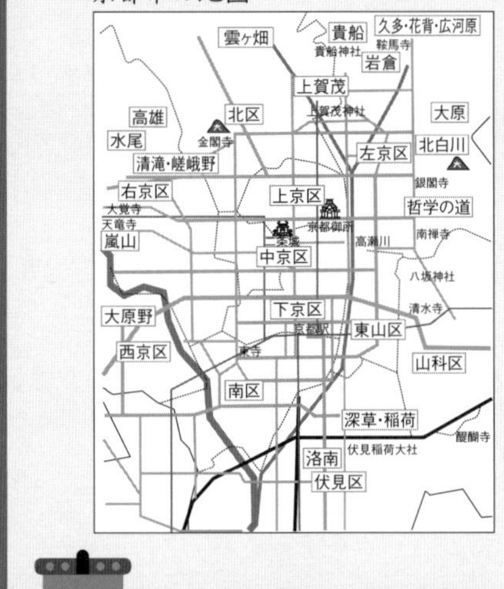

本時の展開 ▷▷▷

つかむ 出合う・問いをもつ

板書のポイント

「文化」に関する系統的な学びという意図から、「大陸の文化」「日本風の文化」を板書する。

T　これまでの歴史学習の中で、どのような文化が出てきましたか。 1

C　「大陸の文化」には、ガラスのコップや琵琶などがありました。

C　「日本風の文化」には、かな文字や大和絵、十二単、蹴鞠などがありました。

T　武士の時代に変わり、室町時代の文化には、どんなものがあると思いますか。
室町時代の文化には、どんなものがあるのだろう。

調べる 情報を集める・読み取る・考える・話し合う

板書のポイント

室町時代の代表的な建物である「金閣」「銀閣」の資料を提示するとともに、それらが京都市内にあることを地図帳で確かめる。

T　室町時代の代表的な建物である「金閣」と「銀閣」について、知っていることを話し合いましょう。

C　「金閣」を見に行ったことがあるよ。本当に金色の建物でとてもきれいだったよ。

C　「銀閣」を見に行ったことがあるよ。銀色の建物ではなかったけれど、庭もあってきれいだったよ。

C　「金閣」と「銀閣」は、だれが建てたのかな。

＊本時のめあてを板書する。 2

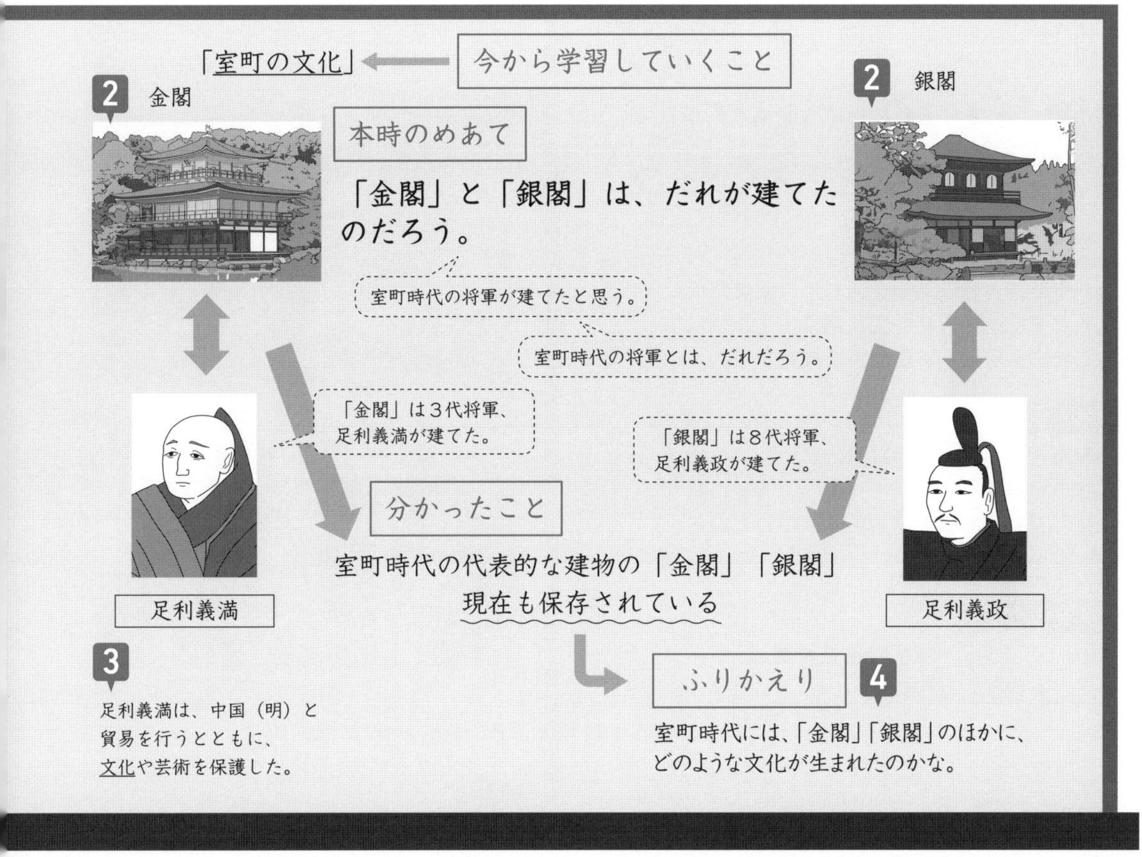

「室町の文化」← 今から学習していくこと

2 金閣

2 銀閣

本時のめあて

「金閣」と「銀閣」は、だれが建てたのだろう。

室町時代の将軍が建てたと思う。

室町時代の将軍とは、だれだろう。

「金閣」は3代将軍、足利義満が建てた。

「銀閣」は8代将軍、足利義政が建てた。

足利義満

足利義政

分かったこと

室町時代の代表的な建物の「金閣」「銀閣」
現在も保存されている

3
足利義満は、中国（明）と貿易を行うとともに、文化や芸術を保護した。

ふりかえり 4
室町時代には、「金閣」「銀閣」のほかに、どのような文化が生まれたのかな。

まとめる 整理する・生かす

板書のポイント

「文化」という視点から、「義満は中国（明）と貿易を行うとともに、文化や芸術を保護しました」といった内容の記述を板書に明記する。

T 「本時のめあて」について、調べて分かったことを話し合いましょう。

C 「金閣」を建てた3代将軍の足利義満は、文化や芸術を保護したのだね。 ◀3

C 「銀閣」は、8代将軍の足利義政が建てたのだね。

C 「金閣」「銀閣」は京都にあり、現在も保存されているね。

C 室町時代には、「金閣」「銀閣」のほかに、どのような文化が生まれたのかな。 ◀4

学習のまとめの例

今日の学習で、室町時代の代表的な建物に「金閣」「銀閣」があることが分かりました。

「金閣」は3代将軍の足利義満が建てたものであること、「銀閣」は、8代将軍の足利義政が建てたものであることがわかりました。それらは、京都にあり、世界文化遺産として、現在も保存されていることがわかりました。

室町時代には、「金閣」「銀閣」のほかに、どのような文化が生まれたのかを知りたいです。

つかむ
問いをもつ

書院づくりについて調べ、学習問題をつくろう

本時の目標

資料を関連付ける活動を通して、室町時代に生まれた書院造が現在の和風建築に生かされていることに気付き、学習問題を設定する。

本時の評価

・室町時代に生まれた書院造に着目し、それが現在の和風建築に生かされていることに驚きや疑問をもち、学習問題を見いだしている。【思①】

用意するもの

資料「東求堂」「現在の和風建築」、ワークシート（書院造）、付箋紙など

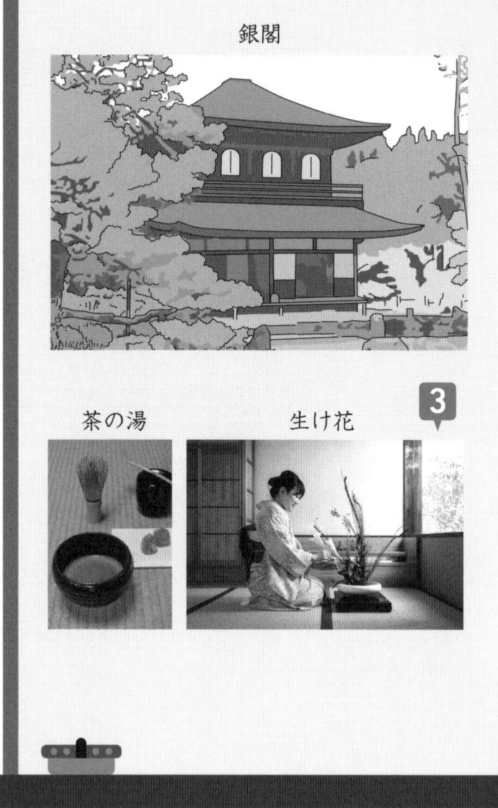

本時の展開 ▷▷▷

つかむ　出合う・問いをもつ

板書のポイント
東求堂と現代の和室の資料を提示し、どちらが東求堂の和室か、どちらが現代の和室かについて関心をもつことができるようにする。

T　どちらが「銀閣」の隣にある東求堂の和室なのでしょうか。 1
C　「銀閣」の隣にある東求堂の写真はどちらだろう。左側の資料かな。
C　どちらの和室の写真も良く似ています。
C　畳があることもわかります。
C　左側の資料が東求堂なのだね。
C　東求堂の部屋のつくりのことを「書院造」というのだね。
C　「書院造」は室町時代に生まれたのだね。

調べる　情報を集める・読み取る・考える・話し合う

板書のポイント
書院造に合うと考えたものをワークシートに書き込んだり、グループでまとめたりする活動（資料及び他者との対話）を板書に生かす。

T　書院造に置いたり、掛けたりするとしたら、どのようなものを置いたり、掛けたりすると雰囲気に合うでしょうか。 2
＊本時のめあてを板書する。
C　「違い棚」には、花を置いたり、壺を置いたりすることができそうだね。
C　「付け書院」には、掛け軸を掛けることもできそうだね。
C　茶の湯や生け花は、室町時代に形づくられたり、発達したりしたのだね。 3

1

東求堂

どちらが「銀閣」の隣にある東求堂の和室だろう。

現在の和風建築

畳がある。

どちらの和室も良く似ている。

気づいたこと

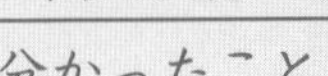

分かったこと

「書院造」は、室町時代に生まれた。

2

本時のめあて

どのようなものを置いたり、掛けたりすると書院造の雰囲気に合うのだろう。

書院造の雰囲気に合うものをかきこんだグループごとのワークシート

話し合って考えたこと

- 「ふすま」に桜や紅葉の絵を描くと合いそう。
- 「違い棚」には、花を置いたり、壺を置いたりすることができそう。
- 花や壺は、「付け書院」に置いても良さそう。
- 「付け書院」の端には、掛け軸を掛けることもできそう。

4

分かったこと

茶の湯や生け花は、この時代に形づくられたり、発達したりしたのだね。

「茶の湯や生け花」は、現在も行われているね。

5

【学習問題】

「室町の文化には、どのような特色があるのだろう。なぜ、現在に受け継がれているのだろう。」

まとめる 整理する・生かす

板書のポイント

茶の湯や生け花は、この時代に形づくられ、発達した文化であることを板書に明記し、単元の学習問題をつくることができるようにする。

T 板書から、どんなことに気付きますか。

C 東求堂の「書院造」は、現在の和風の部屋に似ているね。

C 茶の湯や生け花は、現在も行われているよ。4

T 単元の学習問題をつくりましょう。

【学習問題】

室町の文化には、どのような特色があるのだろう。なぜ、現在に受け継がれているのだろう。5

学習のまとめの例

単元の学習問題「室町の文化には、どのような特色があるのだろう。なぜ、現在に受け継がれているのだろう。」に対する予想を本時の学習のまとめとする。

⇒ 「銀閣」の隣にある東求堂の和室の資料から障子があったことに気付きました。障子は現在も使われています。室町の文化は、和室に合うという特色があったから、現在にも受け継がれているのではないかと予想します。

調べる
情報を集める・読み取る
考える・話し合う

雪舟はどんな人物だろう

本時の目標

雪舟の作品に共通する特徴などを調べることを通して、雪舟が描いた水墨画の特色（よさ）を考えることができるようにする。

本時の評価

・室町時代に生み出された雪舟の水墨画を鑑賞し、水墨画のもつ独自のよさ（特色）など考えたことを手紙に書き表している。【思②】

用意するもの

資料「雪舟が描いた水墨画」「雪舟のエピソード」、肖像画「雪舟」、ワークシート「手紙『雪舟さんへ』」など

【学習問題】
「室町の文化には、どのような

1 よそう

和室に合うという特色があったからではないか。

雪舟という人物を知っているかな。

雪舟

2 分かったこと

絵を描くのが上手だった。

涙で本物そっくりのねずみを描いたなんてすごい。

資料

雪舟のエピソード 「涙でねずみを描いた」

雪舟は、禅の僧でしたので経典を覚えなくてはいけません。しかし、なかなか経典を覚えない雪舟を縄で縛り付けていたところ、地面に落ちた自分の涙を足でなぞり、ねずみを描いていました。それは、様子を見にきた住職が床にねずみが動き回っていて追いはらおうとしたぐらいに本物そっくりに描かれていたようです。

これ以降、雪舟は絵を描くことを認められました。

本時の展開 ▷▷▷

つかむ 出合う・問いをもつ

板書のポイント

前時に、単元の学習問題に対する予想をしていたことを板書に生かし、「個の学び（予想）が、全体の学び（予想）へ」となるようにする。

T　本単元の学習問題に対して、どんな予想をしましたか。 1

C　和室に合うという特色から、現在に受け継がれているのではないかと予想したよ。

T　室町時代を代表する水墨画家の雪舟はどんな人物で、どんな作品を描いたのか知っていますか。

C　雪舟という人がいたことは知っている。

C　どんな作品を描いたのか、知らない。

C　雪舟について、調べていきたい。

調べる 情報を集める・読み取る・考える・話し合う

板書のポイント

雪舟のエピソード「涙でねずみを描いた」をもとに雪舟について知ると共に、「雪舟が描いた水墨画」を鑑賞することができるようにする。

T　室町時代を代表する水墨画家の雪舟はどんな人物だったのでしょう。

C　雪舟は、絵を描くことが上手だった。 2

T　雪舟が描いた水墨画の特色を調べましょう。

＊本時のめあてを板書する。 3

C　雪舟が描いた絵は、平安時代にあった大和絵とはちがい、落ち着いた感じがするね。

C　墨の濃さを調整しながら、自然や建物の様子を描いている。

特色があるのだろう。なぜ、現在に受け継がれているのだろう。」

東求堂の資料から障子があることに気付いた。これも現在に受け継がれている。これも室町の文化の特色と言えるのではないか。

3 本時のめあて　雪舟が描いた水墨画には、どんな特色があるのだろう。

雪舟の水墨画を鑑賞して…

気づいたこと

落ち着いた感じがする。

墨の濃さを調整しながら、自然や建物の様子を描いている。

雪舟が描いた水墨画（天橋立図）

雪舟が描いた水墨画（秋冬山水図）

細かく描かれていて、季節を感じる。

4 話し合って考えたこと

雪舟が描いた水墨画2作品の共通する特色（よさ）
・2つとも風景を描いている。　⇒　描かれた場所の様子がとてもよく伝わってくる。
・墨で描かれているのに、濃さが違うから奥行きを感じる
・2作品とも国宝に指定されている

5 本時のまとめ　「雪舟さんに手紙を書こう」⇒必ず使う言葉…「雪舟」「水墨画」「特色（よさ）」

まとめる　整理する・生かす

板書のポイント
雪舟が描いた水墨画（天橋立図）（秋冬山水図）２作品を鑑賞し、それらの共通する特色（よさ）を捉えることができるよう、板書に明記する。

T　雪舟が描いた水墨画２作品の共通する特色（よさ）について話し合いましょう。 4

C　２作品とも白黒の写真をみているようだね。

C　２作品とも風景を描いているね。

C　２作品とも描かれた場所の様子がとてもよく伝わってくるという特色があるね。

C　墨で描かれているのに、濃さが違うから奥行きを感じるね。

C　２作品とも国宝に指定されているのだね。

学習のまとめの例

「雪舟」「水墨画」「特色（よさ）」３つの言葉を使って「雪舟さんへ」という手紙形式で、雪舟の水墨画を鑑賞し、考えたことを表現することを本時の学習のまとめとする。 5

⇒雪舟さんへ

雪舟さんが描かれた水墨画は、書院造のふすまに合っていて、とてもよい雰囲気になる特色（よさ）があると思いました。室町時代に描かれた雪舟さんの水墨画は、令和という時代（未来）を生きるわたしたちにとっても魅力的な作品です。

調べる
情報を集める・読み取る
考える・話し合う

雪舟はどのようにして水墨画を完成させたのだろう

本時の目標

資料を関連付けることを通して、雪舟が、どのようにして水墨画を完成させたのか、その業績について調べることができるようにする。

本時の評価

・年表や地図資料に着目し、室町の文化を代表する独自の水墨画を完成させた雪舟の業績について理解している。【知①】

用意するもの

資料「雪舟の生涯（年表）」「雪舟が訪れた主な場所」、肖像画「雪舟」、地図帳など

【学習問題】
「室町の文化には、どのような

1 前の時間でわからなかったこと

雪舟

ぎもん

雪舟は、どうやって上手な水墨画を描くことができるようになったのか。

雪舟は、どのようにして水墨画の描き方を学んだのか。

年	
1420	
1430ごろ	
1454	
1467	
1480～	
1506	

本時の展開 ▷▷▷

つかむ　出合う・問いをもつ

板書のポイント
問題意識をもつことができるよう、前時に雪舟が描いた水墨画（天橋立図）（秋冬山水図）2作品を鑑賞してわからなかったことを板書に示す。

T　前の時間は、雪舟が描いた水墨画を鑑賞しました。そこで、分からなかったことはありませんか。 1

C　雪舟が、どうやって水墨画を描くことができるようになったのか、分かりませんでした。

C　雪舟が、どのようにして水墨画を完成させたのか知りたいです。

＊本時のめあてを板書する。 2

調べる　情報を集める・読み取る・考える・話し合う

板書のポイント
「雪舟の生涯（年表）」を板書に示すことで、雪舟の生涯について理解することができるようにする。

T　「本時のめあて」について、「雪舟の生涯（年表）」をもとに調べて分かったことを話し合いましょう。 3

C　雪舟は、10歳の頃に京都の相国寺に入って僧の周文に絵を学んだのだね。

C　絵を描くことも修行の一つだったのだね。

C　雪舟は、47歳のときに中国（明）にわたって、絵を研究したのだね。

C　雪舟が天橋立図を描いたのは、81歳の頃だったのだね。

特色があるのだろう。なぜ、現在に受け継がれているのだろう。」

2 本時のめあて　雪舟は、どのようにして水墨画を完成させたのだろう。

資料「雪舟の生涯（年表）」

主なできごと
備中（岡山県）で生まれる
京都の相国寺で修行をするとともに、僧である周文に絵を学ぶ
周防（山口県）に移り、大内氏に絵師として仕える
中国（明）にわたり、禅を修行し、絵を研究する
日本各地をめぐり、絵をかき続ける
なくなる

雪舟が訪れた主な場所

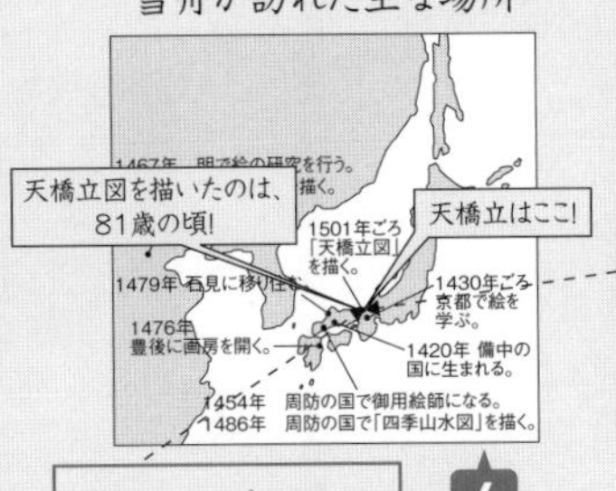

雪舟が描いた水墨画（天橋立図）

分かったこと 

- 雪舟は、10歳の頃に京都の相国寺に入り、禅の修行をすると共に、周文に絵を学んだ。
- 当時は、絵を描くことも修行の一つだった。
- 雪舟は、京都の相国寺で水墨画を学んだ後、中国（明）にわたってさらに水墨画の腕を磨いた。
- 中国から帰国した雪舟は、日本各地を訪れた。
- 雪舟が天橋立図を描いたのは、81歳の頃だった。

5 本時のまとめ

本時のまとめを書くときに使いたい用語
⇒「雪舟」「修行」「中国（明）」「日本各地」「水墨画」「完成」

⇒これらのことを通して、雪舟は水墨画を完成させた。

まとめる　整理する・生かす

板書のポイント

「雪舟が訪れた主な場所」を板書に示すことで、雪舟が水墨画の修行を重ねていたことを関連付けることができるようにする。

T 「本時のめあて」について、「雪舟の生涯（年表）」に加えて、「雪舟が訪れた主な場所」をもとに調べて分かったことを話し合いましょう。 4

C 雪舟は、京都の相国寺で水墨画を学んだ後、中国（明）にわたってさらに水墨画の腕を磨いたのだね。

C 「天橋立図」を描いたのは、日本に帰国してからのことだったのだね。

学習のまとめの例

雪舟は、10歳というわたしたちと近い年齢の頃から、絵の修行を重ねていたこと、中国（明）で絵の研究を重ねたり、帰国してからも日本各地をめぐって絵を描き続けたりして、水墨画を完成させたことが分かりました。雪舟には、生涯を通して、絵を追求する意志があったからこそ、水墨画を完成することができたのだと感じました。そのように完成された水墨画だから、今も多くの人々に親しまれているのだと感じました。 5

調べる
情報を集める・読み取る
考える・話し合う

「室町の文化」と現在とのつながりを見いだそう

本時の目標

資料を読み取る活動を通して、室町時代に生まれた能・狂言・盆踊り・御伽草子について調べることができるようにする。

本時の評価

・室町の文化として生まれた能や狂言、室町時代に始まった盆踊り、御伽草子などが現在も受け継がれていることを理解している。【知②】

用意するもの

資料「能」「狂言」等と「調べたことを表現する」ワークシートなど

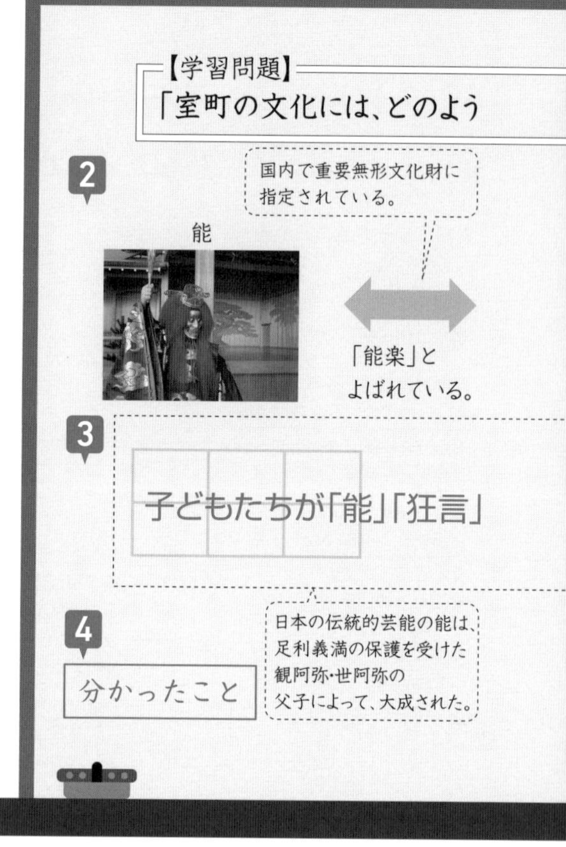

本時の展開 ▷▷▷

つかむ　出合う・問いをもつ

板書のポイント

前時までに学習してきたことを板書に示す。

T　この単元で学習してきたことは何でしたか。

C　室町の文化には、金閣や銀閣、茶の湯、生け花、水墨画などがあったことを学習してきました。

T　金閣や銀閣、茶の湯、生け花、水墨画の他、「室町の文化」には、どのようなものがあったのでしょう。

C　教科書や資料集には、能や狂言、御伽草子などが載っています。

＊本時のめあてを板書する。　1

調べる　情報を集める・読み取る・考える・話し合う

板書のポイント

「能」「狂言」「盆踊り」「御伽草子」、それぞれの資料を板書に提示することで、何について調べるのか選択することができるようにする。

T　「本時のめあて」をみんなで解決するために、調べていきたいことは何ですか。一つ選択しましょう。　2

C　わたしは、能について調べたい。

C　ぼくは、狂言がどんなものだったのかを調べたい。

C　ぼくは、盆踊りについて調べたい。

C　御伽草子にはどんなものがあったのか。調べたい。

「室町の文化」 前の時間までに学習してきたこと「金閣」「銀閣」「茶の湯」「生け花」「水墨画」など

な特色があるのだろう。なぜ、現在に受け継がれているのだろう。」

本時のめあて　能・狂言・盆踊り・御伽草子はどんなものだったのだろう。

狂言

盆踊り

御伽草子

※教科書や資料集から拡大掲示

「盆踊り」「御伽草子」の中から一つを選択して調べ、書き表した成果物

能と同じころに生まれ、民衆の間に広まった。

まちや村では、盆踊りが盛んになり、民衆に親しまれた。

「一寸法師」や「浦島太郎」も御伽草子の一つ。

本時のまとめ　室町の文化として生まれた、能、狂言などは、現在も多くの人々に親しまれている。また、わたしたちの生活とつながりのある盆踊りやおとぎ話も室町時代に生まれた。

まとめる　整理する・生かす

板書のポイント

子どもたちが「能」「狂言」「盆踊り」「御伽草子」の中から一つを選択して調べ、書き表した成果物を板書に生かす。 3

T 「本時のめあて」について調べて分かったことを交流しましょう。 4

C 日本の伝統的芸能の能は、観阿弥・世阿弥の父子によって大成されたことが分かったよ。

C 狂言もほぼ同じ頃に生まれ、民衆の間に広まったことが分かりました。

C この時代に、盆踊りが盛んになっていったことが分かった。

C 「一寸法師」や「浦島太郎」も御伽草子の一つであることが分かりました。

学習のまとめの例

わたしは、今日の学習で「能」について調べました。日本の伝統的芸能の能は、足利義満の保護を受けた観阿弥・世阿弥の父子によって、大成されたことが分かりました。

また、能とほぼ同じころに生まれ、民衆の間に広まった狂言の二つを合わせて「能楽」とよばれることも分かりました。さらに「能楽」は国内で重要無形文化財に指定されていることについても知ることができました。

「金閣」「銀閣」と同じように、「能楽」も現在まで守り受け継がれていることが分かりました。

まとめる
整理する・いかす

室町の文化の特色を確かめ、現在に受け継がれていることについてまとめよう

本時の目標

室町の文化の特色を確かめることを通して、なぜ、室町の文化が現在に受け継がれているのかについての関心を高めるようにする。

本時の評価

・本単元や既習単元「貴族の文化」の学習で学んできたことを比較して、「室町の文化には、どのような特色があるのか」「なぜ、現在に受け継がれているのか」について、進んでまとめようとしている。【主②】

用意するもの

書きまとめ用ワークシートなど

【学習問題】
室町の文化には、どのよう

1 ふりかえり

「文化」という視点で振り返ろう

「貴族の文化」や「室町の文化」にはどのようなものがあっただろう。

「貴族の文化」には、大和絵、かな文字や蹴鞠、十二単などがありました。

「室町の文化」には、代表的な建物として「金閣」「銀閣」がありました。また、生け花、茶の湯、水墨画、能、狂言などもありました。

本時の展開 ▷▷▷

つかむ　出合う・問いをもつ

板書のポイント
「貴族の文化」や「室町の文化」にはどのようなものがあったのかを想起することができるように、板書に示す。

T　これまでに学習してきた「文化」にはどのようなものがありましたか。 1

C　「貴族の文化」には、大和絵、かな文字や蹴鞠、十二単などがありました。

C　「室町の文化」には、代表的な建物として「金閣」「銀閣」がありました。

C　また、「銀閣」の隣にある東求堂に見られる書院造も「室町の文化」です。

C　「室町の文化」には、生け花、茶の湯、水墨画、能、狂言などもありました。

調べる　情報を集める・読み取る・考える・話し合う

板書のポイント
「貴族の文化」と「室町の文化」を表に整理することで、それらが生まれた時代について確かめることができるようにする。

＊本時のめあてを板書する。 2

C　「貴族の文化」も「室町の文化」も政治の中心地は、京都です。 3

C　「貴族の文化」が生まれた時代は、貴族が政治を進めていました。一方、「室町の文化」が生まれた時代は、足利義満や足利義政をはじめ、武士が政治を進めていました。

な特色があるのだろう。なぜ、現在に受け継がれているのだろう。

2 本時のめあて 単元の学習問題について、「貴族の文化」と「室町の文化」を比較しながら、「室町の文化」の特色を確かめましょう。

3

内容	平安時代 （貴族の文化）	室町時代 （室町の文化）
政治の中心地	京都	京都
どんな時代	貴族が政治を進めた。	足利将軍をはじめ、 武士が政治を進めた。
わたしたち とのつながり	かな文字は、現在、 私たちも使っている。 蹴鞠は、下鴨神社（京都市） の行事で見ることができる。	和風建築は、現在の 家の様式に生かされている。 生け花、茶の湯、水墨画、能など、 現在も受け継がれ親しまれている。

どちらの時代も「京都」が舞台だ。

4

5

【学習のまとめ】
「貴族の文化」は貴族を中心に広まった文化である。「室町の文化」は茶の湯や水墨画のように民衆が親しみやすかったという特色がある。だから現在でも受け継がれていると言える。

まとめる　整理する・生かす

板書のポイント
「貴族の文化」と「室町の文化」を表に整理し、わたしたちとのつながりを確かめ、「室町の文化」の特色を捉えることができるようにする。

T 「貴族の文化」と「室町の文化」を比較しながら、わたしたちとどのようなつながりがあるのか確かめましょう。 4

C 「貴族の文化」のかな文字は、現在、わたしたちも使っています。「室町の文化」として書院造に見られた和風建築は、現在の家の様式に生かされています。生け花、茶の湯、水墨画、能、盆踊りなど、室町時代に生まれた文化は、現在も受け継がれ親しまれています。

学習のまとめの例

単元の学習問題について、板書の表を参考にして、自分の考えを表現する。 5
⇒「貴族の文化」というと、かな文字や大和絵を挙げることができます。一方、「室町の文化」というと、和風建築、生け花、茶の湯、水墨画を挙げることができます。二つの文化を比べると、「貴族の文化」は、貴族中心に広まった文化ですが、「室町の文化」は、茶の湯や水墨画に代表されるように、民衆が親しみやすかったという特色があります。これらのことから、現在でも受け継がれているのだと言えます。

6 戦国の世の統一

（5時間）

単元の目標

戦国の世の中の様子や、織田信長や豊臣秀吉らはどのようにして力を伸ばしたのか、どのような政策を進めたのかなどについて考え、表現することを通して、ザビエルによってキリスト教が伝えられ我が国に広がったことや、ポルトガル人によって伝えられた鉄砲を多用するなどして織田信長が短い期間に領地を拡大したこと、豊臣秀吉が検地や刀狩りなどの政策を行ったことを理解できるようにするとともに、織田信長、豊臣秀吉の活躍などについて主体的に学習問題を追究し、解決しようとする態度を養う。

学習指導要領との関連

内容(2)「我が国の歴史上の主な事象」アの(カ)及び(シ)、イの(ア)

第1・2時	第3時
つかむ「出合う・問いをもつ」	調べる
〔第1時〕 ○安土桃山時代の人々のくらしの様子や出来事を見てみよう。【主①】 ・想像図を見て、気付いたことを話し合う。 **★建物や服装、仕事の様子などに着目する。** ・想像図や年表などから、当時の人々の様子や戦国大名の出現などついて気付いたことを話し合う 〔第2時〕 ○長篠の戦いについて調べ、学習問題をつくろう【思①】 ・長篠合戦図屏風を見て、気付いたことを話し合う。 **★人物や土地の様子、戦い方などに着目する。** **【学習問題】** 織田信長や豊臣秀吉は、どのようにして戦国の世を統一していったのだろう。 ・学習計画を立てる。 強大な力で戦いに勝利していったのではないか。	〔第3時〕 ○織田信長について調べ、時代の変化を考えよう。【知①】 ・戦国時代の勢力図や「天下布武」の印章、安土城周辺の様子などを、図や写真、年表や文章資料から調べる。 **★勢力の広がりとその期間に着目して、鉄砲の伝来やキリスト教の保護とも関連付ける。**

単元の内容

本単元では、キリスト教の伝来、織田信長の勢力拡大、豊臣秀吉の諸政策などを、地図や年表、文章資料などを活用して調べ、戦国の世が統一されたことを学習する。「キリスト教の伝来」については、ザビエルによって伝えられたキリスト教が国内に広がったこと、織田信長の勢力拡大」については、ポルトガル人によって伝えられた鉄砲の多用により短期間で勢力を拡大したこと、「豊臣秀吉の諸政策」については、武士が支配する社会の仕組みを作るという意図があったことをそれぞれ取り上げ、調べたことを年表にまとめさせたり、織田信長、豊臣秀吉が戦国の世の統一に果たした役割を文章で記述させたり、説明させたりすることがポイントである。

単元の評価

知識・技能	思考・判断・表現	主体的に学習に取り組む態度
①各種の資料から織田信長の勢力拡大、豊臣秀吉の諸政策などを捉える上で必要となる事柄を読み取り、織田信長が新しい戦法などにより武力で勢力を拡大したことや豊臣秀吉が検地や刀狩りなどにより武士による社会の仕組みの基礎をつくりあげたことを理解している。	①長篠の戦いの様子や武将、戦い方などに着目して戦国の世の統一について疑問をもち、学習問題を見いだしている。 ②これまでの学習で捉えた事実を関連付けたりまとめたりして、戦国の世の統一に果たした織田信長と豊臣秀吉の役割を考え、適切に表現している。	①織田信長、豊臣秀吉の活躍などについて予想や学習計画を立てたり、学習を振り返ったりして学習問題を追究し、解決しようとしている。

【知】：知識・技能 【思】：思考・判断・表現 【主】：主体的に学習に取り組む態度 ○：ねらい ・：学習活動 ★：見方・考え方

第４時	第５時
「情報を集める・読み取る・考える・話し合う」	まとめる「整理する・生かす」
〔第４時〕 ○豊臣秀吉が天下を統一した様子について調べよう。 【知①】 ・秀吉の生い立ち、検地や刀狩などを、図や写真、年表や文章資料から調べる。 **★政策による世の中の変化に着目する。**	〔第５時〕 ○戦国の世の統一に果たした信長と秀吉の役割をまとめよう。 【思②】 ・学習してきたことをもとに、戦国の世の統一に果たした２人の人物の役割について話し合い、学習問題を解決する。 **【学習のまとめの例】** 戦国の世の統一に向けて信長と秀吉が行ったことは、どれも強大な力によって武士が家来や百姓と支配するためのものであった。その結果、戦国の世が統一され、武士中心の安定した社会がつくられた。

問題解決的な学習展開の工夫

まず、安土桃山時代の人々のくらしの様子が分かる想像図を活用し、世の中の変化や全国各地で戦国大名が現れた事などについて、興味・関心を高める。次に、年表や地図、長篠合戦図屏風などから、戦国大名の中でも特に力をもつようになった織田信長や豊臣秀吉が戦国の世を統一したことを捉えさせる。その上で、キリスト教や鉄砲の伝来と織田信長の勢力拡大を関連付けたり、豊臣秀吉の政策の意図を考えたり、２人の業績のつながりについて考えたりすることで、学習問題の解決へと導いていきたい。

ところで歴史学習の全般についていえることだが、特に本単元では、図書館の伝記や歴史マンガを読むことを勧めたり、再現映像を見せたりすることで、歴史上の人物への興味・関心を高めていくようにしたい。

つかむ
出合う・問いをもつ

安土桃山時代の人々のくらしの様子や出来事を見てみよう

本時の目標

当時の様子を描いた想像図や年表などから、戦国の世の中の様子や戦国大名の出現、織田信長や豊臣秀吉の活躍などについて興味・関心を高める。

本時の評価

・安土城下のにぎわいや安土桃山時代の出来事などを調べる活動を通して、戦国大名の出現や織田信長、豊臣秀吉の活躍などについて興味・関心を高めている。【主①】

用意するもの

安土桃山時代の様子を描いた想像図、この時代の主な出来事を記した年表

2

本時のめあて

安土桃山時代の人々のくらしの様子や出来事を調べよう

1

当時の様子が分かる絵図
（安土城下の市で賑わう人々、湖を行き交う船、田畑で
農作業をする人々など、当時の様子が俯瞰できるもの）
※教科書や資料集などから拡大掲示

・いろいろな服装をした人がいる
・賑わっている
・山の方に館が見える
・武士のような人もいる
・京都の様子とはずいぶんちがう
・船がある

本時の展開 ▷▷▷

つかむ　出合う・問いをもつ

板書のポイント

めあてを提示した後、当時の様子を描いた想像図を見せ、たくさんの気付きを促し、ひと、もの、ことに分けて板書する。

T　絵図を見て気付くことや疑問に思うことを発表しましょう。　1

C　様々な服装をした人や武士のような人がいる。

C　賑わっている様子だ。

C　京都の様子とはずいぶんちがう。

T　時代は安土桃山時代になりました。今日は、人々のくらしの様子や出来事を調べていきましょう。

＊本時のめあてを板書する。　2

調べる　情報を集める・読み取る・考える・話し合う

板書のポイント

この時代の主な出来事を記した年表を提示し、信長、秀吉の存在と全国統一の道のりが分かるように板書する。

T　年表からどんなことが分かりますか。

C　織田信長、豊臣秀吉、徳川家康が登場する。

C　戦いによって勢力を拡大した。

C　豊臣秀吉が全国を統一した。

T　戦国大名について調べてみましょう。

C　全国各地で力をもった。

C　おたがいに勢力を争っていた。

この時代の主な出来事	
1534年	織田信長が生まれる
1537年	豊臣秀吉が生まれる
1542年	徳川家康が生まれる
1560年	信長が桶狭間の戦いで今川氏を破る
1573年	信長が足利将軍を京都から追い出す
	康が長篠の戦いで 破る
	全国を統一する
	江戸幕府

戦国大名

全国各地で力をもった大名
おたがいに勢力を争った

気づいたこと

・戦国大名は戦いによって勢力を拡大していった
・豊臣秀吉によって全国が統一された

本時のまとめ

安土桃山時代、人々は様々な仕事をしながら懸命に生きていた。その中で戦国大名が現れ、お互いに勢力を争っていた。

整理する・生かす

は、戦国大名が勢力を争った時
命に生きていた様子が分かるよう

あてを見て、気付いたことや分
から、自分のまとめを書きましょ

ことを発表してください。
桃山時代の人々は、様々な仕事をしな
らしていた。
田信長や豊臣秀吉など、戦国大名が現
おたがいに勢力を争っていた。
日の学びの振り返りを書きましょう。

学習のまとめの例

〈まとめの例〉

安土桃山時代、人々は様々な仕事をしながらくらしていた。その中で戦国大名が現れ、お互いに勢力を争っていた。

〈振り返りの例〉

織田信長や豊臣秀吉は、どのように勢力を拡大したのだろう。戦い方はどのようなものだったのだろう。

つかむ
出合う・問いをもつ

2/5

長篠の戦いについて調べ、学習問題をつくろう

本時の目標

長篠合戦図屏風や文章資料などから、気付いたことや疑問に思ったことなどを話し合い、学習問題をつくることができる。

本時の評価

・長篠の戦いの様子や武将、戦い方などに着目して、戦国の世の統一について疑問をもち、学習問題を見いだしている。【思①】

用意するもの

長篠合戦図屏風（絵図）と文章資料、映像資料、織田信長、豊臣秀吉の肖像画と関連資料、鉄砲に関する写真や文章資料

2

本時のめあて

長篠の戦いについて調べ、学習問題をつくろう

1 長篠合戦図屏風

・大将は後ろの方にいる
・木のさくがある
・鉄砲で攻げきしている
・馬に乗った武将
・のぼりや旗がある
・信長、秀吉、家康が武田勝頼と戦っている

本時の展開 ▷▷▷

つかむ　出合う・問いをもつ

板書のポイント

長篠合戦図屏風を見せ、気付いたことをできるだけ多く、簡潔に板書した後、めあてを提示する。

T　長篠合戦図屏風を見て気付いたことを発表しましょう。 ◀1
C　織田信長、豊臣秀吉、徳川家康がいる。
C　鉄砲や馬を使って戦っている。
C　木の柵やのぼり、旗などがある。
C　でこぼこした広い土地のようだね。
T　みんなが気付いたことをもとに、長篠の戦いについて詳しく調べ、学習問題をつくろう。
＊本時のめあてを板書する。 ◀2

調べる　情報を集める・読み取る・考える・話し合う

板書のポイント

長篠の戦いに関する文章資料や人物資料、鉄砲の資料等から調べて分かったことを簡潔に板書する。

T　戦いの様子や結果を調べよう。
C　織田・徳川の連合軍と武田軍の戦いだね。
C　鉄砲で馬防柵から馬を狙ったんだね。
C　武田軍は騎馬隊が中心だね。
C　織田・徳川連合軍が勝利できたのは、鉄砲を使って今までにない戦い方をしたからなんだね。
T　鉄砲について詳しく調べてみよう。 ◀3
C　1543年にポルトガル人が種子島に伝えた。
C　堺や国友で盛んにつくられたようだ。

織田・徳川の連合軍

・鉄砲隊中心
・馬防さく
・馬をねらいうつ

武田の軍

・騎馬隊中心
・馬に乗って突げき

（勝利したのは）→織田·徳川連合軍
（そのわけは）
→大量の鉄砲の使用
→今までにない戦い方
→馬防柵で騎馬隊を止めた

3 火縄銃

・１５４３年 種子島に伝来 ポルトガル人によって
・堺（大阪）、国友（滋賀）で盛んに作られた

4 調べたいこと

・信長はたくさんの鉄砲をどうやって手に入れたのか
・この後、戦国の世はどうなっていくのか

↓ （肖像画）

【学習問題】
織田信長や豊臣秀吉は、どのようにして戦国の世を統一していったのだろう。

5 （予想）
・鉄砲をたくさん作らせた
・外国の文化を取り入れた
・国を豊かにする政策を進めた

まとめる 整理する・生かす

板書のポイント
いろいろな疑問や調べてみたいこと、設定した学習問題、それに対する予想や考えの順に板書する。

T 調べてみて疑問に思ったことや、さらに調べてみたいことを発表しましょう。 4
C 信長はたくさんの鉄砲をどうやって手に入れたのだろう。
C この後、戦国の世はどうなるのかな。
T 学習問題に対する予想や考えを発表しましょう。
C 鉄砲をたくさんつくらせたのでは。 5
C 外国の文化を取り入れて、強くなった。
C 国を豊かにする政策を進めたと思う。

学習のまとめの例

〈まとめの例〉
長篠の戦いで織田信長と豊臣秀吉は、鉄砲を使った新しい戦法で武田軍を破った。この戦いの後、豊臣秀吉によって全国が統一された。

〈振り返りの例〉
この戦いの前後、２人はどのように勢力を強めて、戦国の世を統一していったのか調べたい。

調べる
情報を集める・読み取る
考える学び合う

織田信長について調べ、時代の変化を考えよう

本時の目標

織田信長の人物像や政策、戦いなどについて調べ、武力により勢力を拡大したことや、キリスト教の保護など新しい政策を行ったことを理解できるようにする。

本時の評価

・各種の資料から織田信長の勢力拡大を捉える上で必要となる事柄を読み取り、織田信長が新しい戦法などにより武力で勢力を拡大したことを理解している。【知①】

用意するもの

織田氏の勢力図（1560年頃、1582年頃）、人物年表、天下布武の印章、教会、安土城絵図

2

本時のめあて

織田信長はどのような人物で、どのようなことをしたのだろう

「織田氏の勢力地図（1560年）」

「織田氏の勢力地図（1582年）」

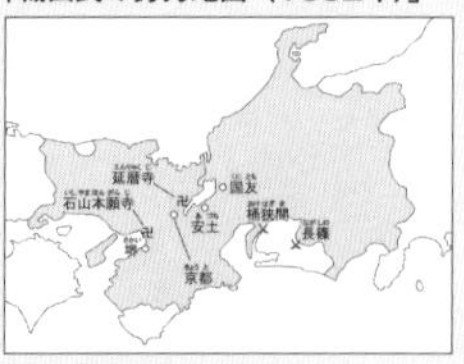

・織田氏は尾張の小国だった
・約２０年の間に大きく勢力を広げている

本時の展開 ▷▷▷

つかむ　出合う・問いをもつ

板書のポイント

織田氏の勢力図から急速な勢力拡大を読み取らせた後、どうしてこのように勢力を拡大できたか疑問をもたせ、めあてを提示する。

T　２枚の勢力図から気付いたことを発表しましょう。 1

C　織田氏は尾張の小国だった。

C　約20年の間に織田氏は大きく勢力を広げている。

T　織田信長はどのようにして勢力を広げたのだろう。

＊本時のめあてを板書する。 2

調べる　情報を集める・読み取る・考える・話し合う

板書のポイント

信長の政策や戦い、キリスト教の伝来などについて、調べて分かったことを簡潔に板書する。

T　信長の人物年表や文章資料から、その政策や戦い、キリスト教の伝来などについて調べてみよう。 3

C　天下布武の印章は、武力で天下を統一するという信長の強い意思が表れている。

C　キリスト教は寺社の勢力をうばうために保護された。

C　安土城を建て、強大な力を示したんだね。

C　安土の町は、自由な商工業ができたんだね。

3 **織田信長の人物年表**

1534年	尾張（愛知県）で生まれる。
1559年	尾張を統一する。
1560年	桶狭間の戦いで今川義元を破る。
1571年	延暦寺を焼き打ちする。
1573年	足利義昭を追放し、室町幕府をほろぼす。
1575年	長篠の戦いで武田勝頼を破る。
1576年	安土城の築城を開始する。
1577年	楽市・楽座を行う。
1579年	安土城が完成する。
1580年	石山本願寺と和睦する。
1582年	本能寺の変で自害する。

織田信長

信長の政策とその考え

天下布武の印章
※教科書や資料集から拡大掲示

・武力をもって天下を統一する
→戦いによる勢力拡大をめざす
→比叡山を焼き討ちにする
→鉄砲による新しい戦法

教会
※教科書や資料集から拡大掲示

・キリスト教の保護
→寺社の勢力をうばうため
→ヨーロッパの文化を取り入れる

安土城絵図
※教科書や資料集から拡大掲示

・安土城を築く（天守閣をもつ城）
→城下に家来を集める
→自由な商工業（楽市・楽座）
→強大な力を示す

本時のまとめ

4 信長は、鉄砲を使った新しい戦法で勢力を拡大した。また、安土城を築いたり、自由な商工業を認めたり、キリスト教を保護したりと新しい政策を次々に行った（しかし、家来の明智光秀に攻められ、自ら命をたった）。

まとめる 整理する・生かす

板書のポイント
調べたことや考えたことを再確認し、まとめをノートに書かせる。書いたことを数名に発表させ、まとめとして板書する。

T　今日のめあてを見て、黒板に書かれた言葉を使いながら自分の考えをまとめましょう。
C　信長は、鉄砲を大量に手に入れ、その武力で勢力を広げた。 4
C　安土城を建てたり、自由な商工業を認めたり、キリスト教を保護したりと、新しい政策を次々に行った。
C　新しいものをうまく取り入れた賢い人物だった（しかし明智光秀に攻められて自ら命を絶った）。

学習のまとめの例

〈まとめ〉
信長は鉄砲を使った新しい戦法で周囲の大名を倒し勢力を拡大した。また、安土城を築いたり、自由な商工業を認めたり、キリスト教を保護したりと新しい政策を次々に行った。
このように信長は、従わないものを武力で倒すという荒々しい面と、鉄砲やキリスト教をうまく利用する賢い面を持ち合わせた人物であった。
〈振り返りの例〉
もし、信長が本能寺で生き延びていたら、日本はキリスト教中心の国になっていたかもしれないな。

調べる
情報を集める・読み取る
考える学び合う

豊臣秀吉が天下を統一した様子について調べよう

本時の目標

豊臣秀吉の人物像、検地や刀狩の政策などを調べ、天下を統一した当時の様子を分かりやすく表現することができる。

本時の評価

・各種の資料から豊臣秀吉の諸政策を捉える上で必要となる事柄を読み取り、豊臣秀吉が検地や刀狩などにより武士による社会の仕組みの基礎をつくりあげたことを理解している。【知①】

用意するもの

豊臣秀吉の人物年表（教科書等記述資料）、エピソード資料、肖像画、大阪城写真、検地と刀狩りの様子（想像図）刀狩令の内容

本時のめあて　2

豊臣秀吉はどのような人物で、どのようなことをしたのだろう

豊臣秀吉について　1

・尾張の農村に住む地位の低い武士の子として生まれる
・織田信長に仕えて有力な武将になる
・信長を討った明智光秀を打ち破る
・信長の死後、約８年で全国を統一する
・各地で検地・刀狩をおこなう
・大阪城を築く
・朝鮮に大軍を送り込む（朝鮮出兵）

本時の展開 ▷▷▷

つかむ　出合う・問いをもつ

板書のポイント

豊臣秀吉の人物年表等を見せ、その生涯を概観させた後、どのように天下を統一したのかを調べることを意欲付けし、めあてを提示する。

T　秀吉に関する資料を見て、気付いたことを発表しましょう。 1
C　秀吉は信長の家来から有力な武士になった。
C　信長の死後、８年で全国を統一した。
C　検地や刀狩、大阪城築城などを行った。
C　朝鮮を攻めたようだけど、勝ったのかな。
T　秀吉の行った政策や、その考えなどについて詳しく調べていこう。
＊本時のめあてを板書する。 2

調べる　情報を集める・読み取る・考える・話し合う

板書のポイント

「検地」と「刀狩」、「大阪城の建設」について、政策内容とその意図が分かるように、簡潔に板書する。

T　検地や刀狩り、大阪城築城について資料をもとに調べてみよう。 3
C　検地は、土地の広さと善し悪しを測って記録した。
C　刀狩は、百姓の刀や鉄砲を取り上げげた。
C　大阪城の築城で、強大な力を示した。
T　秀吉はなぜこんな政策を行ったのかな。 4
C　安定した収入を得たり、武士と百姓の違いをはっきりさせたりするためだね。
C　武士中心の世の中をつくるためだね。

検地

・土地の面積を測っている
・記録している（長さの統一）
→土地を耕す権利を認めるため
→確実に税を納めさせるため

刀狩

・百姓がもつ刀や鉄砲を取り上げている
→武士に反抗しないために

大阪城 3

・大きく美しい城
→強大な力を示すため。

4

・確実に安定した収入を得られるようにした
・武士と百姓のちがいをはっきりさせた

→武士中心の安定した世の中へ

本時のまとめ

豊臣秀吉は、信長から全国統一の事業を引きついだ。検地や刀狩で確実に収入を得たり、武士と百姓の身分のちがいをはっきりさせたりして、武士が支配する社会の仕組みをつくりあげた。

まとめる　整理する・生かす

板書のポイント

調べたことや考えたことを再確認し、まとめをノートに書かせる。そして数名に発表させ、政策の意義が分かるように簡潔に板書する。

T　今日のめあてを見て、黒板に書かれた言葉を使いながら自分の考えをまとめましょう。

C　秀吉は、信長から全国統一の事業を引き継いだ。 5

C　検地や刀狩で、確実に収入を得たり、武士と百姓の身分の違いをはっきりさせたりして、武士が支配する社会の仕組みをつくりあげた。

T　学習したことを振り返って、思ったことや考えたことを書きましょう。

学習のまとめの例

〈まとめ〉

秀吉は信長から全国統一の事業を引き継ぎ、検地や刀狩で、確実に収入を得たり、武士と百姓の身分の違いをはっきりさせたりして、武士が支配する社会の仕組みをつくりあげた。

〈振り返りの例〉

秀吉は、より強力な武士による百姓の支配の方法を考えていたんだね。農村に住んでいた秀吉だから、より百姓の気持ちが分かったのかもね。豊臣氏の世の中が続かなかったのは、どうしてだろう。

まとめる
整理する・生かす

戦国の世の統一に果たした信長と秀吉の役割をまとめよう

本時の目標

学習してきたことを基に、戦国の世の統一に果たした２人の人物の役割について話し合い、学習問題を解決する。

本時の評価

・これまでの学習から捉えた事象を関連付けたりまとめたりして、戦国の世の統一に果たした織田信長と豊臣秀吉の役割を考え、適切に表現している。【思②】

用意するもの

これまでの学習資料、２人の肖像画、戦いや政策等の短冊

【学習問題】
織田信長や豊臣秀吉は、どのようにして戦国の世を統一していったのだろう。

1

織田信長
武力による勢力拡大
鉄砲による戦い
キリスト教の保護
安土城の建設

豊臣秀吉
検地
刀狩
大阪城の建設

2 本時のめあて

２人の武将の行ったことは、戦国の世にどんな役割を果たしたのだろう

本時の展開 ▷▷▷

つかむ　出合う・問いをもつ

板書のポイント
単元の学習問題を提示。戦国の世の統一に向けて、信長と秀吉が行ったことを挙げさせた後、本時のめあてを板書する。

T　信長と秀吉は、どのようなことを行って戦国の世の統一を目指しましたか。　1
C　信長は、武力によって勢力を拡大させました。
C　信長は、キリスト教を保護しました。
C　秀吉は、検地や刀狩りを行いました。
C　秀吉は、大阪城を建てました。
T　今日はこのことについて考えていきましょう。
＊本時のめあてを板書する。　2

調べる　情報を集める・読み取る・考える・話し合う

板書のポイント
「戦国の世の統一に向けて行ったこと」「ねらいと成果」に分けて表を作成し、それぞれ考えたことを話し合わせた後、発表させて板書する。

T　ワークシートの表に学んだことや考えたことを書きましょう。　3
C　天下布武のもと、鉄砲を使った戦法などで勢力を拡大させたことで、周囲の大名を従わせることができた。
C　検地や刀狩により、安定した収入を得たり、身分の違いをはっきりさせたりすることができた。
T　この中で最も大きな役割を果たしたのは何だと思いますか。理由も考えましょう。

	戦国の世の統一に向けて行ったこと	ねらいと成果
織田信長	天下布武で示した武力による勢力拡大 鉄砲による新たな戦法で戦いに勝った 安土城の建設により強大な力を示した	強大な力を示すこで、周囲を従えることができた
	キリスト教を保護し、各地に広めた	大きくなった寺社の勢力をうばうことができた
豊臣秀吉	検地により土地を耕す権利を認め確実に年貢を納めるようにした	安定した収入を得ることができた
	刀狩により武器を取り上げ、反抗できないようにした	身分の違いをはっきりさせることができた
	大阪城の建設により強大な力を示した	強大な力を示すことで、周囲を従えることができた

【学習のまとめ】
戦国の世の統一に向けて信長と秀吉が行ったことは、どれも強大な力によって、武士が家来や百姓を支配するためのものであった。その結果、戦国の世が統一され、武士中心の安定した社会がつくられた。

まとめる　整理する・生かす

板書のポイント
板書の表を手がかりに、学習問題について話し合い、単元を通して学習を振り返り、信長と秀吉が果たした役割の大きさについて板書する。

T　2人が果たした役割の大きさについて、考えたことを書きましょう。　4

C　新しい戦法や政策など、全国を統一するためにいろいろな方法を考えたことがすごい。

C　2人はともに強大な力を示して、他の武士や百姓を支配した。

T　学習を振り返り、この時代や人物についての感想や後の世の中について考えたことなどを書きましょう。

学習のまとめの例

〈まとめの例〉
戦国の世の統一に向けて信長と秀吉が行ったことは、どれも強大な力によって、武士が家来や百姓を支配するためのものであった。その結果、戦国の世が統一され、武士中心の安定した社会がつくられた。

〈振り返りの例〉
私は、知恵を働かせて、低い身分から戦国の世の統一を成し遂げた秀吉がとてもすごい人物だなと思いました。この後の時代には、もう大きな戦いは起こらなかったのかな。

7 武士による政治の安定

（6時間）

単元の目標

江戸幕府の始まり、参勤交代や鎖国などの幕府の政策、身分制度について考え、表現することを通して、武士による政治が安定したことを理解できるようにするとともに、江戸幕府の政治について、学習問題を追究し、解決しようとする態度を養う。

学習指導要領との関連 内容⑵「我が国の歴史上の主な事象」アの(キ)及び(シ)、イの(ア)

第1・2時	第3・4時
つかむ「出合う・問いをもつ」	調べる
〔第1時〕 ○大名行列の絵図から、幕府と大名の関係について考えよう。【主①】 ・加賀藩の大名行列の想像図を見て気付いたことを話し合う。 ・地図帳で金沢から江戸までの経路を調べるとともに、資料からかかった日数や費用などを調べる。 **★加賀と江戸の位置と所用日数、費用との関係に着目する。** 〔第2時〕 ○徳川家康は、どのようにして全国を支配する仕組みをつくったのだろう。【思①】 ・大名配置図や家康の人物年表を基に、江戸幕府の大名の配置の工夫について話し合う。 **【学習問題】** 江戸幕府はどのようにして、260年にわたって世の中を治めたのだろう。 ・予想や学習計画を立てる。	〔第3時〕 ○江戸幕府の大名に対する政策を調べよう。【知①】 ・日光東照宮の写真やエピソードを基に家光がどのような人だったのか予想する。 ・家光の人物年表や武家諸法度を改めた部分を調べ、参勤交代について調べる。 **★活躍時期の異なる家康と家光の人物年表を比べ、江戸幕府にとっての役割に着目する。** 〔第4時〕 ○江戸幕府による身分制度について調べよう【知①】 ・身分ごとの人々のくらしの想像図と身分ごとの人口の割合のグラフを関連付けて話し合う。 ・資料を基に、武士による百姓や町人の支配の様子を調べる。 **★人々の生活と関連付ける。**

単元の内容

本単元では、学習の問題を追究・解決する活動を通して「江戸幕府の始まり、参勤交代や鎖国などの幕府の政策、身分制を手掛かりに、武士による政治が安定したことを理解する」よう指導することが求められる。

その際に、大名の配置や参勤交代の経路、出島などを通して交易があった国の名称と位置を日本地図や世界地図などの資料で調べまとめる活動を通して、歴史上の事象の位置や地域間のつながりなどを適切に読み取る技能、調べたことをまとめる技能などを身に付けさせる。

また、家康や家光の業績を考えたり、大名行列や出島、踏み絵などの資料を活用し、調べた事象を関連付けたり総合したりして、江戸幕府の政策の意図や社会の様子を文章で記述したり説明したりする。

単元の評価

知識・技能	思考・判断・表現	主体的に学習に取り組む態度
①各種の資料から徳川家光の政策や身分制度、江戸幕府による対外政策を捉える上で必要となる事柄を読み取り、徳川家光により江戸幕府が大名を支配するしくみをつくり上げたことや、武士を中心とした身分制度が確立されたこと、江戸幕府が行った鎖国政策などを理解している。	①大名配置図や人物年表などの読み取りを通して問いを見いだし、江戸幕府がどのようにして力を強めたのかを考え、表現している。 ②江戸幕府の各政策の意図を考え、適切に表現するとともに、それらを関連付けたり総合したりして、江戸幕府がどのように世の中を治めたのかを言葉や文章で表現している。	①大名行列に関わる資料から、江戸幕府が定めた参勤交代の制度などに疑問をもち、江戸幕府による大名支配などに関心を高めている。

【知】：知識・技能　【思】：思考・判断・表現　【主】：主体的に学習に取り組む態度　○：ねらい　・：学習活動　★：見方・考え方

第５時	第６時
「情報を集める・読み取る・考える・話し合う」	まとめる「整理する・生かす」
〔第５時〕 ○江戸幕府の対外政策について調べよう。【知①】 ・島原・天草一揆の絵図を基に、人々がなぜ幕府と戦っているのか予想する。 ・踏み絵、出島などを基にキリスト教の禁止や鎖国の様子を調べ、江戸幕府の政策の意図を考える。	〔第６時〕 ○江戸幕府が行った各政策の意図をマニュフェストカードに表そう。【思②】 ・大名の配置と参勤交代、キリスト教の禁止、海外との交流を制限したこと、身分制について、グループ内で分担し、各政策の意図をマニュフェストカードとして表現する。 ・武士、町人、百姓、厳しく差別をされてきた人々の立場から各政策支持率を考え、その理由をカードの右側に表現させる。 **★江戸幕府の政策について、身分による受け止め方の違いを考えさせる。** ・なぜ江戸幕府は、これらの政策を行ったのか、各政策についての意図を関連付けたり総合付けて、江戸幕府の意図を話し合う。 **【学習のまとめの例】** 鎖国や身分制度、大名の配置など、幕府に反抗できない制度を整えたことで260年続くことができた。

問題解決的な学習展開の工夫

「つかむ」場面では、資料の読み取りを通して、家康によって開かれた江戸幕府が、長期にわたって武士による政治を安定させたことについて、子供たちの問題意識を十分に高め、学習問題を立てたい。その際、単元を通して主体的に問題を追究できるよう子供に予想をしっかりともたせる。「調べる」場面では、江戸幕府の各政策について、社会的な見方・考え方を働かせ、地図や年表を資料として効果的に組み合わせ調べるようにする。調べたことを基に、江戸幕府がなぜそのような政策を行ったのかを考えさせ、グループや全体で話し合う活動を行う。「まとめる」場面では、身分制による立場の違いを含めて、江戸幕府の政策の意図をカードに表現し、グループや全体で話し合う活動を通して、武士により政治が安定したことを理解させたい。

つかむ
出合う・問いをもつ

大名行列の絵図から幕府と大名の関係について考えよう

本時の目標

大名行列の絵図などの読み取りを通して、大名行列の様子や将軍、幕府の力の大きさについての関心を高めるようにする。

本時の評価

・大名行列に関わる資料から江戸幕府が定めた参勤交代の制度などに疑問をもち、江戸幕府による大名支配などに関心を高めている。【主①】

用意するもの

「加賀藩の大名行列」（絵図）の掲示用と配布用、大名行列の行程を表した地図、参勤交代の費用などが分かる資料

・戦い？
・引っ越し？

2 本時のめあて

大名行列は、どのように行われたのだろう。

3 気づいたこと

・弓矢や鉄砲を持った人
・かごに乗った人

・運んでいるものにより服装がちがう。
・とても長い列

本時の展開 ▷▷▷

つかむ　出合う・問いをもつ

板書のポイント

大きな絵画資料を提示して、気付いたことを自由に発言させ、学習課題の設定につなげる（デジタル掛図などを活用して俯瞰させてもよい）。

T　この資料は何をしているところでしょう。 1

C　戦いに行くのかな。

C　引っ越しをしているのではないかな。

T　では、もっとくわしく見てみよう（タブレットに提示など）。

T　（加賀藩の大名行列であることを知らせ）今日はこの大名行列について調べて考えてみましょう。

＊本時のめあてを板書する 2

調べる　情報を集める・読み取る・考える・話し合う

板書のポイント

絵図から気付いたことを言葉や矢印で示す。推測したこと、新たな疑問はそれぞれ色を変え、分けて板書をする。

T　絵図からどのようなことが読み取れましたか。3

C　弓矢や鉄砲を持っている人や馬やかごに乗っている人がいます。

T　絵図では分からない新たな疑問はありますか。 4

C　どこからどこへ行くのかな。全部で何人いるのかな。

C　移動する費用はいくらかかったのだろう。

T　疑問に関係のありそうな資料を配ります。調べてみましょう。 5

1 大名行列

5 参勤交代……1年おきに江戸と領地を行き来する

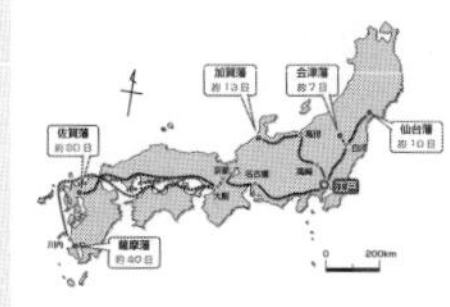

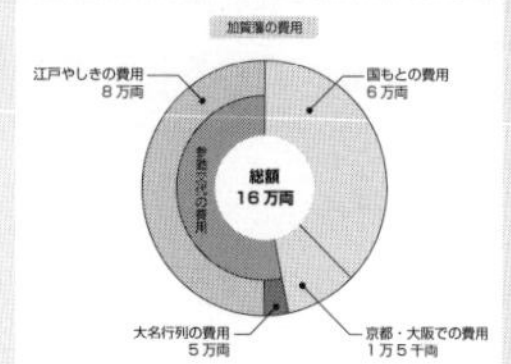

参勤交代の道すじと日数

分かったこと

- 加賀（石川県）
  ↓ 約13日
  江戸
- 2,000〜4,000人の列

- 多くの費用
  （約5億円以上）
  - 人件費
  - 馬の費用
  - 宿泊費など

4 ぎもん

- 全部で何人いるのか。
- どこからどこへ行くのか。

本時のまとめ

加賀藩では領地と江戸を約13日かけて数千人で移動する。

6 ふりかえり

お金も時間もかかる大名行列は大変だな。

まとめる　整理する・生かす

板書のポイント

調べたことや考えたことの中から大切なことに線を引き、子供自身にまとめさせるようにする。それを発表させて、キーワードを板書する。

T　参勤交代という制度で、大名は、1年おきに江戸と領地を行き来します。

T　本時の問いについて、黒板や絵図への書き込みを見ながら自分のまとめをしましょう。

C　大名行列は、数千人が、多くの時間と費用をかけて領地から江戸へ向かう制度です。

T　今日の学習を振り返って、大名の気持ちについて考えたことをノートに書きましょう。 6

C　お金も時間かかる参勤交代は負担だな。

学習のまとめの例

- 加賀藩の大名行列は、加賀と江戸を約13日もかけて移動する。その数は数千人であり、お金もたくさんかかる。
- 江戸幕府がつくった制度で、大名が1年ごとに自分の領地と江戸を行ったり来たりする。2000人以上の人々が、徒歩や馬で移動するので何日もかかる。

〈振り返りの例〉

- お金も時間もかかる大名行列は嫌だけど、幕府の命令だから仕方ない。

つかむ
出合う・問いをもつ

徳川家康は、どのようにして全国を支配する仕組みをつくったのだろう

本時の目標

大名配置図や人物年表の読み取りを通して、学習問題やその予想を考えることができるようにする。

本時の評価

・大名配置図や人物年表の読み取りを通して問いを見いだし、江戸幕府がどのようにして力を強め、世の中を治めたのか予想し、学習の見通しをもっている。【思①】

用意するもの

関ヶの戦い（屏風写真）、江戸城（屏風写真）、大名配置図、家康の人物年表

織田がつき
羽柴がこねし天下もち
すわりしままに
食ふは徳川

1

信長：鉄砲
秀吉：刀狩、検地
家康：？

3

よそう
・武力以外
・知恵
・2人とは違う方法

本時の展開 ▷▷▷

つかむ　出合う・問いをもつ

板書のポイント
天下餅の歌を掲示し、気付いたことや疑問を自由に発言させ、学習課題の設定につなげる。

T　この天下餅の歌の最後の部分は、どういうことを表しているのでしょう。 1

C　徳川氏が、天下を統一を果たしたのでは。

C　他の２人より我慢づよい人だったのかな。

T　今日はこのことについて調べて考えましょう。

＊本時のめあてを板書する。 2

T　どんなことが予想できますか。

C　信長や秀吉の支配の仕方とは違う工夫をしたのではないかな。 3

調べる　情報を集める・読み取る・考える・話し合う

板書のポイント
子供たちの予想と関連する資料を配布し、同じ資料（拡大版）を黒板に掲示する。個人で調べたのち、全体で分かったことを確認し板書する。

T　みなさんの予想に関係のありそうな資料を配ります。

＊資料「関ヶ原の戦い」（屏風）

＊徳川家康年表　・徳川家康のエピソード

＊江戸城（屏風）・大名配置図

T　どのようなことがわかりますか。 4

C　関ヶ原の合戦に勝利し、江戸に幕府を開きました。将軍職はすぐに息子に譲っています。

C　江戸城や城下町の大きな工事をしました。

本時のめあて 2　徳川家康はどのようにして全国を支配したのだろう。

分かったこと

・西軍に
（石田三成）
勝利
↓
天下統一

関ヶ原の戦い

分かったこと

・入り江をうめ
立てて城下町に
・政治の中心地

江戸城と
そのまわりの様子
（江戸図屏風）
※教科書や資料集
から拡大掲示

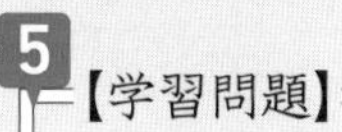

4

徳川家康の人物年表

年	出来事
1542	三河（愛知県）に生まれる
1549	今川氏の人質になる
1560	三河を統一する
1562	信長と手を組む
1575	長篠の戦い
1584	小牧・長久手の戦い（秀吉と戦う）
1590	江戸城に入る
1600	関ヶ原の戦いに勝利する
1603	征夷大将軍になり江戸幕府を開く
1615	豊臣氏を滅ぼす
1616	病気で亡くなる

分かったこと

・征夷大将軍と
なり江戸幕府
を開く
→ 2年後に
秀忠に
ゆずる
・豊臣氏を滅す
・一国一城令（大名が住んでいない城をこわす）

分かったこと

・人質生活→がまん強い
・ぜいたくをしない
・優秀な家来を育てる

5【学習問題】
江戸幕府はどのようにして、約260年にわたって世の中を治めたのだろう。

よそう

・大名が反こうできない仕組みをつくった。
・秀吉のように、人々も支配した。
・外国と協力したかもしれない。

6

学習計画
①大名の支配
②人々の支配
③外国との関係

まとめる　整理する・生かす

板書のポイント
調べて分かったことや年表を手がかりにして新たな疑問を出し、単元を貫く学習問題を立て、予想をもとに学習計画を立てる。

T　江戸幕府はどのくらい続いたのでしょう。
C　約260年も続いています。

【学習問題】江戸幕府はどのようにして、260年にわたって世の中を治めたのだろう。 5

C　大名が反抗できないようなきまりをつくったのではないかな。
T　最後に、学習計画を立ててみましょう。6

学習のまとめの例

関ヶ原の戦いに勝った家康は、征夷大将軍となり江戸に幕府を開いた。大名の配置を工夫したり、江戸城や城下町を工事したりした。豊臣氏を滅ぼし、息子を次の将軍にして、徳川家が続くことを世の中にアピールした。

〈学習問題についての予想〉
下克上の戦国時代にならないように、大名が反抗できないようなきまりを作ったのだと思う。前回学習した大名行列も江戸幕府が260年も続いたことと関係があると思う。

調べる
情報を集める・読み取る
考える・話し合う

江戸幕府の大名に対する政策を調べよう

本時の目標

徳川家光の頃の江戸幕府の政策について調べる活動を通して、徳川家光が行った政策の意図について考え、家光の業績を理解できるようにする。

本時の評価

・各種の資料から徳川家光の政策を捉える上で必要な事柄を読み取り、家光によって江戸幕府が大名を支配するしくみをつくり上げたことを理解している。【知①】

用意するもの

将軍にあいさつする大名（絵図）、生まれながらの将軍（文章）、武家諸法度（一部）、日光東照宮（写真）、家光人物年表

本時のめあて　徳川家光は、江戸

3

徳川家光の人物年表

年	出来事
1612	キリスト教を禁止する
1615	武家諸法度を定める
1623	家光が３代目の将軍になる
1635	参勤交代の制度をつくる
1636	各大名に江戸城の修理を加える
1637	島原・天草一揆が起こる
1641	鎖国が完成する

東照宮

分かったこと

ごうかに建てかえ

話し合って考えたこと

→お金がかかっていそう？！

本時の展開 ▷▷▷

つかむ　出合う・問いをもつ

板書のポイント

家光の言葉と将軍にあいさつする様子の絵図を提示し、気付いたことを自由に発言させる中から疑問を引き出し、めあての設定につなげる。

T　この資料を読み、なぜ家光は生まれながらの将軍だと言っているのか考えましょう。大名たちはどう思ったのでしょう。 1

C　家康と違い、大名は家来だから。

C　従わないと何をされるかわからない。

T　今日はこのことを調べてみましょう。

＊本時のめあてを板書する。

T　どんなことが予想できますか。 2

C　江戸幕府の中身を設計した人なのかな。

調べる　情報を集める・読み取る・考える・話し合う

板書のポイント

まず人物年表で予想と関連しそうな事柄に着目させ、各資料を提示し調べさせる。わかったことと話し合って考えたことを分けて板書する。

T　家光の人物年表の中で、予想に関係がありそうなところはありますか。 3

C　武家諸法度を改めたこと、日光東照宮の立てかえなどが関係ありそう。

T　追加の資料を配ります。

＊日光東照宮　＊武家諸法度（一部）

＊大名の配置 4

C　幕府のためにお金を使わせていた。大名は、親藩、譜代、外様の３つに分けて配置した。

幕府にとって、どのような人物だったのだろう。

4 武家諸法度（一部）

一、学問や武芸を身につけ、常にこれにはげむこと。
一、城を修理する場合は、幕府に届け出ること。
一、幕府の許可を得ずに結婚してはならない。
（下の内容は、家光の時代に加えらたもの）
一、大名は、領地と江戸に交代で住み毎年4月に江戸に参勤すること。
一、大きな船をつくってはならない。

2 よそう　幕府の中身を設計した人

生まれながらの将軍である。

4

徳川家光

1

従わないと何をされるかわからない。

・祖父や父とはちがう。
・大名＝将軍の家来
・争っても負けない自信

分かったこと

・自由がない
・妻子が人質のよう
・お金がたくわえられない

話し合って考えたこと　→大名は反こうできなそう

分かったこと

親藩
譜代
外様　3つに分けて全国に配置

話し合って考えたこと　→親藩や譜代大名は、外様大名を見張っていた？！

5 本時のまとめ

徳川家光は、武家諸法度の内容を大名にとってさらに厳しくし、幕府と大名の力関係をはっきりさせた。江戸幕府が、全国の大名を支配するしくみをつくった人物である。

6 ふりかえり　大名以外の人々も支配したのか？（きまり？）

まとめる 整理する・生かす

板書のポイント
調べて分かったことや考えたことをもとに、本時の課題について、自分の言葉でまとめるようにする。

T　家康と比べながら、今日の課題について、黒板に書かれている言葉を使って自分の考えをまとめましょう。 5
T　発表してください。
C　家光は江戸幕府が大名を支配するしくみをつくった人物だと思います。
T　今日、学習したことを振り返って、これから調べたいことをノートに書きましょう。 6
C　江戸幕府は、大名以外の人々のこともきまりなどで支配したのか調べたいです。

学習のまとめの例

徳川家光は、武家諸法度の内容をさらに厳しくしたり、参勤交代や多くの工事で大名に費用を負担させたりしたので、大名は幕府に反こうすることができなかった。家康の開いた江戸幕府の力を強め、全国の大名を支配するしくみを整えた人物である。

〈振り返りの例〉

江戸幕府は、大名以外の人々についても、武家諸法度のように何かきまりをつくって支配していたのか調べてみたいです。

調べる
情報を集める・読み取る
考える・話し合う

江戸幕府による身分制度について調べよう

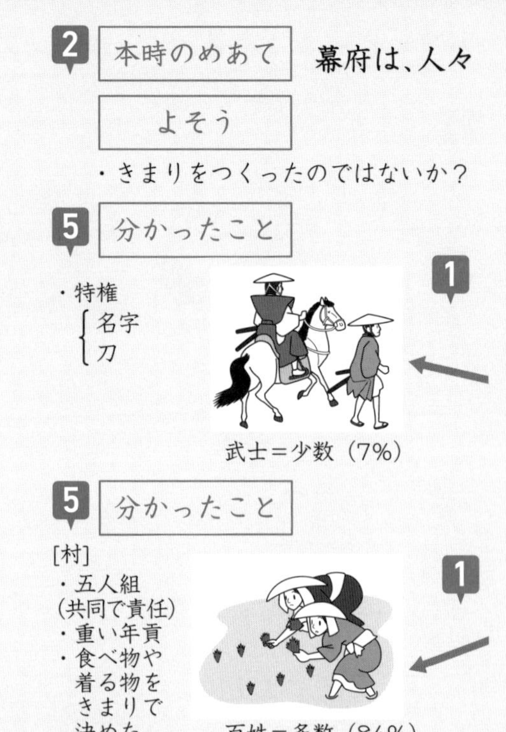

本時の目標

資料を基に幕府が百姓や町人をどのように支配したのか調べる活動を通して、武士を中心とする身分制度が定着したことが理解できるようにする。

本時の評価

・各種の資料から身分制度を捉える上で必要な事柄を読み取り、武士を中心として身分制度が確立されたことを理解している。【知①】

用意するもの

武士、町人（職人、商人）、百姓の生活の様子の絵図、身分ごとの人口の割合の円グラフ

本時の展開 ▷▷▷

つかむ　出合う・問いをもつ

板書のポイント
身分ごとの４枚の絵を黒板の四方に提示し、それぞれ誰が何をしている様子を表しているか考えさせ、武士以外の人々の存在に気付かせる。

T　武士以外の人々の様子も見ていきます。４枚の資料はそれぞれ何をしているところでしょう。 1
C　武士が、人々の様子を見回っています。
C　百姓が田植えをしています。
C　何かを作ったり売ったりしているけど、武士ではなさそう。
T　今日はこのことを調べてみましょう。
＊本時のめあてを板書する。 2
C　きまりによって支配したのかな。

調べる　情報を集める・読み取る・考える・話し合う

板書のポイント
身分ごとの人口割合のグラフを中心に提示し、割合の少ない武士が支配することへの疑問を高める。

T　この資料を見て気付いたことはありますか。 3
C　わずか７％の武士がそれ以外の90％以上の人々を支配していました。
T　調べて分かったことを発表しましょう。
C　住む場所が決められ、身分ごとの上下関係も細かく定められていました。 4
C　百姓は、五人組で共同責任を負わされました。 5

をどのように支配したのだろう。

4 分かったこと

・住む場所を分ける
・代々、同じ身分
・身分ごとにさらに細かい上下関係
・女性の地位が低い

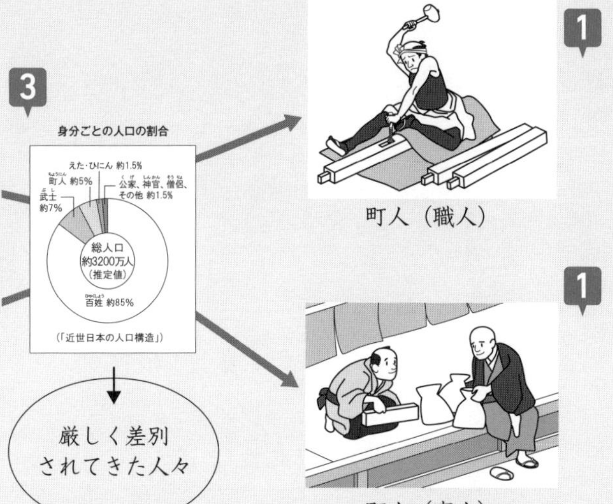

町人（職人）

町人（商人）

厳しく差別
されてきた人々

本時のまとめ

・身分に分けた。
（武士、百姓、町人）
・五人組などの制度
・住む場所、服装などのきまり

なぜ必要か？ 6
・少数の武士が支配すりため
・武士中心の身分にするため

5 分かったこと

[城下町]
商工業

まとめる　整理する・生かす

板書のポイント

分かったことに着目させ、まとめて言えることを全体で押さえたうえで、武士による身分制の意図を考えさせ、キーワードを板書する。

T　本時のめあてを見て、黒板に書かれている言葉を使いながらノートにまとめましょう。

C　武士、町人、百姓と身分を分け、親から子へ身分を受け継がせました。五人組などの制度をつくったり、きまりにより食べ物や服装を定めたりしました。

T　なぜ、そのような制度やきまりをつくったのだと思いますか。

C　7％しかいない武士が多くの百姓や町人を支配するため。 6

学習のまとめの例

・幕府は、人々を武士、百姓、町人という身分に分けて支配をした。特に、百姓には五人組をつくり、共同で責任を負わせて確実に年貢を納められるように厳しく支配した。
・きまりにより、住む場所、代々受け継ぐ身分などを決めていた。五人組の制度により百姓が反抗できないように支配していた。

調べる
情報を集める・読み取る
考える・話し合う

江戸幕府の対外政策について調べよう

本時の目標

キリスト教の禁止や鎖国の様子を調べる活動を通して、幕府が外国とどのように交流したのか理解できるようにする。

本時の評価

・各種の資料から江戸幕府による対外政策を捉える上で必要な事柄を読み取り、江戸幕府が行った鎖国政策について理解している。【知①】

用意するもの

出島（絵図）、踏み絵（絵図）、鎖国までの年表、日本地図、白地図（世界地図）

1

島原・天草一揆
（絵図）
※教科書や資料集
から拡大掲示

・キリスト教信者を幕府軍がおさえた

4

「踏み絵の様子」「マリア像写真」

・信者でないか調べた。

本時の展開 ▷▷▷

つかむ　出合う・問いをもつ

板書のポイント

島原・天草一揆の絵図を提示して、気付いたことを発言させることで、天下統一後になぜ戦っているのか疑問をもたせ、本時の問いへつなげる。

T　この資料を見て誰が戦っているのか予想してみましょう。　1

C　一揆ということは百姓が戦っているのかな。

T　島原・天草一揆について、教科書、資料集、地図帳で調べてみましょう。

C　約３万人が、重い年貢とキリスト教の取り締まりに反対して、幕府軍と戦いました。

T　今日は、このことを調べましょう。

＊本時のめあてを板書する。　2

調べる　情報を集める・読み取る・考える・話し合う

板書のポイント

年表と絵図を関連付けながら、一緒に丁寧に読み取り、分かったことや考えたことを板書する。鎖国という用語を押さえ、板書する。

T　予想に関係のありそうな資料を配ります。

＊資料「鎖国までの流れ」　3

＊資料「踏み絵」　・資料「出島」　4

T　分かったことはありますか。

C　絵踏みでキリスト教信者を厳しく取り絞まりました。

C　出島でオランダと中国と貿易をしました。

T　なぜこういうこをする必要があるのでしょう。

C　キリスト教を広めないようにして、外国の情報や貿易の利益は幕府が独占するため。

2 本時のめあて　幕府は、なぜキリスト協を禁止したのだろう。

よそう　幕府に都合が悪いことがあったから。

3

鎖国までの年表

年	主なできごと
1612	キリスト教を禁止する
1616	ヨーロッパ船の来航を長崎、平戸に制限する
1624	スペイン船の来航を禁止する
1635	日本人の海外渡航・帰国を禁止する
1637	島原・天草一揆が起こる
1639	ポルトガル船の来航を禁止する
1641	平戸のオランダ商館を出島に移す（鎖国の完成）

出島

4

・オランダ・中国との貿易

鎖国

5

世界地図（白地図）を掲示

渡航を禁止した国→スペイン、ポルトガルなど
交易のあった国→オランダ、中国、朝鮮、琉球王国、アイヌ

本時のまとめ 

・キリスト教信者が反こうしないように
・キリスト教を広めるおそれがない国と貿易
・幕府の利益
──→キリスト教を禁止

まとめる　整理する・生かす

板書のポイント
白地図に交易のあった国を赤、渡航を禁止した国を青で塗らせ、名称を記入させ、同じように板書する。

T　交易があった国、来航を禁止した国の名前と位置を白地図にまとめましょう。 5

T　本時のめあてについて、黒板に書かれた言葉を使いながら、自分のまとめをしましょう。 6

C　幕府は、キリスト教信者が団結して幕府に反抗することを恐れていたのだと思います。だから、絵踏で、キリスト教信者を取り締まったり、キリスト教を広める恐れがないオランダと中国と出島で貿易をしました。

学習のまとめの例

・キリスト教の信者が、幕府に反抗してくると困るから禁止をした。だから、絵踏みをしたり、出島でオランダと中国とだけ貿易をしたりして幕府の力を強めた。

・幕府は島原・天草の一揆を見て、キリスト教の取りしまりをもっと厳しくした。キリスト教の信者が増え、また一揆が起こると幕府が負けてしまうかもしれないから、キリスト教を禁止したのだと思う。

まとめる
整理する・生かす

学習問題について考えたことを表現して話し合おう

本時の目標

江戸幕府の各政策のねらいを適切に表現するとともに、関連付けたり総合したりして、幕府の意図を考え、説明することができる。

本時の評価

・江戸幕府の各政策の意図を考え、適切に表現するとともに、それらを関連付けたり総合したりして江戸幕府がどのように世の中を治めたかを言葉や文章で表現している。【思②】

用意するもの

マニュフェストカード

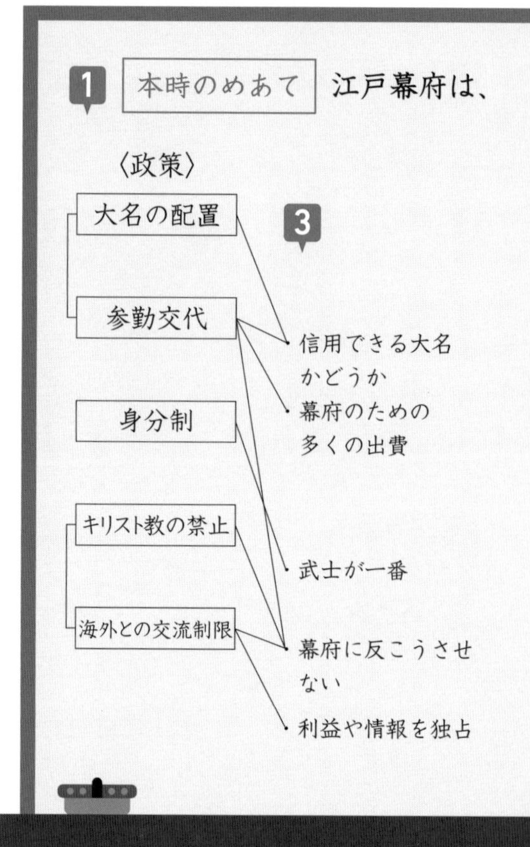

本時の展開 ▷▷▷

つかむ 出合う・問いをもつ

板書のポイント

既習の政策について、後で操作ができるように短冊にして、発表順に掲示する。細かい政策が出た時には、似ているものをまとめさせる。

T 江戸幕府が260年にわたって世の中を治めるために行ったことは何でしたか。

C 大名の配置、参勤交代、身分制です。

C キリスト教の禁止や海外との交流の制限です。

T 今日はこのことを調べ考えましょう。

＊本時のめあてを板書する。 1

T まとめられそうな政策はありますか。

C 農民へのきまりは、身分制にまとめてよいと思います。

調べる 情報を集める・読み取る・考える・話し合う

板書のポイント

まず、例示として1つ取り上げることで、考えるポイントを明確にさせる。幕府の意図をキーワードで板書し、関連付けをし線で結ぶ。

T 各政策について、ねらいとそれぞれの立場の人からの支持率と理由をカードに表現します。まず、大名の配置をみんなで一緒に考えてみましょう。

C 大名は嫌だったと思うけど、農民はどうかな。立場により受け取り方が違うのかな。 2

T 残りの4つの政策をグループ内で分担して、カードに表してみましょう。

C 参勤交代もキリスト教の禁止も幕府に反抗させないためだと思います。 3

何のためにそれぞれの政策を行ったのだろう。

2

大名の配置

幕府のねらい

信用できる親藩大名や譜代大名は、大事な場所に、うら切るかもしれない外様大名は、江戸から遠くに配置した。

支持率　（理由）

武士 10%

親藩大名以外はいやだったから。

町人 50%
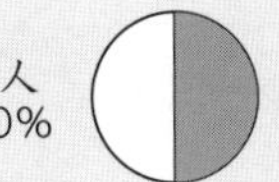
ものづくりや商売はどこでもできるから。

百姓 0%

年貢が大変なのは変わらないから。

4

【学習問題】
江戸幕府はどのようにして、260年にわたって世の中を治めたのだろう。

5

【学習のまとめ】
・武士が中心の世の中をつくったから
・幕府が強い力が集まったから
権力
経済力

260年も治められた

まとめる　整理する・生かす

板書のポイント
学習問題を再度板書する。学習問題に対する答えをグループで考えさせたあと、全体で話し合い、キーワードを板書する。

T　学習問題を思い出しましょう。　4
T　それぞれの政策のねらいをまとめて言うとどうなるかグループで考えましょう。それが学習問題の答えになりそうですね。
T　全体で発表しましょう。
C　武士が中心の世の中をつくったのだと思います。　5
C　幕府に力やお金が集まるための制度をつくったからだと思います。

学習のまとめの例

・江戸幕府は、身分制をつくって武士が１番の世の中をつくった。町人や百姓など他の身分の人が幕府に逆らえなかったから長く続いたのだと思う。
・大名の配置やキリスト教の禁止、鎖国を行うことで、幕府に反抗できないようにした。それにより、力をますます強め、260年以上幕府が続いたのだと思う。

8 江戸の文化と学問

6時間

単元の目標

江戸幕府が政治を行った頃に栄えた町人の文化や新しい学問を生み出した人物の業績を考え、表現することを通して、町人の文化が栄え新しい学問がおこったことを理解できるようにするとともに、江戸の文化や学問について学習問題を追究し、解決しようとする態度を養う。

学習指導要領との関連

内容(2)「我が国の歴史上の主な事象」アの(ク)及び(シ)、イの(ア)

第1時	第2・3時
つかむ「出合う・問いをもつ」	調べる
〔第1時〕 ○江戸の文化の評価を知り、江戸の文化への関心を高めよう 【主①】 ・世界的な画家が参考にした浮世絵、無形文化遺産に登録された歌舞伎などが江戸を代表する文化であったことについて話し合う。 **★世界との関わりなどに着目する** 〔第2時〕 ○江戸時代にはどのような文化や学問が発展したのだろう 【思①】 ・伊能忠敬の地図とそれ以前の地図、解体新書とそれ以前の解剖図、浮世絵と手彩色、歌舞伎と阿国歌舞伎圖屏風を比べる。 ・国学や蘭学も含め、江戸時代の後半に文化や学問が発展したことについて話し合う。 **★文化や学問の発展などに着目する** **【学習問題】** 江戸の文化や学問の発展に、だれが、どのように力を尽くしたのだろう。 ・予想や学習計画を立てる。	〔第3時〕 ○歌舞伎や浮世絵について調べ、発展に尽くした人物の業績を考えよう 【知①】 ・近松門左衛門が歌舞伎や人形浄瑠璃の脚本を書いたことを調べる。 ・歌川広重が「東海道五十三次」などの浮世絵をかいたことを調べる。 ・歌舞伎や浮世絵が当時の人々に広まった理由を話し合う。 **★人物の働きなどに着目する** 〔第4時〕 ○国学について調べ、発展に尽くした人物の業績を考えよう 【知①】 ・本居宣長が「古事記」などを研究し国学が広まったことを調べる。 ・寺子屋の様子や広がりについて調べる。 ・どうして学問が広がっていったのかについて話し合う。 **★人物の働きなどに着目する**

単元の内容

本単元では、歌舞伎や浮世絵、国学や蘭学を生み出した人物の業績について学習する。「歌舞伎や浮世絵」では近松門左衛門などによる歌舞伎の作品が数多く演じられたことや、歌川広重などによる浮世絵が人々に親しまれたことを取り上げ、町人の文化が栄えたことがわかるようにする。

「国学や蘭学」では、本居宣長が国学の発展に重要な役割を果たしたことや、杉田玄白が『解体新書』を著したことなどを取り上げ、新しい学問が起こったことが分かるようにする。

これらの学習を通して、社会の安定に伴い、歌舞伎や浮世絵などの文化が町人などの間に広がり、国学や蘭学など新しい学問が起こったことが分かるようにすることがポイントである。

単元の評価

知識・技能	思考・判断・表現	主体的に学習に取り組む態度
①各種の資料から歌舞伎や浮世絵、国学を捉える上で必要となる事柄を読み取り、近松門左衛門や歌川広重などの活躍により多くの人々に親しまれる文化が生み出されたこと、本居宣長などの活躍により、日本古来の考え方を研究する国学が生まれ、広まったことを理解している。 ②各種の資料から解体新書の誕生を捉える上で必要となる事柄を読み取り、杉田玄白らの活躍により、医学や蘭学が発展したことを理解している。	①歌舞伎や浮世絵に加え、この時期に生まれた学問についても興味・関心をもち、学習問題を見いだしている。 ②これまでの学習をもとに、文化や学問の発展が当時の人々にどのような影響を与えたのかを考え、言葉や文章で表現している。	①江戸の文化や学問について、予想や学習計画を立てたり、学習を振り返ったりして、学習問題を追究し、解決しようとしている。

【知】：知識・技能　【思】：思考・判断・表現　【主】：主体的に学習に取り組む態度　○：ねらい　・：学習活動　★：見方・考え方

第４・５時	第６時
「情報を集める・読み取る・考える・話し合う」	まとめる「整理する・生かす」
〔第５時〕 ○『解体新書』について調べ、発展に尽くした人物の業績を考えよう　【知②】 ・杉田玄白や前野良沢がオランダ語を翻訳し、『解体新書』を出版した。 ・なぜ蘭学が広まったのかについて話し合う。 ・江戸の文化や学問の発展にかかわった中心人物の業績を「肖像画カード」にまとめ、友達の作品と比較し加筆・修正する。 ★人物の働きなどに着目する。	〔第６時〕 ○どのようにして文化や学問が発展したのかについて話し合おう　【思②】 ・中心人物の努力やそれを支えた人々の働き、平和な世の中によって発展した。 ・文化の発展が武士や百姓や町人に日常の楽しみや喜びを与えた。 ・学問の発展が武士や百姓や町人、子どもたちに学力や新しい考え方を与えた。 ・絵巻「熙代勝覧」に、文化や学問の発展が人々に与えた影響を基に社会の様子を表した副題をつけ、その理由を考える。 例「熙代勝覧ー希望に輝く江戸のまちー」 ★人物の業績と社会の様子との関連に着目する **【学習のまとめの例】** 江戸の文化や学問は杉田玄白などの中心人物の働きや平和な世の中によって発展した。文化や学問の発展によって人々の楽しみや新しい考え方がつくられた。

問題解決的な学習展開の工夫

○江戸の文化への関心を高める導入の工夫

世界的に有名な画家「ゴッホ」の作品（ゴッホのタンギー爺さん）を提示し、絵をじっくりと観察させることで、背景に浮世絵が描かれていることやゴッホが浮世絵をまねて描いていた作品（雨中の橋）から、江戸の文化が世界的にも認められていることに気付き、その後の学習への関心を高める。

○人物の業績の意味を考える問いの工夫

業績が書かれた「肖像画カード」を分類し、「文化（学問）の発展がどんな人にどのような影響を与えたのか」と問いかけ、グループで相談することで、世の中の様子を想像したり、その後の社会の変化を考えたりすることができ、人物の業績と社会への影響を関連付けて考えることができる。

つかむ
出合う・問いをもつ

江戸の文化の評価を知り、江戸の文化への関心を高めよう

本時の目標

無形文化遺産の歌舞伎、世界的な画家が参考にした浮世絵について調べることを通して、江戸の文化への関心を高めるようにする。

本時の評価

・浮世絵や歌舞伎が外国の人々からも高く評価されていることに驚きを持ち、世界に誇る江戸の文化について調べたいという意欲を高めている。【主①】

用意するもの

ゴッホや広重の作品、江戸の町の様子
「ゴッホ紹介カード」、ゴッホの作品写真、歌川広重の作品写真、江戸の町の様子の資料

1 「ゴッホのタンギー爺さん」

気づいたこと

・背景に江戸時代の女性
・背景にかいてあるのは富士山？

よそう

・ゴッホは江戸時代やその頃の絵に興味があった？

本時の展開 ▷▷▷

つかむ 出合う・問いをもつ

板書のポイント
この後の資料提示を考慮し、「ゴッホ紹介カード」は大型テレビに映すなどして提示する。

T　ゴッホという画家を紹介します。
＊資料「ゴッホ紹介カード…ゴッホは1853年オランダに生まれた画家で、約2000点の作品を遺した。強烈な色彩と情熱的な画風が特徴で、代表作に『ひまわり』がある。また、オランダにはファン・ゴッホ美術館もあり、世界的に高い評価を受けている画家である。」
C　ゴッホってすごい人なんだね。でも、江戸の文化とどんな関係があるのかな。

調べる 情報を集める・読み取る・考える・話し合う

板書のポイント
大きな写真資料を提示し、気付いたことを発言させる中から、江戸の文化の評価に気付かせ板書する。

T　ゴッホの作品です。江戸の文化と関係はないか、気付いたことを発表しましょう。
＊資料「ゴッホの『タンギー爺さん』」 1
C　背景に江戸時代の女性がかいてある。
C　江戸時代の絵が好きだったのかな。
T　さらに、ゴッホの作品と江戸時代に生まれた浮世絵の作品を見せます。
＊資料「雨中の橋」「大橋あたけの夕立」 2
C　そっくり。でも、浮世絵の方が先だ。
C　ゴッホがまねた。浮世絵が好きだったのかな。

ゴッホの作品（1887年）　**2**　浮世絵（1857年）

3　江戸の町の様子

気づいたこと

・とても似ている。
・浮世絵のまねをしている。

分かったこと

・ゴッホは浮世絵が好きだった。
・外国の人にも浮世絵は人気があった。

気づいたこと

・踊りを見るのがはやっていた。

本時のめあて　**4**

江戸の文化はどのような文化なのだろう。

浮世絵　歌舞伎

5　本時のまとめ

6　ふりかえり

・日本だけでなく世界でも認められている。
・日本人としてうれしい。自慢できる。
・他にどんな文化があるのか。
・どのようにして文化が生まれたのか。

まとめる　整理する・生かす

板書のポイント

本時のめあてを浮世絵と歌舞伎の資料をつなぐ位置に板書し、学習のまとめや振り返りがその両方を受けての考えだと分かるようにする。

T　浮世絵以外の文化を見つけましょう。

＊資料「江戸の町の様子」を掲示。　3

C　踊りを見るのがはやっていたのかな。能かな。

T　これは歌舞伎という芝居です。無形文化遺産に登録されたのです。

＊本時のめあてを板書する。　4

C　浮世絵や歌舞伎は世界でも認められている。

T　今日の学習をふり返り、調べたいことをノートに書きましょう。　5 6

学習のまとめの例

・外国の人に評価されていた浮世絵はとても価値があると思った。
・歌舞伎も同じようにすばらしいものだと認められて、江戸の文化ってすごいと感じた。
・江戸の文化が認められてうれしいし、自慢できる。

〈振り返りの例〉

江戸時代には他にもどんな文化があったのか知りたい。また、世界からも認められるような文化がどのようにして生まれたのか調べたい。

調べる
情報を集める・読み取る
考える・話し合う

江戸時代には、どのような文化や学問が発展したのだろう

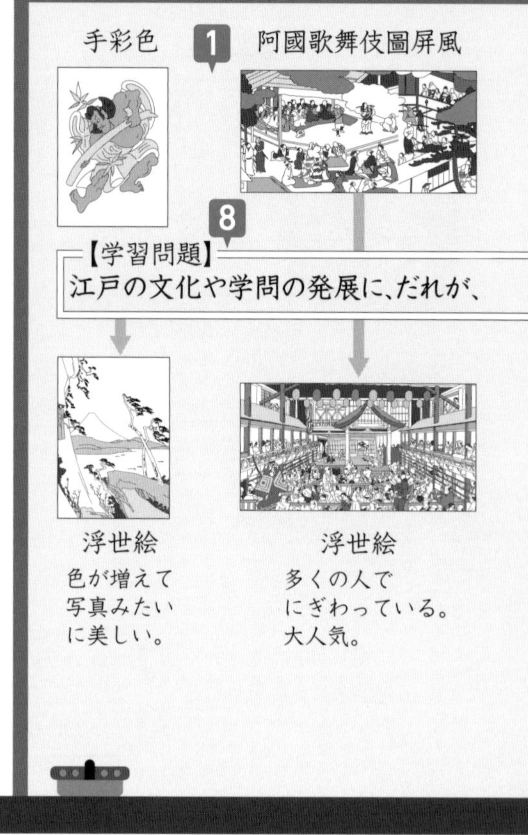

本時の目標

資料を比較する活動を通して、文化や学問の発展に気付き、学習問題を考えることができるようにする。

本時の評価

・浮世絵や歌舞伎に加え、この時期に生まれた学問についても興味関心をもち、学習問題を見いだしている。【思①】

用意するもの

伊能図以前の地図と伊能図、中国から伝わった解剖図と解体新書の解剖図、手彩色と浮世絵、阿國歌舞伎圖屏風と歌舞伎の様子

本時の展開 ▷▷▷

つかむ　出合う・問いをもつ

板書のポイント

資料を上下に提示し、文化や学問の発展前と後のグループ化をイメージできるようにする。

T　浮世絵と歌舞伎の少し前の様子を見せます。気付いたことはありますか。 1

＊資料「手彩色と浮世絵」

＊資料「阿國歌舞伎圖屏風と歌舞伎の様子」

C　浮世絵は以前と比べて色が増えた。

C　歌舞伎は多くの人でにぎわっている。大人気。

T　文化だけではなく…、この2つの地図を比べて気付くことを発表しましょう。 2

＊資料「伊能図以前の地図と伊能図」

C　下の地図は現在の地図とほとんど同じ。

調べる　情報を集める・読み取る・考える・話し合う

板書のポイント

学習問題を、資料を挟んで中央に書けるようにし、本時の最後に様々な文化や学問を貫く共通した学習問題であることを意識させる。

T　伊能図について調べて分かったことを発表しましょう。 3

C　伊能忠敬が西洋の学問を学び、歩いて測量。

C　鎖国なのにどうやって西洋の学問を学んだの。

T　オランダ語の書物を通して学びました。これを蘭学といいます。 4

＊本時のめあてを板書する。

2 伊能図以前の地図

中国から伝わった解剖図

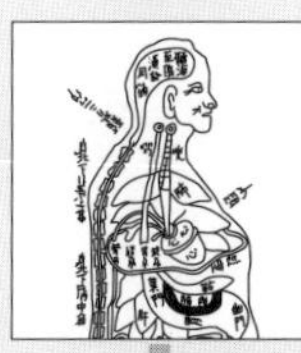

どのように力を尽くしたのだろう。

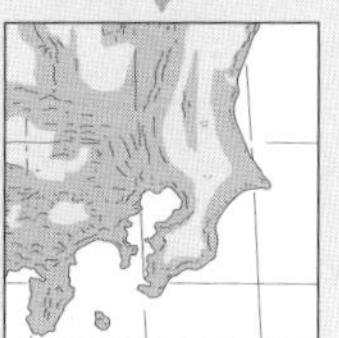

伊能図

現在の地図とほとんど同じ。

［伊能忠敬］
・1821年完成
・西洋の天文学や測量技術
・歩いて測量

5

解体新書

理科で習ったものと似ていて正確。

3 分かったこと

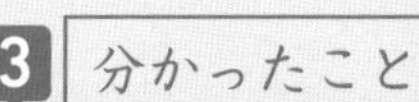

4 本時のめあて

文化や学問の様子の違いから、学習問題をつくろう。

中国の教えや仏教

本時のまとめ

それ以前の日本人の考え方の研究

「国学」

新しい学問

6 話し合って考えたこと

・正確に
・技術の発展
・新しい学問
・文化の広がり

7 ぎもん

・だれが関わっていたのか。
・あまり長くない間にどうやって文化や学問を発展させたのか。

まとめる　整理する・生かす

板書のポイント

本時のめあてから資料を比較して考えたこと、さらにそこから生まれた疑問とのつながりが分かるように板書する。

T　蘭学によって解体新書もできました。 5

＊資料「それまでの解剖図と解体新書」

C　解剖図も理科で習ったものに近い。正確。

T　国学という学問も広まりました。

T　文化や学問はどのように変わっていますか。 6

C　地図や解剖図が正確になっている。

C　文化や学問が人々に広まっている。

C　どうやって技術が発展したり、文化が広まったりしたの。

学習のまとめの例

・地図については、誰が作ったのか分かったけど、他のものは誰が関わっていたのか分からない。

・数十年というあまり長くない間にどうやって文化や学問を発展させたのかも分からない。 7

・「誰が、どのようにして文化や学問を発展させたのだろう」という学習問題はどうかな。 8

・江戸の文化も室町文化のように雪舟のような中心人物の働きがあったのではないかな。

調べる
情報を集める・読み取る
考える学び合う

歌舞伎や浮世絵について調べ、発展に尽くした人物の業績を考えよう

本時の目標

近松門左衛門や歌川広重の業績を調べる活動を通して、江戸の町人文化の発展に尽くしたことを理解できるようにする。

本時の評価

・歌舞伎や浮世絵に関わる資料から必要な事実を読み取り、近松門左衛門や歌川広重などの活躍により多くの人々に親しまれる文化が生み出されたことを理解している。【知①】

用意するもの

芝居小屋の様子、浮世絵（東海道五十三次)、近松門左衛門と歌川広重の肖像画

3 本時のめあて

近松門左衛門

芝居小屋の様子

・近松門左衛門の脚本
・町人のいきいきとした姿、
　義理人情を描く
・都市や城下町、農村でも公演

↓

・どこでも見ることができた。
・内容が生活に近く、感動した。
・生活や時間にゆとりができた。

本時の展開 ▷▷▷

つかむ　出合う・問いをもつ

板書のポイント

芝居小屋の様子は拡大した資料を提示するとともに、一人一人に同様の資料を配付し、細かい部分まで見ることで気付きを引き出す。

T　資料を見て気付くことを発表しましょう。

＊資料「芝居小屋の様子」を掲示する。 1

C　賑やかで誰からも人気があった。満員で、男も女も服装が違う人もいるから。

T　この浮世絵は東海道五十三次という作品の１枚で、今なら200円くらいで売られていました。みなさんは買いますか。 2

＊資料「浮世絵」を掲示する。

C　安いから買う。理由は、きれいで、町の様子が分かるから。

調べる　情報を集める・読み取る・考える・話し合う

板書のポイント

次の展開を考え、肖像画を提示できるスペースと人物名を書けるスペースを確保しておき、誰の業績か分かるようにする。

T　では、当時の人々にたいへん人気があった歌舞伎か浮世絵のどちらかを選んで調べましょう。

＊本時のめあてを板書する。 3

T　まず、調べたいことをノートに箇条書きにしましょう。

C　浮世絵の例

　・誰が描いていたのか
　・どうやって描いていたのか
　・どんな浮世絵があったのか

歌舞伎や浮世絵について調べ、人物の業績を考えよう。

歌川広重 4

東海道五十三次（鳴海） 2

・東海道五十三次は歌川広重作
・土産物として人気
・町人や百姓が観光をかねて旅へ
・分業で大量につくられ、値段も安い

・誰でも手軽に買うことができた。
・旅に行けない人も、楽しい気分になれた。
・お金に少しゆとりができた。

5 分かったこと

6 話し合って考えたこと

7 本時のまとめ

多くの人々の楽しみ

まとめる　整理する・生かす

板書のポイント

人気があった理由をそれぞれに対応するように分類するとともに、どちらにも共通していることを学習のまとめとして関連付けて板書する。

T　調べたことを交流して、教えてもらったことをノートにメモしましょう。

T　分かったことを発表してください。

＊資料「肖像画」 4

C　浮世絵の例

・浮世絵師：歌川広重 5

・版木を彫る人、重ね刷りをする人など分業

・多色刷りの技術と大量印刷

・歌舞伎役者の絵など

T　なぜ、人気があったのでしょう。 6

学習のまとめの例

歌舞伎

・どこでも見ることができた。
・内容が生活に近く、感動した。
・生活や時間にゆとりができたから見に行くことができた。

浮世絵

・誰でも手軽に買うことができた。
・旅に行けない人も、楽しい気分になれた。
・お金に少しゆとりができた。

歌舞伎も浮世絵も多くの人々の楽しみであった。

調べる
情報を集める・読み取る
考える学び合う

国学について調べ、発展に尽くした人物の業績を考えよう

本時の目標

本居宣長の業績や子どもの教育について調べる活動を通して、江戸の学問の広がりを理解できるようにする。

本時の評価

・国学に関わる資料から必要な事実を読み取り、本居宣長などの活躍により、日本古来の考え方を研究する国学が生まれ、広まったことを理解している。【知①】

用意するもの

「国学紹介カード」、本居宣長の肖像画、寺子屋の様子

本居宣長

ぎもん

国学紹介カード（例）
国学は、中国の教えや仏教が伝わる前の日本人の考え方を研究する学問。国学を研究した本居宣長は、日本人の本来の考え方を取り戻すべきだと主張。その後、この学問は広まりました。

寺子屋の様子

本時の展開 ▷▷▷

つかむ　出合う・問いをもつ

板書のポイント
国学紹介カードを拡大して提示し、分からない部分には赤で下線を引き、調べる視点が明確になるようにする。

T　資料を配付します。分からないことは何ですか。
＊資料「国学紹介カード」、資料「肖像画」を掲示する。 1
C　中国の教えとは何か。
C　日本人の考え方とは何か。
C　本居宣長はどんな研究をしたのか。
C　なぜ、国学は広まったのか。
T　では、今の分からないことを中心に、国学について調べましょう。

調べる　情報を集める・読み取る・考える・話し合う

板書のポイント
分からなかったことに対応させて、調べて分かったことを端的に箇条書きで板書する。

T　調べて分かったことを発表しましょう。2
C　中国の教え（儒学）は上下の秩序を重んじる。
C　日本古来の考え方は自分の気持ちに素直になって生活すること。
C　古事記を研究、44巻の古事記伝を書く。
T　では、どうして国学が広まったのでしょう。 3
＊本時のめあてを板書する。

2 分かったこと

・中国の教え（儒学）⇒上下の秩序を重んじる
・日本人の考え方⇒自分の気持ちに素直になって生活
・国学を研究⇒古事記を研究、44巻の古事記伝を書く

3 本時のめあて

どうして国学は広まったのだろう。

4
・主君と家来という考えは今はない。当時の人もおかしいと思い始めたのでは。
・身分制に疑問を感じていたからでは。

話し合って考えたこと

どうして寺子屋は広まったのだろう。

・幕府の政治、身分制への批判。
・言葉でおかしいことを訴える。
・子どもたちが勉強し、いろいろな技術が発展。

6 本時のまとめ

5
・百姓も町人も生活に「読み・書き・そろばん」が必要だったから。
・勉強や教育が大切だとみんな思っていたから。

まとめる　整理する・生かす

板書のポイント

国学と寺子屋の広がりをまとめて板書し、教育の広がりとして捉えることで、明治時代の社会の発展とのつながりが意識できるようにする。

C　主君と家来という考えは今はない。当時の人もおかしいと思い始めたのでは。 4

C　身分制に疑問を感じていたからでは。

T　国学だけでなく、寺子屋も全国に広がりました。なぜだと思いますか。 5

C　百姓も町人も「読み・書き・そろばん」が生活の中で必要だったから。

C　勉強や教育が大切だとみんな思っていたから。

T　学問が広まってどんな影響があったのでしょう。

学習のまとめの例

・今までの幕府の政治をおかしいと思うようになったのだと思う。特に身分制については。
・幕府の政治を批判するようになったと思う。
・勉強していたから、言葉でおかしいことを訴えるようになったのでは。
・子どもたちが勉強して、いろいろな技術が発展していったのでは。 6

調べる
情報を集める・読み取る
考える学び合う

『解体新書』について調べ、発展に尽くした人物の業績を考えよう

本時の目標

杉田玄白らの業績を調べる活動を通して、医学などの学問の発展に果たした役割を理解できるようにする。

本時の評価

・解体新書の誕生にかかわる資料を読み取り、杉田玄白らの活躍により、医学や蘭学が発展したことを理解している。【知②】

用意するもの

中国から伝わった解剖図と解体新書の解剖図、自作資料、中心人物の肖像画、「解体新書誕生までの場面絵ワークシート」

1

中国から伝わった解剖図

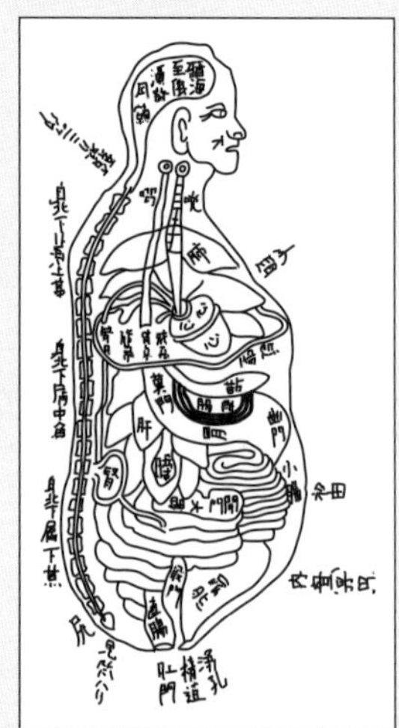

・内臓の形や位置が
きちんと描かれていない。

気づいたこと

本時の展開 ▷▷▷

つかむ　出合う・問いをもつ

板書のポイント

時間的経過が分かるように、２つの解剖図を黒板の両端に位置付け、その間を矢印で結ぶようにする。

T　２つの資料を比べてどう思いますか。 1
＊資料「中国から伝わった解剖図と解体新書の解剖図」を掲示する。
C　内臓の形や位置がきちんと描かれていないのに比べて、解体新書の解剖図はとても正確で、本当に解剖して描いたようだ。 2
T　これを４年で完成させました。
C　たった４年で誰が、どのようにして正確な解剖図をつくったのだろう。
T　では、今日はこれについて考えましょう。

調べる　情報を集める・読み取る・考える・話し合う

板書のポイント

自作資料を用意し、中心人物の業績以外の要因が関連付いていることに気付く話合いへと発展させ、構造的な板書となるようにする。

＊本時のめあてを板書する。 3
T　まず、教科書と資料集を使って調べましょう。さらに調べたい人は、先生がつくった資料を取りに来てください。 4
[自作資料で取り上げたい内容]
・医師でも人体解剖は禁止されていたこと
・百姓や町人からも差別された人が解剖をしたこと
・杉田玄白の言葉「国内の太平のおかげ」

3 本時のめあて

誰が、どのようにして正確な解剖図をつくったのか話し合おう。

2 解体新書の解剖図

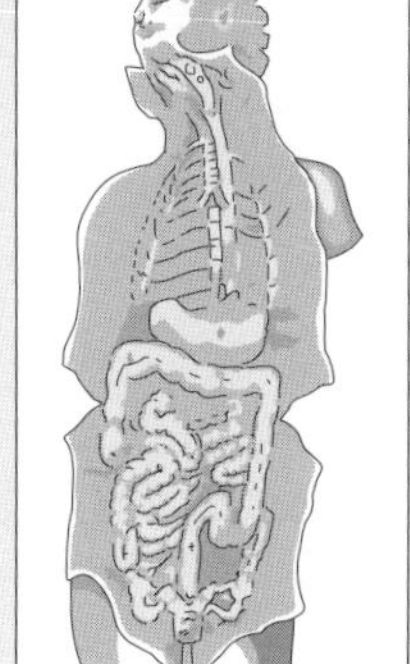

1774年　解体新書

4 分かったこと

杉田玄白

前野良沢

中川淳庵

虎松の祖父

医学への熱意 ↔ 仲間の協力や努力によって4年間も続けられた ↔ 百姓や町人からも差別された人の知識や技術

・洋書の輸入を挙許可していた幕府　・政治の安定　・平和な世の中

5 話し合って考えたこと

医学・蘭学の発展

6 本時のまとめ

まとめる　整理する・生かす

板書のポイント

人物の業績の背景にある要因（平和な世の中など）が理解できるように全体を枠線で囲い、それが蘭学発展へとつながったことを表現する。

T　調べたことをもとに本時の問いについて話し合いましょう。 5

＊資料「中心人物の肖像画」を掲示する。

C　杉田玄白の熱意や仲間の協力

C　虎松の祖父の知識や技術

C　洋書の輸入、政治の安定、平和な世の中

T　それらによって医学や蘭学が発展したのですね。 6

T　今日の学習を振り返りましょう。

＊ワークシート「解体新書誕生までの場面絵」

学習のまとめの例

〈振り返りの例〉 7

[ターヘルアナトミアを見た玄白]

今までの解剖図と全く違う！腑分けは禁止されているし・・・早く知りたい。

[解体新書を完成させた玄白]

４年間続けてよかった。良沢や淳庵そして、虎松の祖父のおかげだ。平和な世の中だから翻訳もできた。これで病気の人を救うことができる。

まとめる
整理する・生かす

どのようにして文化や学問が発展したのかについて話し合おう

本時の目標

調べたことをもとに江戸の町の様子を表現する活動を通して、文化や学問の発展が人々や社会に与えた影響を考えることができるようにする。

本時の評価

・これまでの学習をもとに、文化や学問の発展が当時の人々にどんな影響を与えたのかを考え、言葉や文章で適切に表現している。【思②】

用意するもの

中心人物の肖像画と肖像画カード、熙代勝覧

4 気づいたこと

・笑顔で楽しそう。
・商売が盛んで買物を楽しんでいる。
・立派な建物が並んでいる。
・服装は違っても今の人々の様子とあまり違っていないと思う。

熙代勝覧
—希望に輝く江戸のまち—

・時間やお金にも少し余裕ができて歌舞伎や浮世絵を楽しめる
・学問も発展して病気をしても治してもらえる
・子どもたちは寺子屋で勉強してどんどん学力も付いて世の中をさらに便利に発展させていける
・これから先の江戸のまちの未来は明るいと思う

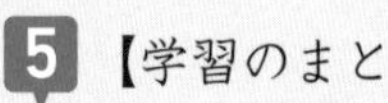

5 【学習のまとめ】

本時の展開 ▷▷▷

つかむ 出合う・問いをもつ

板書のポイント

本小単元で登場した中心人物の肖像画をランダムに提示し、誰の肖像画であるのかを問うことで知識の定着を図る。

＊学習問題を板書する。

T どのようにして江戸の文化や学問は発展してきましたか。

C 中心人物の努力、それを支えた人々の協力

C 政治の安定、平和な世の中

T それでは、復習です。これらの肖像画の人物名は分かりますか。肖像画カードをグループで文化に関わる人と学問に関わる人に分類してください。 1

＊資料「中心人物の肖像画」「肖像画カード」

調べる 情報を集める・読み取る・考える・話し合う

板書のポイント

グループでの分類作業が終了後に、板書の肖像画を分類して提示する。そして、グループごとの発表も肖像画ごとに分類して板書する。

T 今日は文化と学問に分かれて考えます。

＊本時のめあてを板書する。

T 話し合ったことを発表してください。

C 文化の発展が、百姓や町人に日常の楽しみや喜びを与えたと思う。芝居を見て共感したり、浮世絵で旅行気分を味わったりできたから。 2

C 学問の発展が、武士や百姓や子どもたちに学力や新しい考えを与えたと思う。今まで知らなかった知識を得ることができたから。 3

【学習問題】
江戸の文化や学問の発展に、だれが、どのように力を尽くしたのだろう。

熙代勝覧

2 本時のめあて　文化・学問の発展は、どんな人にどのような影響を与えたのか考えよう。

近松門左衛門　歌川広重

文化の発展が、百姓や町人に
日常の楽しみや喜びを与えた。

↓

芝居を見て共感したり、
浮世絵で旅行気分を
味わったりできたから。

伊能忠敬　本居宣長　杉田玄白

学問の発展が、
武士や百姓や子どもたちに
学力や新しい考えを与えた。

↓

今まで知らなかった知識を
得ることができたから。

3 話し合って考えたこと

まとめる　整理する・生かす

板書のポイント

考えた副題と理由をグループで交流する。その後、一人の子供が発表したことを副題とともに、その理由を端的に箇条書きで板書する。

T　そんな江戸のまちの様子を見せます。
＊資料「熙代勝覧」
T　資料から気付いたことを発表しましょう。 4
C　笑顔で楽しそう。
C　商売が盛んで買物を楽しんでいる。
C　立派な建物が並んでいる。
C　服装は違っても今の人々の様子とあまり違っていないと思う。
T　文化や学問が発展した江戸のまちに付ける名前（資料の副題）を考えましょう。 5

学習のまとめの例

・「熙代勝覧–希望に輝く江戸のまち–」
理由は、今まで政治が安定しなくて苦しい生活をしていたが、時間やお金にも少し余裕ができて歌舞伎や浮世絵を楽しんだり、学問も発展して病気をしても治してもらえるようになるし、さらに子どもたちは寺子屋で勉強してどんどん学力も付いて世の中をさらに便利に発展させていけるだろうから、これから先の江戸のまちの未来は明るいと思うからです。

9 明治の新しい国づくり

（7 時間）

単元の目標

幕末から明治の初めの頃の政治の仕組みや世の中の様子の変化を考え、表現することを通して、我が国の歴史が明治維新を機に欧米の文化を取り入れつつ近代化を進めたことを理解できるようにするとともに、幕末から明治の初めの頃の政治の仕組みや世の中の様子について学習問題を追究し、解決しようとする態度を養う。

学習指導要領との関連

内容(2)「我が国の歴史上の主な事象」アの(ケ)及び(シ)、イの(ア)

第１・２時	第３・４時
つかむ「出合う・問いをもつ」	調べる
〔第１時〕 ○黒船の来航で世の中はどのように変化したのだろう 【知①】 ・ペリーの来航と幕府の対応を調べ、200年以上続いた鎖国から開国に踏み切った理由や開国後の世の中の変化について話し合う。 **★外国との関わりなどに着目する。** 〔第２時〕 ○江戸から明治にかけて、どのように世の中は変わったのだろう 【主①】 ・江戸末期の日本橋の絵と明治初期の日本橋の絵を比べたり、その時期に活躍した人物年表を手掛かりにしたりして、学習問題をつくる。 **★時間の経過に伴う世の中の様子、人物の働きなどに着目する。** **【学習問題】** 維新の三傑らを中心に、20年間でどのように国は変わったのだろう。 ・予想や学習計画を立てる。 外国の文化を取り入れたのではないかなど。	〔第３時〕 ○幕府を倒した明治政府がどのような国づくりを目指したのか考えよう 【思①】 ・なぜ幕府が倒されたのか理由を調べる。 **★欧米の世界進出の広がりなどに着目する。** ・国の方針である五箇条の御誓文から明治の新政府がどのような国づくりを目指したのかについて予想する。 ・明治新政府がどのようなことに力を入れて国づくりを進めたのか話し合う。 **★政策のねらいなどに着目する。** 〔第４時〕 ○四民平等について調べ、明治政府がどのような国づくりを目指したのか考えよう 【知①】 ・江戸時代の身分制度と四民平等を比べながら表に整理する。 ・四民平等により人々の身分や生活がどのようになったのかについて話し合う。 **★世の中の様子などに着目する**

単元の内容

本単元では、黒船の来航、明治新政府による諸改革、文明開化など、幕末から明治の初めの世の中の様子や政治について学習する。「黒船の来航」では、米国艦隊の来航により日本が開国し、倒幕の契機となったことが、「明治の新政府による諸改革」では西郷、大久保、木戸らの働きで明治天皇を中心とした新政府がつくられ、五箇条の御誓文により、新政府の政治の方針が示されるなど近代国家としての政治や社会の仕組みが整ったことが、「文明開化」では欧米の文化が広く取り入れられ人々の生活が大きく変化したことが分かるようにする。

これらの学習を通して、明治政府の諸改革により近代国家としての新たな仕組みが整い、欧米の文化を取り入れて日本の近代化が進められたことが分かるようにすることがポイントである。

単元の評価

知識・技能	思考・判断・表現	主体的に学習に取り組む態度
①各種の資料から黒船の来航、四民平等、文明開化、士族の反乱を捉える上で必要となる事柄を読み取り、ペリーの来航をきっかけに開国し、世の中が激しく変化したことや江戸時代と比べ自由や権利がある程度認められたが差別が残ったこと、開国から明治の初めにかけて西洋の進んだ技術や制度、洋風の文化が流入し、文明開化と呼ばれる大きな変化が起こったこと、士族の反乱や西南戦争を経て言論の世の中へと変化したことなどを理解している。	①明治新政府が推し進めようとした諸改革の目的や目指す国づくりの方向について考え、言葉や文章で表現している。 ②これまで学習してきたことを関連付けたりまとめたりして、我が国の近代化の歩みを考え、言葉や文章で表現している。	①幕末から明治の初めの頃の政治の仕組みや世の中の様子について、予想や学習計画を立てたり学習を振り返ったりして学習問題を追究し、解決しようとしている。

【知】：知識・技能　【思】：思考・判断・表現　【主】：主体的に学習に取り組む態度　○：ねらい　・：学習活動　★：見方・考え方

第5・6時	第7時
「情報を集める・読み取る・考える・話し合う」	まとめる「整理する・生かす」
（第5時） ○文明開化により、人々の生活がどのように変化したのか考えよう。【知①】 ・文明開化により人々の生活が変化したことを調べる。 ・福沢諭吉の学問のすすめをもとに、江戸時代の考え方と比べる。 ・文明開化が進んだ理由や福沢諭吉の考え方が広まった理由を考え、人々にどのような影響を与えたか話し合う。 ★世の中の様子、人物の働きなどに着目する。 （第6時） ○新政府への不満が高まった理由を考えよう。【知①】 ・明治新政府による短期間の改革やそれによる社会の変化を想起させ、士族の反乱について調べる。 ・なぜ協力して新しい国づくりを進めてきた西郷と大久保が戦うことになったのかについて話し合う。 **★世の中の様子、人物の働きなどに着目する。**	（第7時） ○明治政府の政策により、日本はどのような国になったのか話し合おう。【思②】 ・明治新政府が行った政策がどのような影響を与えたのか政策カードを操作しながら考える。 ・国の方針を示した五箇条の御誓文を再度見直し、目指した国になっているかジャッジする。 **★政策と社会の様子を関連付ける** ・西南戦争が終わり、話合いをする世の中になったから、戦争で悲しむ人がいない国になっていく。 ・欧米から取り入れた技術と国民の努力でもっと発展する国になる。 **【学習のまとめの例】** ・富国強兵の政策で国は欧米の文化を取り入れながら、欧米に負けない国に近付いている。 ・この時代の物が今の時代にもたくさん残っているので、国が大きく発展した。 ・身分制度は改められたけど差別は残っていたから、希望をもてない人がいた。

問題解決的な学習展開の工夫

○問題意識を高める学習問題づくりの工夫

江戸末期と明治初期の世の中の様子を比べる際にたった20年間で大きく変化したことを捉えるために、1830年頃に描かれた東都名所駿河町之図を提示し、30年後の江戸末期とあまり変化していないことから20年間という時間が短期間であることをつかませ、世の中がどのように変わっていったのかという問題意識を高める。

○社会を見る目を養う学習活動の工夫

明治時代の国づくりを主権者の立場で見るようにする。五箇条の御誓文をマニフェストと捉え、目指した国に近付いているのか照らし合わせながらジャッジする。改めて政策のよさや課題に目を向けることができ、現代の政治を見る目が養われていく。

つかむ
情報を集める・読み取る
考える学び合う

黒船の来航で世の中はどのように変化したのだろう

本時の目標

黒船の来航と幕府の対応について調べ、ペリーの来航を契機に開国し、世の中が激しく変化したことを理解できるようにする。

本時の評価

・黒船の来航と幕府の対応について調べ、ペリーの来航を契機に開国し、世の中が激しく変化したことや外国との技術や力の差を知ることとなったことを理解している。【知①】

用意するもの

黒船来航の錦絵、大統領の親書、米、生糸の値段グラフ、条約内容と幕末年表

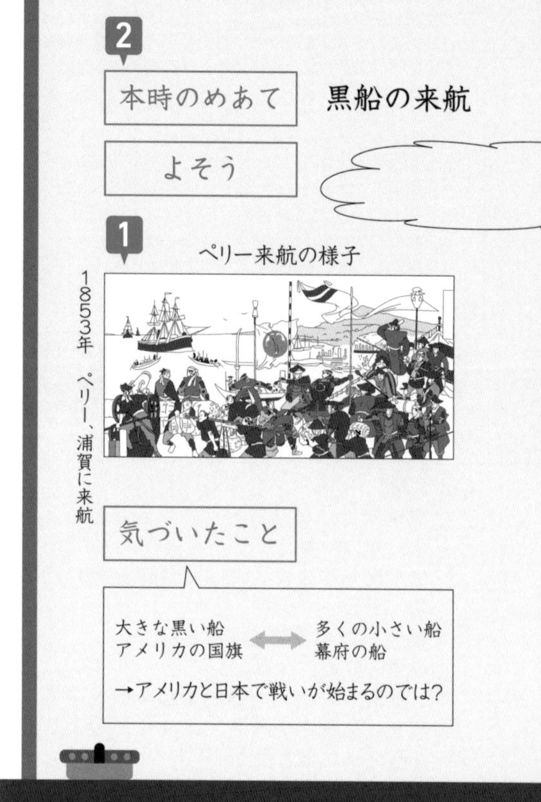

本時の展開 ▷▷▷

つかむ　出合う・問いをもつ

板書のポイント
黒船来航の拡大資料を提示することで、インパクトを与えるとともに、船の国旗や大きさなどに注目できるようにする。

T　この絵はどのような出来事を描いた絵でしょう。
＊資料「黒船来航の錦絵」を掲示する。　1
C　日本の海岸に大きな黒い船が来ているね。
C　黒い船に、小さな船が向かっているね。
C　日本の人は慌てているように見えるね。
C　黒い船には外国の旗が付いているよ。戦いに来たのかな。一体、日本に何をしにきたのかな。
＊本時のめあてを板書する。　2

調べる　情報を集める・読み取る・考える・話し合う

板書のポイント
ペリーの肖像画と幕府の位置を上下に示すことで、力関係を見えるようにし、幕府が対応に困っていたことを捉えやすくする。

T　ペリーが横浜の浦賀に来航しました。来航の目的がわかるところに線を引きましょう。
＊資料「大統領フィルモアの親書」を掲示する。　3
C　事故にあったら助けてほしい。など。
C　鎖国中の日本と貿易をしようとしている。
T　幕府はこのような行動を取りました。
「1年後に回答する。大名に意見を聞く。人々にも情報を知らせる。」
C　人々に意見を求めるほど困っていたんだ。

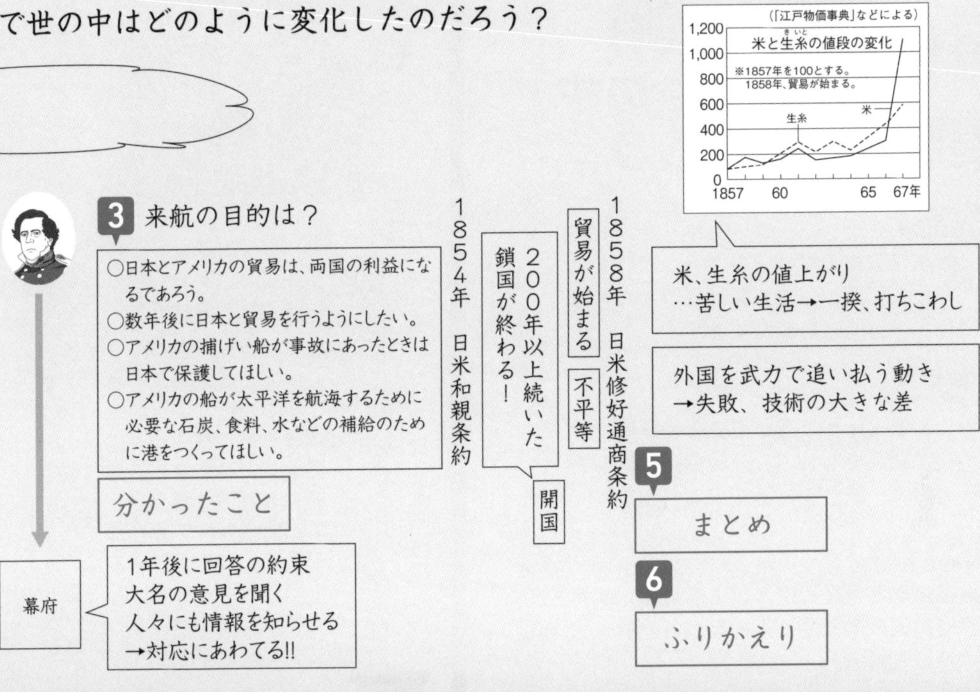

まとめる　整理する・生かす

板書のポイント

ペリー来航から世の中がどのように変化してきたのかを時間の経過に着目しながら捉えることができるように、年表型の板書にする。

T　ペリー来航をきっかけに開国した日本の世の中はどのように変化したのでしょう。

＊資料「米、生糸の値段の変化のグラフ」「条約の内容と幕末年表」を掲示する。 4

C　生糸や米が値上がり、苦しい生活を送ることで不満が高まり、一揆や打ちこわしも起きた。

C　武力で外国を追い払おうとしたけれど、失敗に終わり、力の差を思い知った。

T　学習のまとめと振り返りを書きましょう。

学習のまとめの例

・ペリーの来航がきっかけとなり、200年以上続いた鎖国が終わり、日本は開国し、貿易が始まった。
・開国したことにより、生活は苦しくなり、幕府に対して不満が高まった。
・開国をしたことで、外国との力の差や技術の差を感じることになった。 5

〈振り返りの例〉

・この後日本はどうしていくのか調べたい。
・外国との差をどのようにして縮めようとしていくのか知りたい。 6

つかむ
情報を集める・読み取る
考える学び合う

江戸から明治にかけて、どのように世の中は変わったのだろう

本時の目標

幕末と明治はじめの世の中の大きな変化を捉えさせ、変化の要因やこの時期に活躍した人物に目を向け、学習問題を設定する。

本時の評価

・世の中の様子を比べ、違いや変化の背景や要因について疑問をもち、この時期に活躍した人物への興味、関心を高めている【主①】

用意するもの

江戸時代末期と明治初期の日本橋の絵と東都名所駿河町の図、年表及び人物年表（西郷、大久保、木戸）、肖像画

2 本時のめあて　江戸から

江戸時代の日本橋

3 

あまり変化なし

30年間

6 よそう

・外国に負けない国づくりを進めたと思う。武力で追い払うことができなかったから。
・日本橋付近の様子が洋風に変わってきているから、外国の技術を取り入れたと思う。
・黒船が来た時にみんなに情報を公開していたから、みんなの意見を取り入れる国づくりを進めたのではないかな。

本時の展開 ▷▷▷

つかむ　出合う・問いをもつ

板書のポイント
日本橋の絵を並べて提示することで、比較しやすくし、変化を見つけやすくする。また、服装、建物などに整理しながら板書する。

T　2枚の絵を比べて気付いたことをノートに書きましょう。＊資料「日本橋の絵」 1
C　服装が和服から洋服に変わっている。
C　木造の建物がレンガつくりの建物になっている。
C　馬やかごに乗っていたのが、馬車や人力車に変わっている。
C　武士がいるけれど、刀を持っている人がいなくなっている。
＊本時のめあてを板書する。 2

調べる　情報を集める・読み取る・考える・話し合う

板書のポイント
資料を出す順番を工夫することで、世の中の変化に対する時間の経過の短さに驚きを抱かせられるようにする。

T　2枚の絵の間は20年間しか経っていません。さらにこの絵は江戸時代末期の30年前の様子です。
＊資料「東都名所駿河町之図」 3
C　20年間で大きく世の中が変化した。
T　20年間の中に何があったのか調べましょう。
＊資料「年表及び人物年表」「肖像画」 4
C　大政奉還、幕府が滅びている廃藩置県など。
C　20年間の変化は明治維新というのだね。
C　維新の三傑と呼ばれる人たちが活躍をした。

明治にかけて、どのように世の中は変わったのだろう？

江戸の終わりごろの日本橋

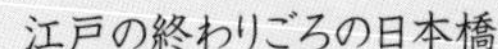

20年間

明治の初めごろの日本橋

1 気づいたこと

和風の建物
着物、ちょんまげ
馬、かご
武士、町人

5 話し合って考えたこと

【学習問題】
維新の三傑らを中心に、20年間でどのように国は変わったのだろう。

1 気づいたこと

洋風の建物
洋服、髪型
馬車、人力車
警察官

4

西郷隆盛

木戸孝允

大久保利通

維新の三傑

4 分かったこと

・大政奉還、江戸幕府ほろびる・明治維新
・廃藩置県、学制、徴兵令、地租改正、四民平等

まとめる 整理する・生かす

板書のポイント
矢印を用いることで、気付いたことと調べたこととを結び付けながら学習問題を考えることができるようにする。

T 気付いたことを発表し合い、学習問題をつくりましょう。 5

C 維新の三傑らはどのように国づくりをすすめたのだろう。

C どのような働きをしたのだろう。

C 外国に負けない国づくりをしたのかな。

C みんなの意見を取り入れる国づくりを進めたのではないかな。

学習のまとめの例

・外国に負けない国づくりを進めたと思う。なぜなら、武力で追い払うことができなかったから。
・強い軍隊をもとうとするのではないかな。外国は黒船のように強い軍隊をもっていたから。
・日本橋付近の様子が洋風に変わってきているから、外国の技術を取り入れたと思う。
・黒船が来た時にみんなに情報を公開したから、みんなの意見を取り入れる国づくりを進めたのではないかな。 6

調べる
情報を集める・読み取る
考える学び合う

幕府を倒した明治政府がどのような国づくりを目指したのか考えよう

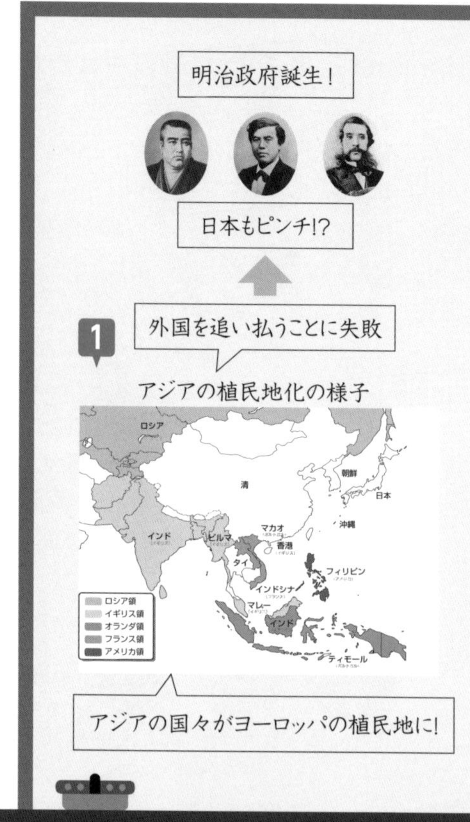

本時の目標

五箇条の御誓文や明治の諸改革について調べ、明治政府がどのような国づくりを目指していたのかを考え、表現できるようにする。

本時の評価

・明治新政府が推し進めようとした諸改革の目的や目指す国づくりの方向について考え、言葉や文章で表現している。【思①】

用意するもの

ヨーロッパ諸国のアジア植民地・五箇条の御誓文・地租改正、徴兵令、廃藩置県、殖産興業(主な内容)

本時の展開 ▷▷▷

つかむ　出合う・問いをもつ

板書のポイント
凡例項目を先に提示することで、ヨーロッパ諸国の勢力の広がりに着目できるようにし、驚きを共有しながら板書する。

T　この資料からどんなことが分かりますか。
＊資料「ヨーロッパ諸国のアジア植民地」を掲示する。 1
C　ヨーロッパの植民地になっている。
C　日本も植民地になるかもしれない。
T　江戸幕府は外国を追い払うことに失敗していましたね。そこで、江戸幕府を倒し、新しく国づくりを進めたのが明治政府です。
C　どのような国づくりをしたのかな。
＊本時のめあてを板書する。 2

調べる　情報を集める・読み取る・考える・話し合う

板書のポイント
「○○な国を目指した？」と板書することで、五箇条の御誓文から根拠のある予想を考えられるようにする。

T　国づくりの方針を示した資料があります。明治政府はどのような国を目指したのでしょう。
＊資料「五箇条の御誓文」 3
C　みんなという言葉がたくさんあるから、「まとまりのある国を目指した」と思う。
C　悪いしきたりはしないと書いてあるから、「平等な国を目指した」と思う。
C　世界に学ぶことで「外国に負けない国を目指した」と思う。

2 本時のめあて 明治政府はどのような国づくりをめざしたのだろう？

3 国づくりの方針

五箇条の御誓文
一 政治のことは、会議をひらき、みんなの意見を聞いて決めよう。
一 みんなが心を合わせ、国の政策を行おう。
一 みんなの志が、かなえられるようにしよう。
一 これまでのよくないしきたりを改めよう。
一 新しい知識を世界に学び、国を栄えさせよう。

よそう

○○な国を目指した？

外国に負けない国？
平等な国を目指した？
争いのない国？

何を大切にした？

廃藩置県

政府の政治を国全体で行えるようにした！

分かったこと

徴兵制

近代的な軍隊を作ることで外国に負けないようにした！

5 本時のまとめ

経済を発展させたり、強い軍隊をつくったりすることで外国に負けない1つにまとまった国を目指した！「富国強兵」

工業を発展させることで、日本を豊かな国にしようとした！

殖産興業

国の収入を安定させることで豊かな国にしようとした！

地租改正

まとめる 整理する・生かす

板書のポイント

「政府が最も大切にした政策は何か」と問うことで、諸改革のねらいを見いだし、キーワードを基に目指した国づくりの姿を板書する。

T 政府はどの政策を最も大切にしたのでしょう。 4

C 経済を豊かにすることがまず大切かな。

C 政治を全体で行えるようなしくみにしたから廃藩置県だと思う。

C 外国に武力で負けないことが大切だと思うから徴兵令じゃないかな。など

T つまり、どのような国を目指したと言えますか。

C 経済を発展させ、外国に負けない強い国。

学習のまとめの例

・経済を発展させたり、強い軍隊をつくったりすることで外国に負けない1つにまとまった国を目指した。 5

〈振り返りの例〉

・それぞれの政策によって、日本がどのように変化していくのかが楽しみになった。

・当時の人はどのような思いだったのかな。

・関係がないと思っていた政策も結び付きがあることがわかった。

調べる
情報を集める・読み取る
考える学び合う

四民平等について調べ、明治政府がどのような国づくりを目指したのか考えよう

本時の目標

明治の新しい世の中になり、江戸時代の身分制度がどのように改められたのかを調べ、四民平等による世の中の変化を捉えさせる。

本時の評価

・各種の資料から四民平等の政策や世の中の変化を捉える上で必要となる事柄を読み取り、自由や権利がある程度認められたが差別がなくなることはなかったことを理解している。【知①】

用意するもの

四民平等の絵、江戸時代、明治時代の人口の割合

本時の展開 ▷▷▷

つかむ　出合う・問いをもつ

板書のポイント

初めにイラストを用いることで、興味を惹き付け、絵を手掛かりにめあてにつながるように発言を板書する。

T　この絵は一体何を表した絵でしょう。
＊資料「四民平等の絵」 1

C　いろいろな服を着た人がいる。いろいろな身分を表しているのかな。

C　天秤がつり合っているから平等になったのかな。

T　年表で調べてみましょう。

C　四民平等と書いてあるね。

＊本時のめあてを板書する。 2

調べる　情報を集める・読み取る・考える・話し合う

板書のポイント

江戸時代の身分制度と比較し、どのように変わったのかを予想と照らし合わせながら整理して板書する。

T　四民平等になり、身分や生活はどのように変わったのでしょうか。＊資料「四民平等」

C　江戸時代とはちがって自由が増えている。 3

C　平等な世の中になっている気がする。

C　自由にし国民を１つにまとめた。

T　本当に平等な世になったのでしょうか。
＊資料「江戸時代、明治時代の人口の割合」 4

C　新しい身分がある。

T　江戸時代の差別はまだ続いていました。

2 **本時のめあて** 四民平等になり、世の中はどのように変わったのだろう？

3

江戸	時代	明治
武士、農民、町人、身分上きびしく差別された人々	身分	華族、士族、平民
武士のみ	名字	国民全員
生まれたときから決まっている、変えられない	職業	自由に選べる
同じ身分同士	結婚	自由
武士のみ	帯刀	禁止
変えられない	住むところ	自由

江戸時代の身分ごとの人口の割合

「江戸時代の人口の割合」

えた・ひにん 約1.5%
町人 約5%
公家、神官、僧侶、その他 約1.5%
武士 約7%
総人口 約3200万人（推定値）
百姓 約85%

（「近世日本の人口構造」）

4 **分かったこと**

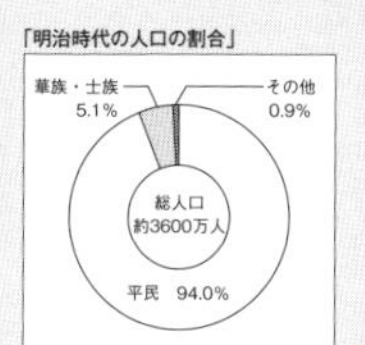

明治5年の人口の割合

「明治時代の人口の割合」

華族・士族 5.1%
その他 0.9%
総人口 約3600万人
平民 94.0%

「日本資本主義社会の機構」より

5 **話し合って考えたこと**

明治政府が目指した国は？？

四民平等にして、自由にしたことで、国民が１つにまとまった国づくりをしようとしたのでは！？

6 **まとめ**

江戸時代と比べて、いろいろな自由や権利を認められたことはよかったが、差別は残っており、なくしていかなければいけない。

7 **ふりかえり**

まとめる 整理する・生かす

板書のポイント

話し合い活動の視点がもてるように、四民平等のよかった点とよくなかった点とを上段と下段に分けて板書する。

T　四民平等になって世の中はどのように変わったのか話し合いましょう。 5

C　これまで認められなかった権利が認められるようになったことはよかった。

C　権利があっても政府がその後、何もしてくれないと不満がたまるだろうな。

C　自由を認めらたことは大きく前進したと思う。

T　話し合いをもとにまとめと振り返りをしましょう。

学習のまとめの例

・四民平等にして、自由にしたことで、国民が１つにまとまった国づくりをしようとした。

・江戸時代と比べて、自由や権利を認められたが、差別がなくなることはなかった。 6

〈振り返りの例〉

・当時の人々から不満が出なかったのか疑問に残った。

・平等な国づくりまであと少しのところまできているように思う。でも、差別をなくさないといけない。 7

調べる
情報を集める・読み取る
考える学び合う

文明開化により、人々の生活はどのように変化したのか考えよう

本時の目標

明治維新後の世の中の様子がどのように変化したのかを調べ、文明開化について理解できるようにする。

本時の評価

・開国から明治の初期にかけて西洋の進んだ技術や制度、洋風の文化が流入し、文明開化とよばれる変化が起こったことを理解している。【知①】

用意するもの

明治はじめて年表、絵の資料、１万円札、学問のすすめ、福沢人物年表

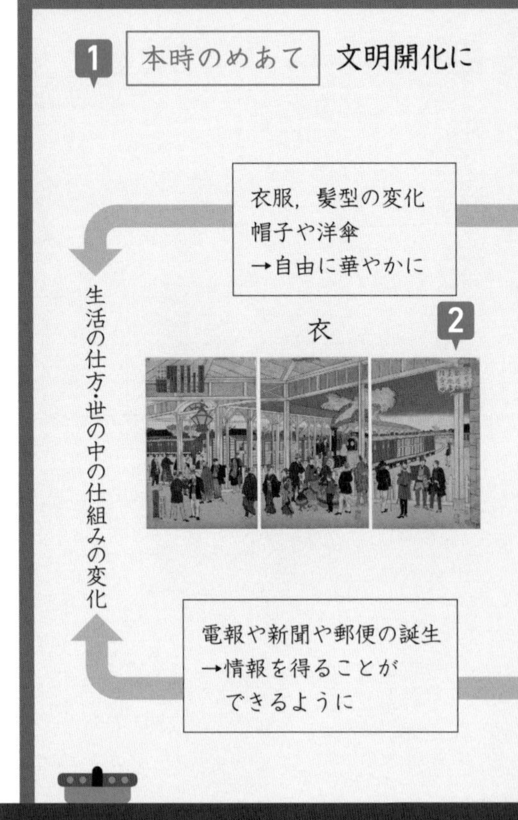

本時の展開 ▷▷▷

つかむ　出合う・問いをもつ

板書のポイント
銀座の絵画資料は拡大したものを黒板に提示し、子供にも一人ずつに配付し、世の中の変化をたくさん見つけることができるようにする。

T　文明開化っていう言葉を知っていますか。
C　辞書で調べると…
T　文明開化によって人々の生活はどのように変わっていったのでしょう。
＊本時のめあてを板書する。　1
＊資料「絵の資料」「明治はじめて年表」　2
C　服装や髪型が洋風になり、自由で華やか。
C　食べるものが洋風になっている。ガス灯やランプで生活が快適になっている。

調べる　情報を集める・読み取る・考える・話し合う

板書のポイント
衣食住の視点、交通・通信・制度の視点で板書し、生活の仕方の変化と世の中の仕組みが大きく変わったことを捉えられるようにする。

T　交通、通信、制度などの仕組みはどのように変わっていますか。　3
C　電報や新聞や郵便が誕生して、情報を得ることができるようになっている。
C　人力車、馬車、鉄道が誕生して、交通が発展、移動が便利になった。
C　学制で６歳以上の男女が教育を受けるようになっている。
C　生活の仕方、仕組みが大きく変化した。

よって人々の生活はどのように変わったのだろう? 4

分かったこと

食生活の変化
牛鍋やアンパンなど

ランプやガス灯,
洋風の建物
→快適な生活

住

食(牛鍋)

『安愚楽鍋』

※教科書や資料集から拡大掲示

明治はじめて年表 3

年	主なできごと
1869 (明治2)	パンがつくられる 公衆電報が始まる(東京・横浜間)
1870	人力車の営業開始 日刊新聞の発行
1871	郵便ポストが設置される
1872	鉄道が開通する(新橋・横浜間) ガス灯がつく(横浜) 太陽暦を取り入れる
1873	野球が紹介される
1877	銀座にレンガ街が完成する(東京)

人力車, 馬車,
鉄道の誕生
→交通が発展,
移動が便利に

学制
→6歳以上の男女が
教育を受けるように

文明開化

福沢諭吉
人物年表

10人に1人が読んだ大ベストセラー!!
そこには何が!?

4

天は
人の上に人をつくらず
人の下に人をつくらず

学問のすすめ

自由, 平等, 国民1人1人の自立,
学ぶことの大切さ

人々の考え方・価値観の変化

6 まとめ

文明開化によって生活の仕方や世の中の仕組みが変化し, 快適な生活, 便利な生活ができるようになってきた。また, 福沢諭吉の考え方も受け入れられ, 考え方も大きく変化した。

まとめる　整理する・生かす

板書のポイント

中央の文明開化から矢印を両端に伸ばすことで、文明開化がもたらした世の中への影響力の大きさを捉えられるようにする。

T　大きく変わったのは生活の仕方や世の中の仕組みだけでしょうか。

＊資料「1万円札」「福沢諭吉の肖像画」「人物年表」 4

当時の大ベストセラー本があります。そこには何が書かれているのでしょうか。

＊資料「学問のすすめ」 5

C　学ぶことの大切さ。自由や平等。国民一人一人の自立。

C　考え方や価値観が変化してきた。

学習のまとめの例

- 生活の仕方や世の中の仕組みが変化し、快適な生活、便利な生活ができるようになってきた。
- 福沢諭吉の考え方も受け入れられ、学ぶこと、自立、自由が大切だという考え方が広まった。
- 文明開化によって、生活の仕方や世の中の仕組みだけではなく、価値観や考え方までも変わった。 6

調べる
情報を集める・読み取る
考える学び合う

新政府への不満が高まった理由を考えよう

本時の目標

政府の政策に不満をもつ士族たちがとった行動について調べ、その後の世の中の変化について理解できるようにする。

本時の評価

・士族の反乱や西南戦争について調べ、朝鮮への対外政策をめぐり西郷が大久保と対立し、西南戦争の結果、言論の世へと変わっていったことを理解している。【知①】

用意するもの

士族の反乱、征韓論、西南戦争の絵

3 本時のめあて どうして、

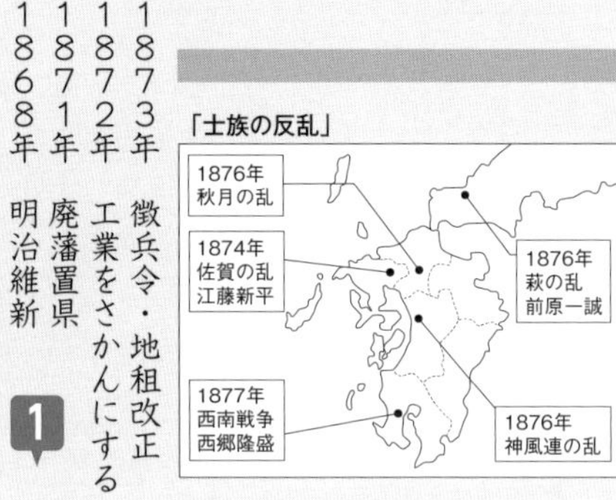

2 気づいたこと

・士族が反乱を起こしている。
・西日本で起こしている。
・政策に不満があったのかな？？

本時の展開 ▷▷▷

つかむ 出合う・問いをもつ

板書のポイント

年表型の板書の構造にすることで、士族の反乱が起こるまでの時代背景を捉えられるようにする。

T　明治維新でどんな改革が行われてきましたか。 1

C　廃藩置県、殖産興業など。

T　ちょうどその頃に次のような出来事が起こってきました。＊資料「士族の反乱」 2

C　徴兵令で士族も活躍の場があったと思うけれど反乱が起きている。不満があったのかな。

C　政府の中心人物も反乱を起こしている。

＊本時のめあてを板書する。 3

調べる 情報を集める・読み取る・考える・話し合う

板書のポイント

肖像画を上下に配置することで、２人が争っていたことを視覚的に分かるようにし、矢印で西南戦争に至るまでの流れを示すようにする。

T　どうして争うことになったのか調べましょう。＊資料「征韓論」 4

調べて分かったことを基に話し合いましょう。

C　大久保は外国を見て、近代化の必要性を感じていた。国を守るためには、国づくりを進めるべきだと考えていた。

C　西郷は急激な改革に対する士族の不満が高まっていることもあり、朝鮮を武力で開国させようとしていた。

協力して新しい国づくりを進めてきた西郷と大久保が戦うことになったのだろう？

大久保利通

国内を充実
日本の国を守るためには、国づくりをすすめるべきだ！

4 分かったこと

VS

海外進出
朝鮮を、武力をもってでも開国させるべきだ！

西郷隆盛

意見が対立し、政府を去る！！

1877年 西南戦争

徴兵令によって集められた最新兵器をもつ政府軍　勝利

「西南戦争起きる！」

士族からなる西郷軍　敗北

言論で主張する世の中へ

5 6 本時のまとめ　ふりかえり

西郷隆盛は朝鮮に出兵し、国内をまとめようとした。一方で大久保は政治の制度を整え、国内の産業を優先すべきだと主張した。2人は対立し、不満をもつ西日本の士族たちとともに反乱を起こし、政府軍に敗れた。

まとめる 整理する・生かす

板書のポイント
次単元へのつながりを意識し、西南戦争の結果を受けて、武力による反乱がなくなり、言論の世の中へと移っていくことを板書する。

T　対立が深まった結果、西南戦争が起きました。何が原因で西南戦争が起こり、どのような結果になったのか、まとめましょう。 5

C　西郷隆盛は朝鮮を開国させることを通して、国内をまとめようとしたが、政府軍に敗れ、武力から言論の世へと変わっていた。

C　2人とも国のことを考えていたけれど、外国に進出するか、国づくりを進めるべきかでもめ、西南戦争へと発展した。政府軍の強さを知る結果となった。

学習のまとめの例

・西郷は朝鮮に出兵することを、大久保は政治の制度を整えることを主張したが、対立し、西南戦争になった。
・明治政府の政策に対する不満が高まった士族たちが反乱を起こしたが、政府軍に敗れ、政府軍の強さを知った。

〈振り返りの例〉
・国のことを考えていたからこそ争っていたから、残念な気持ちになった。他の方法はなかったのだろうか。 6

まとめる
情報を集める・読み取る
考える学び合う

明治政府の政策により、日本はどのような国になったのか話し合おう

本時の目標

明治政府の政策により、日本がどのような国に生まれ変わったのかを考え、表現できるようにする。

本時の評価

・これまで学習してきたことを関連付けたりまとめたりして我が国の近代化への歩みを考え、言葉や文章で表現している。【思②】

用意するもの

政策カード、維新の三権、福沢諭吉の肖像画、五箇条の御誓文

1 本時のめあて 明治政府の

明治政府

政府の政治が国全体で行える

自由になった部分も差別は残る

廃藩置県 ― まとまり ― 四民平等

徴兵令

強い国

近代的発展

外国に負けない近代的な軍隊

殖産興業 ― 豊かに ― 地租改正

工業をさかんに経済を発展

収入の安定

本時の展開 ▷▷▷

つかむ 出合う・問いをもつ

板書のポイント

政策カードを操作し、どのような国になったかを振り返らせ、子供の発言をキーワードでつなぐことで政策の関連性を見いだせるようにする。

T　これまでの学習を振り返り、どのような国になったか話し合いましょう。

＊資料「政策カード」「肖像画」

＊本時のめあてを板書する。 1

C　殖産興業と地租改正で日本の国を豊かにし強い国にしようとした。 2

C　強い国にするために、文明開化は必要だった。そのおかげで近代的になった。など

調べる 情報を集める・読み取る・考える・話し合う

板書のポイント

導いたキーワードをもとに、明治政府が目指した国になっているか、五箇条の御誓文と照らし合わせながらジャッジ理由を板書する。

T　政府のマニフェストにあたる五箇条の御誓文と比べ、ジャッジしてみましょう。 3

C　よかった点

世界に学び文明開化が起こり、日本は発展し、成長した。廃藩置県や殖産興業などみんなで国づくりを進めたように思う。など

C　改善点

四民平等で自由になっているようだが、差別が残っているので、よくないしきたりが残っている。など

政策によって、日本はどのような国になり、今後どうなるのだろう？

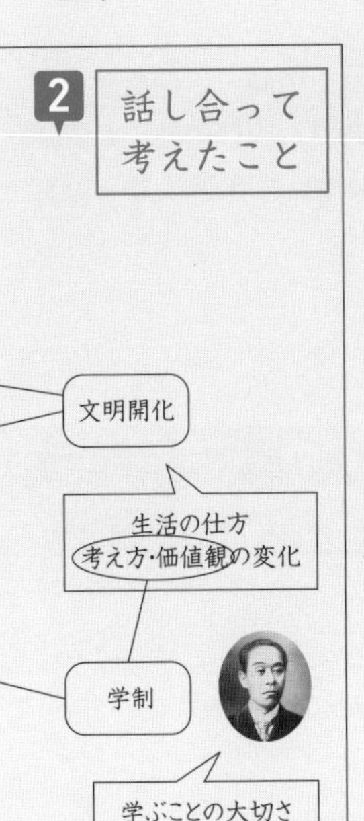

3 話し合って考えたこと

・文明開化などにつながり、国が発展した。
・学生など新しい制度で、志をもてるようになった。
・まとまりが出てきたから、みんなで国づくりを進めている。など

五箇条の御誓文
一　政治のことは、会議をひらき、みんなの意見を聞いて決めよう。
一　みんなが心を合わせ、国の政策を行おう。
一　みんなの志が、かなえられるようにしよう。
一　これまでのよくないしきたりを改めよう。
一　新しい知識を世界に学び、国を栄えさせよう。

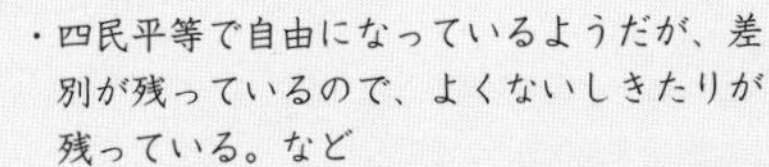

・四民平等で自由になっているようだが、差別が残っているので、よくないしきたりが残っている。など

【学習問題】
維新の三傑らを中心に、20年間でどのように国を変えたのだろう

【学習のまとめ】
外国に負けないように世界に学び、近代的な国になった。江戸時代と比べて、自由や平等な世の中になってはいるが、差別が残るなど、よくないことが残っている。

まとめる　整理する・生かす

板書のポイント
ジャッジしたことを基に、今後の国の未来を予想させ、次単元へとつながるようにする。

T　新たな国づくりを進めてきましたが、今後どのような国になるでしょう。 4

C　学ぶことや自立を大切にするようになってきているから、国民がもっと政治に参加する平和な国や差別のない国になると思う。

C　軍隊が強くなっているからこそ、外国と争いが増えるのではないかな。

C　近代的になっているから、地租改正などで苦しんでいる人が楽になる国になってほしい。など

学習のまとめの例

・外国に負けないように世界に学び、近代的な国になった。江戸時代と比べて、自由や平等な世の中になってはいるが、差別が残るなど、よくないことが残っている。次の時代にはなくなってほしいと思うし、なくしていかなくてはいけない課題だと思う。
・これまでの時代と比べて、まとまりのある国になってきている。国づくりを進める中で犠牲を出しながら武力から言論の世になっていくとあったから、話し合いがたくさんされる国になり、現代に近づくのではないかと思う。

10 （9時間）条約改正と国力の充実

単元の目標

大日本帝国憲法の発布、日清・日露の戦争、条約改正、科学の発展などについて調べ、明治政府の意図や世の中の様子の変化を考え、表現することを通して、我が国の国力が充実し国際的地位が向上したことを理解できるようにするとともに、条約改正の努力と国力の充実について学習問題を追究し、解決しようとする態度を育てる。

学習指導要領との関連

内容(2)「我が国の歴史上の主な事象」ア の(コ)及び(シ)、イの(ア)

第1時	第2～4時
つかむ「出合う・問いをもつ」	調べる
〔第1時〕 ○条約改正について問題を見いだし、予想を出し合おう。【思①・主①】 ・「ノルマントン号事件の風刺画」を見て、気付いたことを話し合う。 ・不平等条約の内容を調べるとともに、これまでの政策を振り返る。 **★欧米諸国との関わりに着目する** **【学習問題】** 日本は、条約改正を目指して、どのような努力をしたのだろう。また、日本と世界の国々との関係や国民の生活に、どのような変化があったのだろう。 〈予想や学習計画〉 ・殖産興業の政策の結果、工場が増え、生産性が高まったのではないか。 ・憲法をつくることにしたのではないか。 ・国民の生活も、向上したのではないか。	〔第2時〕 ○自由民権運動の進展について調べて考えよう。【知①】 ・西南戦争と自由民権運動の資料を基に、自由民権運動の進展について調べる。 **★世の中の様子に着目する。** 〔第3時〕 ○憲法制定に向けた人々の努力を調べよう。【知①】 ・伊藤博文の働きなどを基に、大日本帝国憲法の特徴について調べる。 **★人物の働きに着目する。** 〔第4時〕 ○国会がどのように開かれたのか調べよう。【知①】 ・明治政府発足後約20年で憲法が制定されたことについて理解する。 ・ここまでの学習を振り返り、条約改正につながるかどうかについて考える。

単元の内容

本単元では、大日本帝国憲法の発布、日清・日露の戦争、条約改正、科学の発展などを取り上げ、我が国の国力が充実し国際的地位が向上したことを学習する。

実際の指導では、まず、「ノルマントン号事件の風刺画」を手掛かりに、不平等条約の影響や条約改正を巡る日本と世界との関係や明治政府が抱える課題を捉える。

次に、大日本帝国憲法発布による立憲国家の成立、日清・日露戦争の勝利などにより、条約改正に成功し、科学の発展もあり、国際的地位が向上したことを考える。さらに、官営八幡製鉄所に代表される産業の発展や、自由民権運動の進展などから、世の中の様子の変化について考える。

単元の評価

知識・技能	思考・判断・表現	主体的に学習に取り組む態度
①各種の資料から自由民権運動や大日本帝国憲法の発布、国会の開設などを捉える上で必要となる事柄を読み取り、当時の人々の努力により近代国家のしくみが整えられたことを理解している。 ②各種の資料から工業の発展や外交、日清・日露戦争、科学の発展などを捉える上で必要となる事柄を読み取り、工業の発展、二つの戦争の勝利、科学の発展などにより日本の力が世界に認められ、条約改正を果たすなど、国際的地位が向上したことを理解している。	①条約改正の努力や国力の充実について問いを見いだし、人々の努力を考え、表現している。 ②これまでの学習を振り返り、近代国家のしくみを整え、国力の充実に努めた結果、日本の国際的地位が向上したことなど、学習問題に対する自分の考えを言葉や文章で適切に表現している。	①条約改正の努力や国力の充実について、予想や学習計画を立てたり、学習を振り返ったりして、学習問題を追究し、解決しようとしている。

【知】：知識・技能　【思】：思考・判断・表現　【主】：主体的に学習に取り組む態度　○：ねらい　・：学習活動　★：見方・考え方

第5～8時	第9時
「情報を集める・読み取る・考える・話し合う」	まとめる「整理する・生かす」
（第5時） ○日本がどのような国づくりを目指したのか調べよう。【知②】 ・工場に関する写真やグラフを基に、産業の発展や陸奥の条約改正について調べる。 **★世の中の様子に着目する。** （第6時） ○日清・日露戦争について調べよう。【知②】 ・教科書の本文や資料を見て、日清・日露戦争の様子や結果を読み取る。 **★領土の範囲の広がり等に着目する。** （第7時） ○条約改正や科学の発展について調べよう。【知②】 ・韓国併合や条約改正について調べる。 **★人物の働きに着目する。** （第8時） ○日本の近代化にともなう、世の中の動きを調べよう。【知②】 ・人々の生活や社会の変化について調べる。	（第9時） ○学習問題に対する自分の考えをまとめよう。【思②】 ・人物カードに業績や意義をまとめ、国力の充実との関係について考える。 ・国際的地位が向上したことについて、自分の考えをまとめる。 **【学習のまとめの例】** ・伊藤博文らが大日本帝国憲法をつくり、国会を開設して、天皇中心の国づくりを進めた。 ・日清戦争、日露戦争の勝利、韓国併合等によって日本の力が認められて条約改正を果たしたが、中国や朝鮮を軽視した。 ・科学の発展によって日本の研究が認められ、国際的地位が向上した。 ・産業の発展によって生活が豊かになったが、社会問題も起きた。民主主義や権利の意識が高まった。

問題解決的な学習展開の工夫

前小単元で学習した、富国強兵や殖産興業といった新政府の方針を想起させ、欧米諸国と対等な関係になるために「どのように国力を充実させたか」「どのような人物が活躍したのか」といった問いをもつことができるようにすることが考えられる。

調べるに当たっては、日本の領土の変化を歴史的事象と関連付けて考えたり、人物の業績と国力の充実を関連付けて考えたりすることで、明治政府の意図を考えることが大切である。また、科学の発展や生活の向上、民主主義や人権意識の高まりといった国内の様子の変化についても、国力の充実と関連付けて捉えていく。

その上で、学習したことを人物カードや年表に整理し、国際的地位の向上について、自分の考えをまとめることができるようにする。

問題をつかむ
読み取る・話し合う

条約改正について問題を見いだし予想を出し合おう

本時の目標

ノルマントン号事件の風刺絵や年表を読み取る活動を通して、幕末に結ばれた不平等条約の改正や日本の発展について関心を高めるようにする。

本時の評価

・条約改正の努力と国家の充実について、人々の努力を考え、表現している。【思①】
・幕末に結ばれた不平等条約について関心をもち条約の改正や日本の発展について学習の見通しをもっている。【主①】

用意するもの

ノルマントン号事件の風刺絵、年表

1
ノルマントン号事件

気づいたこと

・日本人は助けられていない。
・イギリス人は、助けようともしていない。

ぎもん

・どうして、このような事件が起こったのだろう？
・富国強兵ではなかったの？

本時の展開 ▷▷▷

つかむ　出合う・問いをもつ

板書のポイント
大きな写真資料を提示して、気付いたことや思ったことを自由に発言させ、問題意識を醸成し、本時の問いにつなげる。

T　資料を見て、気付いたことを発表しましょう。 1
C　イギリス人は、自分たちだけ助かってずるい。
C　助けなかったのに、軽い罰だけとはおかしい。
T　なぜ、このような事件が起こったのでしょう。
C　明治維新で近代化をしてきたはずなのに。
T　今日はこのことについて調べて考えましょう。
＊本時のめあてを板書する。 2
T　どんなことを予想しますか。
C　まだ、足りないところがあったのかな。

調べる　情報を集める・読み取る・考える・話し合う

板書のポイント
年表や明治政府の取組が分かる資料を提示する。不平等条約を改正することに焦点を当てて、学習問題につながるように板書する。

T　不平等条約は、どのようなものでしょう。
C　日本に領事裁判権を認めた
C　日本に関税自主権がない 4
T　この状況を、どうしたいと考えますか？
C　なんとか条約を改正したい
T　明治政府はどのような取組をしましたか。
＊「年表」を掲示する。 3
C　岩倉使節団を派遣し、欧米から学んだ。
C　「富国強兵」「殖産興業」を目指した。
C　鹿鳴館で近代化をアピールした。

2 本時のめあて なぜ、明治政府が近代化を進めたのに、ノルマントン号事件が起きたのか。

3

年	表
1858	日米修好通商条約を結ぶ
1868	明治維新
1871	岩倉使節団を派遣する。
1874	自由民権運動が始まる
1877	西南戦争
1883	鹿鳴館
1886	ノルマントン号事件
1889	大日本帝国憲法

4 分かったこと

不平等な条約

・領事裁判権を認めた
→日本の法律で裁けない

・関税自主権がない
→税金を自由に決められない

5 ぎもん

・条約を改正するには？
・もっと世界に認められるには？
・日本の近代化は成功したのかな？

【学習問題】
日本は、条約改正を目指して、どのような努力をしたのだろう。また、日本と世界の国々との関係や国民の生活に、どのような変化があったのだろう。

6 よそう

・富国強兵を示していったのかな？
・殖産興業で工場を多く造ったのかな？
・国民の生活は豊かになったと思う。

まとめる 整理する・生かす

板書のポイント
疑問をもとに学習問題をつくる。また、既習をもとに予想を考え、学習の見通しがもてるようにする。

T 学習問題をつくりましょう。 5
C 条約改正をするには、どうしたのかな？
C 世界との関係を変えていったのかな？
C 国民の生活に、変化はあったのかな？
T 学習問題に対する予想を発表しましょう。 6
C 富国強兵のもと、強さを示したのでは？
C 殖産興業のもと、工場を造ったのでは？
C 憲法をつくって、国のしくみを整えた？
C 近代化で、国民生活は豊かになった？

学習のまとめの例

・不平等条約が改正されていないことが問題だった。「富国強兵」を示す必要があるのではないか。
・まだまだ欧米諸国とは力の差があったと思う。「殖産興業」として工場をたくさん造ったのかもしれない。
・憲法を制定して、国のしくみを整えたのではないか。
・国民生活は、近代化に伴って豊かになっていったと思う。

調べる
情報を集める・読み取る
考える学び合う

自由民権運動の進展について調べて考えよう

本時の目標

岩倉使節団の目的を振り返り、国内の人々の行動を調べることを通して、自由民権運動について理解できるようにする。

本時の評価

・岩倉使節団の目的を振り返り、国内の人々の行動を調べることを通して、自由民権運動について理解している。【知①】

用意するもの

岩倉使節団の写真、西南戦争の絵図、自由民権運動の演説会の絵図

1

岩倉具視を団長とする使節団

気づいたこと

・岩倉はまげを結っている。
・木戸や大久保など、明治維新を進めた人がいる。

↓

・憲法がなく、条約改正交渉ができなかった。
・西洋文明という目標
○国づくりを進める必要性

本時の展開 ▷▷▷

つかむ　出合う・問いをもつ

板書のポイント

岩倉使節団の写真から、既習を振り返るとともに、西南戦争や自由民権運動の演説会のようすから、本時の問いにつなげる。

T　岩倉使節団の目的は何だったでしょう。 1
C　西洋の文化を見てくる。
C　条約改正のための交渉。
T　憲法のない日本は、国づくりを進める必要があった。当時の人々はどう思っていたでしょう。
C　戦争をしている。不満があったのかな。
C　何かを訴えているようだね。
＊本時のめあてを板書する。 2

調べる　情報を集める・読み取る・考える・話し合う

板書のポイント

西南戦争と自由民権運動の資料が対応するようにまとめ、武力から言論による政治参加へという流れが分かるように板書する。

T　２つの出来事は、どういうことだったのか調べましょう。 3
T　西南戦争は、どのような戦争でしょうか。
C　士族の不満による反乱で、西郷が指導者。
C　政府軍が勝利し、武力での訴えは限界。
T　自由民権運動とは、何でしょうか。 3
C　人々の政治参加を、板垣が訴えた。
C　国会を開くことを要求した。

2 本時のめあて　明治政府の改革に対して、人々はどのような思いをもっていたのだろう。

よそう
・近代化による豊かなくらしを期待していたのではないかな？
・急激な変化で不満をもっていた人もいるのではないかな？

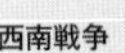
西南戦争

3 自由民権運動の演説会

4 分かったこと

・改革に不満をもつ士族
・西郷隆盛が指導者
・政府軍が勝利
↓
武力による反乱　×

・板垣退助が中心
・国会を開くことを求める
・国民の自由と参政権を求める
→国会を開くことを約束
・板垣、大隈、政党をつくる

5 本時のまとめ

・西南戦争　・自由民権運動　・国会　・政党

まとめる　整理する・生かす

板書のポイント
板垣が、どのようなことを訴えているか、セリフを書かせることで学習のまとめにつなげるとともに、次時への見通しをもてるようにする。

T　板垣は、どのように訴えたのでしょうか。 **4**
C　国会を開いて、みんなの意見を聞け。
C　いろいろな人が政治参加すべき。
C　人々の自由を保障しろ。
T　今日のめあてを見て、黒板に書かれている言葉を使い、自分のまとめをしましょう。**5**
C　西南戦争は、武力で訴える限界を示し、板垣の自由民権運動の広がりによって国会が開かれることにつながった。

学習のまとめの例

・不満をもっていた人々は、武力から、板垣の自由民権運動の広がりによって、言論で訴えるようになった。
・様々な人の意見を反映できるよう、板垣の働きによって、国会が開かれることにつながった。

調べる
情報を集める・読み取る
考える学び合う

憲法制定に向けた人々の努力を調べよう

本時の目標

大日本帝国憲法や五日市憲法、日本国憲法を比べることを通して、大日本帝国憲法の特徴について理解できるようにする。

本時の評価

・日本国憲法との比較を通して主権が天皇にあることなど大日本帝国憲法の特徴について理解している。【知①】

用意するもの

大日本帝国憲法の発布の絵図、大日本帝国憲法の資料、五日市憲法の資料、日本国憲法の資料

1 大日本帝国憲法の発布式

気づいたこと

・豪華な建物だ
・みんな礼をしている。
・真ん中の人は天皇かな。

明治天皇

伊藤博文

本時の展開 ▷▷▷

つかむ 出合う・問いをもつ

板書のポイント

大きな写真資料を提示して、気付いたことを発言させる中から、明治天皇に着目させて、本時の問いにつなげる。

T　資料を見て、気付くことはありますか。 1

C　豪華な建物だ。

C　みんな礼をしている。

C　真ん中の人が一番偉そう。天皇かな。

T　今日はこのことについて調べて考えましょう。

＊本時のめあてを板書する。 2

T　どんなことが予想できますか？

C　天皇のような偉い人が中心なのかな。

C　国民が政治参加できるようになった。

調べる 情報を集める・読み取る・考える・話し合う

板書のポイント

五日市憲法や既習事項を生かして日本国憲法と比べることで、大日本帝国憲法の特徴を理解できるようにする。

T　資料を基に調べてみましょう。

＊資料「大日本帝国憲法」（抜粋） 3

＊資料「五日市憲法」（抜粋）

＊資料「日本国憲法」（抜粋）

T　どんなことが分かりますか。

C　伊藤博文を中心に作成された。

C　天皇の権限が強い。

C　市民の憲法草案も作られた。

C　今の日本国憲法とは違う。

2 本時のめあて　大日本帝国憲法とは、どのような憲法なのだろう。

よそう
・天皇のような偉い人が中心なのではないかな？
・国民の自由や政治参加のできる憲法ではないかな？

3

大日本帝国憲法	五日市憲法	日本国憲法
・天皇が…… ・天皇が……	・日本国民は…… ・日本国民は……	・天皇は、日本国の象徴……

分かったこと

伊藤博文を中心に作成 天皇の権限が強い 国民の権利も認める	市民の憲法案もあった 国民の権利を追求	現在は象徴天皇 国民主権

4 話し合って考えたこと
・主権が天皇にある憲法
・天皇中心の国づくり
・言論の自由など、国民の考えを聞く姿勢

5 本時のまとめ
・伊藤博文を中心につくった大日本帝国憲法は、天皇の権限が強い憲法だったが、国民の権利も一部あった。

まとめる　整理する・生かす

板書のポイント
話し合ったことを基にまとめが書けるように、キーワードを板書する。

T　大日本帝国憲法は、どのような憲法だと言えるでしょうか。 4
C　三権分立とは違い、天皇に大きな権限がある。
C　一部の国民にしか選挙権がない。
C　憲法の制定で国のしくみが整った。 4
T　今日のめあてを見て、黒板に書かれている言葉を使い、自分のまとめをしましょう。
C　伊藤博文を中心につくった大日本帝国憲法は、天皇の権限が強い憲法だった。

学習のまとめの例

・伊藤博文を中心につくった大日本帝国憲法は、天皇の権限が強い憲法だったが、国民の権利も一部あった。
・大日本帝国憲法は天皇の権力が強かったが、これにより政府発足20年ほどで国のしくみが整った。

調べる
情報を集める・読み取る
考える学び合う

国会がどのように開かれたのか調べよう

本時の目標

大日本帝国憲法の下での政治の進め方について調べることを通して、国のしくみが整ったことを理解できるようにする。

本時の評価

・各種の資料から大日本帝国憲法に基づく政治の進め方を捉える上で必要な情報を集め、国会が開設されるなど国のしくみが整ってきたことを理解している。【知①】

用意するもの

当時の選挙の様子、板垣退助写真、大隈重信写真、大日本帝国憲法にもとづく国のしくみ、年表

1 「選挙の様子」

・選挙権…国民の１％
・政府のかん視

気づいたこと

・物々しい雰囲気
・男の人しかいない

3

板垣退助

大隈重信

政党のたちあげ

本時の展開 ▷▷▷

つかむ　出合う・問いをもつ

板書のポイント

大きな写真資料を提示して、選挙のようすに着目させて本時の問いにつなげるとともに、政党の立ち上げを想起させて本時の予想につなげる。

T　資料を見て、気付いたことを発表しましょう。 1
C　警察官のような人がいてこわい。
C　男の人しかいない。
T　今日は国会や選挙ついて調べて考えましょう。
＊本時のめあてを板書する。 2
T　板垣や大隈はどんな働きをしていましたか。 3
C　政党をつくっていました。

調べる　情報を集める・読み取る・考える・話し合う

板書のポイント

年表や明治政府の取組がわかる資料を提示する。不平等条約を改正することに焦点を当てて学習問題につながるように板書する。

T　資料から国会や選挙の様子を調べましょう。
＊資料「大日本帝国憲法にもとづく国のしくみ」
T　どのようなことが分かりますか。 4
C　議会は、衆議院と貴族院の 2 院制
C　衆議院議員のみ選挙でえらばれる。
C　選挙権は、直接国税を納める男子にのみ。
T　憲法が制定されて、どうなりましたか？
C　天皇中心の国のしくみが整った。 5
C　一部の国民の意見が反映されるようになった。

2 本時のめあて 当時の国会は、どのように開かれたのだろう。

よそう
・政党が活躍したのではないかな？
・男の人が中心だったのではないかな？

年	表
1858	日米修好通商条約
1868	明治政府
1871	岩倉使節団
1874	自由民権運動が始まる
1877	西南戦争
1883	鹿鳴館
1886	ノルマントン号事件
1889	大日本帝国憲法

4 大日本帝国憲法にもとづく国のしくみ

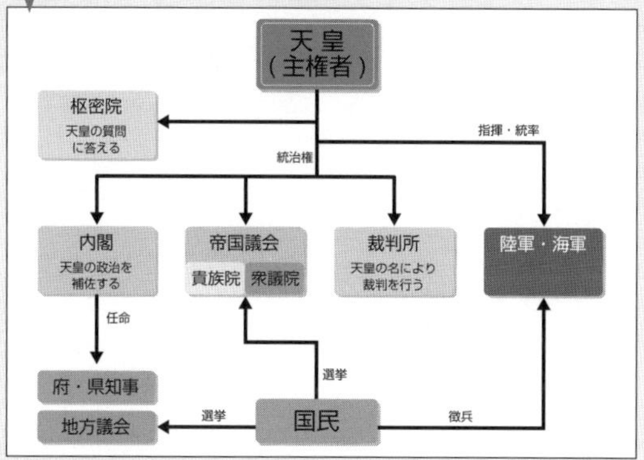

分かったこと
・議会は、衆議院と貴族院の２院制
・衆議院議員のみ選挙で選ばれる。
・選挙権は直接国税１５円以上納める２５歳以上の男子

5 話し合って考えたこと
・今の三権分立とは違い、天皇に大きな権限
・一部の国民にしか選挙権がない。
・国のしくみが整った。 → 条約改正へ？

6 本時のまとめ
・国会の開設
・一部の国民に選挙権
・天皇に主権

まとめる 整理する・生かす

板書のポイント

大日本帝国憲法の制定と国会開設によって国のしくみが整ったことが分かるように板書する。また、学習問題を基に条約改正を想起させる。

T 今日のめあてを見て、黒板に書かれている言葉を使い、自分のまとめをしましょう。6

C 今の憲法とは違う、天皇の権限の強い憲法によって国会が開かれ、国のしくみが整った。また、一部の国民の政治参加が叶った。

T 今日、学習したことを振り返って、これから調べなくてはいけないことをノートに書きましょう。

C 国のしくみが整ったから、条約改正ができたのか知りたい。

学習のまとめの例

・天皇の権限の強い憲法のもと国会が開かれた。また、選挙で一部の国民が政治に参加できるようになった。
・国のしくみが整ったから、条約改正につながるのではないか。富国強兵や殖産興業についても知りたい。
・これで、近代国家に一歩近づいた。国民生活もまた、近代的な豊かさに結び付いたのだろうか。

調べる
情報を集める・読み取る
考える学び合う

日本がどのような国づくりを目指したのか調べよう

本時の目標

工業の発展や外交などに関わる資料の読み取りを通して、国力が向上したことを理解できるようにする。

本時の評価

・各種の資料から工業の発展や外交などの様子について読み取り、工業が発展し、イギリスとの外交に成功するなど、国力が向上したことを理解している。【知②】

用意するもの

紡績工場の写真、工業の発展のグラフ、欧米クラブへ仲間入りの漫画、鹿鳴館絵図、陸奥宗光写真、世界地図

1

紡績工場

気づいたこと

・機械が多くある工場ができた。
・手でつくるより早そう。
・多くの人が働いている。
・女性が立って作業している。

本時の展開 ▷▷▷

つかむ 出合う・問いをもつ

板書のポイント

紡績工場の写真を提示して、読み取ったことを発言させる。そして、前時の予想をもとに、本時の問いにつなげる。

T　この資料を見て、気付くことはありますか。
C　機械がたくさんあります　1
C　多くの女性が働いています。
C　手で作業するより早そうです
C　殖産興業を目指しているのかな。
T　このことについて調べて考えましょう。
＊本時のめあてを板書する。
T　どんなことが予想できますか？　2
C　欧米に認められるような近代化を進めた。

調べる 情報を集める・読み取る・考える・話し合う

板書のポイント

工業の発展のグラフや関連資料を読み取り、分かったことをまとめる。また、治外法権を回復できた背景を、世界地図と照らして示す。

T　グラフから、どんなことが分かりますか。
＊資料「工業の発展」　3
＊資料「欧米クラブへの仲間入り」
C　工場の数や働く人が増えています。
C　欧米の仲間入りをしたいと思っています。
T　どうして陸奥は、条約を一部改正できたのでしょう。　4
C　アジアで最も工業がさかんになったから。
C　イギリスがロシアと対立し、日本に協力を求めていたという背景もあります。

2 本時のめあて 日本は、どのような国づくりをして、世界とかかわったのだろうか。

よそう
・殖産興業のスローガン通り、工業を発展させていたのではないかな？
・欧米に認められるような近代化を進めたのではないかな？

4 工業の発展の様子

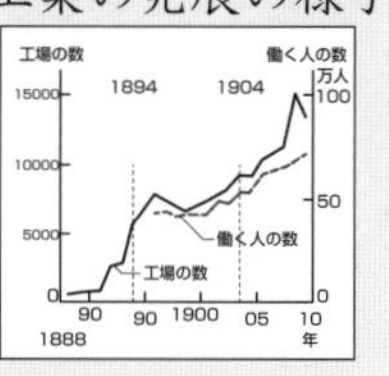

欧米クラブへの仲間入り漫画
※教科書や資料集から拡大掲示

陸奥宗光

イギリスと交渉
治外法権を回復

鹿鳴館舞踏会

分かったこと
・工場の数が急激に増えている。
・欧米化している。
・働く人の数も増えている。
・欧米人と仲よくしたがっている。

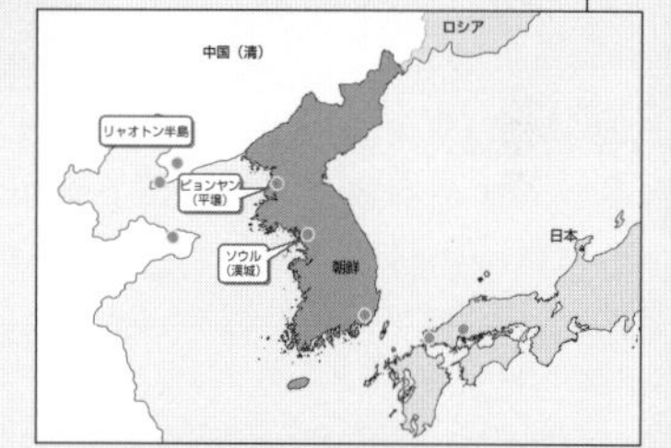

ロシアとアジアの日本の位置

5 本時のまとめ
・工業の発展。
・陸奥宗光。
・領事裁判権、条約の一部改正。

まとめる　整理する・生かす

板書のポイント

工業の発展や世界の様子と条約改正を関連付けて考えられるように板書にまとめ、子供自身でまとめを書けるようにする。

T　今日のめあてを見て、黒板に書かれている言葉を使いながら自分のまとめを書きましょう。 5

T　発表してください。

C　工業を発展させてアジアで一番になったことが条約の改正につながりました。

C　陸奥宗光は、産業の発展と強国のイギリスの事情を踏まえて条約の改正を成功させました。

学習のまとめの例

・工業を発展させ、欧米諸国のような近代的な国づくりを進めた結果、領事裁判権をなくすことに成功した。
・工業の発展によって領事裁判権をなくすことはできたが、関税自主権はどのように回復するのだろう。

調べる
情報を集める・読み取る
考える学び合う

日清・日露戦争について調べよう

本時の目標

日清・日露戦争について調べることを通して、国際的地位が向上したことを理解できるようにする。

本時の評価

・日清・日露戦争について調べることを通して、２つの戦争に勝利した日本の国際的地位が向上したことを理解している。【知②】

用意するもの

朝鮮をめぐる風刺絵、年表、日清戦争の戦場地図、日露戦争の戦場地図、東郷平八郎写真

1

気づいたこと

・日本と中国が朝鮮を争っている。
・ロシアがその様子を見ている。

ぎもん

・この関係はどうなるの？

年	表
1894	条約一部改正
1894	日清戦争
1902	日英同盟
1904	日露戦争

本時の展開 ▷▷▷

つかむ　出合う・問いをもつ

板書のポイント

朝鮮を巡る風刺画を提示し、読み取ったことを発言させる。また、年表を提示し、日本周辺の国々との関係に着目し、本時の問いにつなげる。

T　この資料を見て、気付くことはありますか。
C　日本と中国が朝鮮を釣ろうとしている。 1
C　ロシアが橋の上から見ている。
T　年表を見て、これらの国々の関係はどうなっていくと思いますか。
C　戦争で関係が悪くなっていくと思う。
C　勝った方が力を示せるよね。
T　今日はこのことについて調べて考えましょう。 2
＊本時のめあてを板書する。

調べる　情報を集める・読み取る・考える・話し合う

板書のポイント

地理的位置の視点で２つの戦争を捉えつつ、戦争によって日本と世界との関係の変化について考えたことをまとめる。

T　どこが戦場になりましたか？
＊資料「日清戦争の戦場」「日露戦争の戦場」
C　どちらも、朝鮮や清の近くが戦場だね。
T　２つの戦争で日本はどうなりましたか。 3
C　日清戦争で勝利し、賠償金と植民地を得た。
C　日露戦争でも勝利し、南樺太等を得た。
T　これらのことから、日本と世界の国々との関係はどうなったと言えますか。
C　欧米諸国に日本の力を認めさせた。 4
C　朝鮮や中国を見下すようになった。

2 本時のめあて 2つの戦争によって、日本と世界の国々との関係はどう変わったのだろうか。

日清戦争の戦場

※教科書や資料集から拡大掲示

日露戦争の戦場

※教科書や資料集から拡大掲示

東郷平八郎

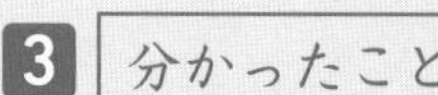

3 分かったこと 2つの戦争は、朝鮮半島をめぐる戦い

日清戦争で勝利、多額の賠償金
台湾などを植民地

東郷の活躍もあり勝利
南樺太、南満州鉄道を得る
多くの戦死者

与謝野晶子

4 話し合って考えたこと

・戦争の勝利で日本は認められていった。
・植民地化して領土が広げて、力を示した。
・戦死者も多く、戦争に反対する人もいた。

5 本時のまとめ

・日清戦争
・日露戦争
・東郷平八郎
・中国や朝鮮を見下す

まとめる 整理する・生かす

板書のポイント

調べたことや考えたことをもとに、日本と世界との関係に着目しながら自分の考えをまとめられるように、キーワードに線を引く。

T 日本と世界の国々との関係について、自分の考えをまとめましょう。 5

C 日本は、２つの戦争に勝利したため、欧米諸国から認められるようになった。

C ２つの戦争の勝利によって、アジアで欧米の支配に苦しむ国々を勇気付けることとなった。

C 日本は、アジア周辺の国々よりも強国であることを示し、朝鮮や中国を下に見るようになった。

学習のまとめの例

・２つの戦争に勝利し、賠償金や植民地を得ることで、日本は欧米諸国に認められ、朝鮮や清を見下した。
・富国強兵の政策が成功して欧米に認められたから、関税自主権もそろそろ回復できるのではないかな。
・欧米に学んで憲法をつくってから20年もしないうちに認められるようになってすごいな。

調べる
情報を集める・読み取る
考える学び合う

条約改正や科学の発展について調べよう

本時の目標

条約改正や科学の発展について調べることを通して、国際的地位が向上したことを理解することができる。

本時の評価

・条約改正や科学の発展について調べることを通して、日本の力が世界に認められ、条約改正を果たすなど国際的地位が向上したことを理解している。【知②】

用意するもの

領土の広がりの地図、日本語教育の写真、小村寿太郎写真、新渡戸稲造写真、野口英世写真、北里柴三郎写真、樋口一葉写真、夏目漱石写真

1 領土のひろがり

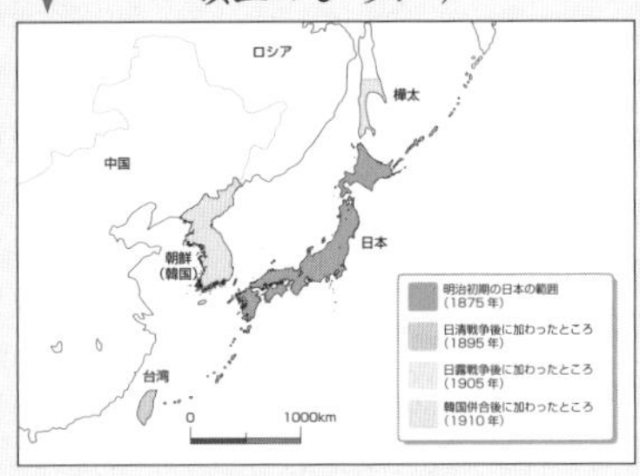

気づいたこと

・日本の領土がどんどん広がった。
・韓国まで領土になっている。

ぎもん

・世界の中の日本は、どのような立場になったのかな？
・小村寿太郎は、どんな活躍をしたのかな？
・他に活躍した人は？

本時の展開 ▷▷▷

つかむ　出合う・問いをもつ

板書のポイント

領土が広がっていることを地図から読み取り、世界と日本との関わりに着目させる。

T　この資料を見て、気付くことはありますか。 1
C　日本の領土が広がっている。
C　韓国も日本の領土になっている。
C　日本は世界に認められてきたのかな？
T　今日はこのことについて調べて考えましょう。
＊本時のめあてを板書する。 2
C　条約改正を果たしたのではないか。
C　他の分野で活躍した人はいないかな？

調べる　情報を集める・読み取る・考える・話し合う

板書のポイント

政治的な活躍をした人物と、科学や文学に寄与した人物とを分けて板書し、多方面の活躍が国際的地位の向上につながったことを表す。

T　資料を調べましょう。 3
＊資料「日本語教育の写真」
＊資料「活躍した日本人」
C　日本は韓国を併合した。
C　日本語教育などを強いた。
C　小村の活躍で条約改正を果たした。
C　野口や北里が活躍し、科学の発展に寄与した。
C　新しい文学が社会の変化を表現した。 4
T　これらによって日本はどうなりましたか。
C　国際的地位が向上した。

本時のめあて　世界の中で、日本の立場はどのように変わっていったのだろうか。

よそう
・日本の力が認められて、条約改正を果たしたのではないかな?
・戦争以外でも、活躍した人がいるのではないかな?

3

韓国において行われた日本語の授業

小村寿太郎

新渡戸稲造

野口

樋口

北里

夏目

分かったこと

19010　韓国併合
→植民地、差別

1911　小村、関税自主権回復
新渡戸、国際連盟で活躍

野口や北里が医学で成果
→科学の発展
新しい文学
→社会の変化を表現

4 話し合って考えたこと
・条約改正によって、欧米と対等な関係になった。
・韓国を植民地にして、支配し、軽視した。
・科学の発展などを通して、日本が世界に認められた。

5 本時のまとめ
条約改正や科学の発展などを通して、日本の国政的地位が向上した。

まとめる　整理する・生かす

板書のポイント
日本の国際的地位が向上したことが分かるようにキーワードを板書し、自分でノートにまとめられるようにする。

T　今日のめあてを見て、黒板に書かれている言葉を使いながら自分のまとめをしましょう。 ◀5
T　発表してください。
C　韓国を併合し、小村が条約改正をしたことで、日本の立場が欧米と対等になった。
C　日本人が国際機関や科学の発展で活躍し、日本の国際的地位の向上につながった。
C　アジアでの立場が高くなり、朝鮮を下に見る意識につながった。

学習のまとめの例

・小村が念願の条約改正を果たし、医学などの研究で成果を挙げたことで、日本の国際的地位が向上した。
・条約改正を果たして欧米と対等な関係を築いた上、医学などの研究が国際的に認められるようになった。

調べる
情報を集める・読み取る
考える学び合う

日本の近代化にともなう、世の中の動きを調べよう

本時の目標

日本の近代化に伴う世の中の動きを調べることを通して、社会の様子が大きく変化したことについて理解することができる。

本時の評価

・各種の資料から日本の近代化に伴う世の中の動きについて調べる活動を通して、産業が発展したり民主主義の意識が高まったりしたが、社会問題が起こり人権意識が高まるなど社会の様子が大きく変化したことについて理解している。【知②】

用意するもの

八幡製鉄所写真、普通選挙の実現を要求するデモ行進の写真、ラジオ放送開始、交通の発達、女性運動、全国水平社

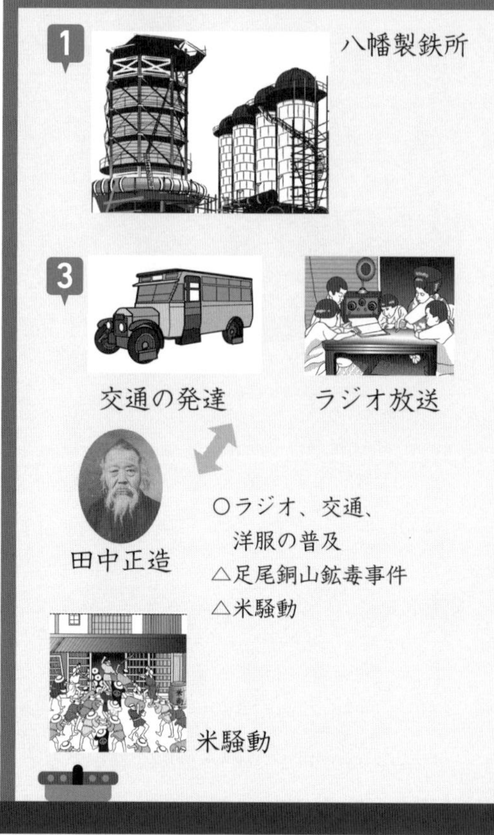

本時の展開 ▷▷▷

つかむ　出合う・問いをもつ

板書のポイント
当時の社会の様子を象徴する2つの写真から、産業の発展と人々の生活の様子について着目できるようにする。

T　この資料から、当時の人々の生活を想像してみましょう。 1

C　大きな工場ができて、電車などいろいろなものがつくられるようになったのでは？

C　近代化が進んで、生活が豊かになった？

C　社会の変化に、不満をもった人がいた？

T　今日はこのことについて調べて考えましょう。

＊本時のめあてを板書する。

調べる　情報を集める・読み取る・考える・話し合う

板書のポイント
近代化に伴う生活の変化と社会問題、民主主義や人権意識の高まりがまとまりとして分かるように板書する。

T　これらの資料から何が分かりますか。

＊資料「ラジオ放送開始」「交通の発達」

＊資料「足尾銅山鉱毒事件」「米騒動」

C　ラジオ開始、交通発達など近代化した。

C　足尾銅山事件など、社会問題が起きた。

T　これらの資料から何が分かりますか。

＊資料「女性運動」「全国水平社」

＊資料「関東大震災」

C　民主主義や女性の権利意識が高まった。

C　差別をなくす運動が広まった。

ぎもん

・重工業の発達で生活は豊かになったかな？
・デモ行進で何を訴えたかったのかな？

2 本時のめあて

産業が発展し、国民生活はどのように変わったのだろうか。

※教科書や資料集から拡大掲示

デモ行進

女性運動

全国水平社

※教科書や資料集から拡大掲示

関東大震災

分かったこと

○民主主義の高まり、女性の地位向上
○差別をなくす
△関東大震災

話し合って考えたこと

・産業の発展で生活は豊かになったが、社会問題も起きた。
・政治や権利の意識が高まってきた。

5 本時のまとめ

・産業の発展は生活を豊かにしたが、社会の変化にともなう問題が起きた。
・民主主義の意識が高まった。

まとめる　整理する・生かす

板書のポイント

社会の変化について多面的に捉えてまとめられるよう、キーワードを提示する。

T　今日のめあてを見て、黒板に書かれている言葉を使いながら、自分のまとめをしましょう。 5

T　発表してください。

C　産業が発展して、ラジオ放送や交通の発達など近代化した生活を送るようになった。

C　鉱毒問題、労働条件などの社会問題が起こり、社会に混乱も見られた。

C　民主主義の意識の高まりや差別をなくす運動が起こった。

学習のまとめの例

・産業の発展が近代的な生活をもたらしたが、社会問題も生まれた。民主主義や差別をなくす運動も起こった。
・産業が発展し、民主主義の意識が高まって、選挙権が拡大された。一方、社会問題や差別意識もあった。

調べる
情報を集める・読み取る
考える学び合う

学習問題に対する自分の考えをまとめよう

本時の目標

調べてきたことを整理し、学習問題に対する自分の考えを言葉や文章で表現できる。

本時の評価

・これまでの学習を振り返り、近代国家のしくみを整え、国力の充実に努めた結果、日本の国際的地位が向上したことなど、学習問題に対する自分の考えを言葉や文章で適切に表現している。【思②】

用意するもの

人物カード、年表

【学習問題】
日本は、条約改正を目指
また、日本と世界の国々

1

年　表
1858　日米修好通商条約
1886　ノルマントン号事件
1889　大日本帝国憲法
1894　一部条約改正
1894　日清戦争
1904　日露戦争
1910　韓国併合
1911　条約改正

3

【学習のまとめ】
・伊藤博文らが大日本帝国憲法
・日清戦争、日露戦争の勝利、
・科学の発展によって日本の研
・産業の発展によって生活が豊

本時の展開

つかむ　出合う・問いをもつ

板書のポイント

学習問題を提示し、年表と人物カードを結び付けて、これまでの学習を振り返るようにする。

T　これまでの学習を、年表を基に振り返りましょう。 1

C　岩倉使節団が条約改正交渉できなかった。

C　板垣らが自由民権運動を広めた。

C　伊藤を中心に憲法をつくり、国会を開いた。

C　陸奥が条約を一部改正した。

C　日清・日露戦争で勝利し、韓国を併合した。

C　小村が条約改正を果たし、欧米と対等に。

C　産業、科学が発展し、野口らが活躍した、

調べる　情報を集める・読み取る・考える・話し合う

板書のポイント

年表と人物カードを時系列やカテゴリー別に分けて板書し、学習問題に対するこたえを、人物の働きと結び付けて考えられるようにする。

T　条約改正を目指して、どのような努力をしたといえるでしょうか。 2

C　大日本帝国憲法を制定するなど、国のしくみを整え、国力を充実させた。

T　日本と世界の国々との関係や国民の生活は、どのような変化があったでしょう。

C　富国強兵を実践し、戦争に勝利するなど、世界の中の日本の立場を向上させた。

C　近代的な生活を送れるようになり、民主主義や差別をなくす意識が高まった。

して、どのような努力をしたのだろう。
との関係や国民の生活に、どのような変化があったのだろう。

条約改正　　戦争の勝利　　科学の発展　民主主義・権利

陸奥

製鉄工場

伊藤

板垣

東郷
活躍

与謝野
反戦

小村

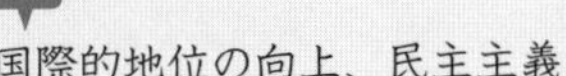
国際的地位の向上、民主主義

野口

平塚

をつくり、国会を開設して、天皇中心の国づくりを進めた。
韓国併合等によって日本の力が認められて条約改正を果たしたが、中国や朝鮮を軽視した。
究が認められ、国際的地位が向上した。
かになったが、社会問題も起きた。民主主義や権利の意識が高まった。

まとめる　整理する・生かす

板書のポイント
単元を通した自分の考えをまとめられるよう、国力の充実と国際的地位の向上を押さえる。

T　学習問題に対する自分なりのこたえをノートにまとめましょう。 3

T　友達同士で考えを発表し合いましょう。よい考えは付け足してノートに書きましょう。

T　どのようにまとめたか、発表してください。

C　国のしくみを整え、欧米と対等の関係になることで条約改正を果たした。

C　近代化によって国力が充実し、産業や科学が発展し国際的に活躍する人物がいた。

学習のまとめの例

・条約改正を目指し、憲法制定や国会開設、工業の発展などで国力を充実させたことで近代化に成功した。
・戦争の勝利や国際的な研究等によって国際的地位が向上し、欧米と日本との関係が対等なものとなった。

11 アジア・太平洋に広がる戦争

（8時間）

単元の目標

日中戦争や第二次世界大戦の経緯や、当時の国民生活などについて資料や聞き取り調査などを基に調べ、日本が戦争に敗れたことや国内各地への空襲、沖縄戦、広島・長崎への原子爆弾の投下など、国民が大きな被害を受けたことを理解できるようにするとともに、戦争に向かっていく日本の様子について学習問題を追究し、解決しようとする態度を養う。

学習指導要領との関連

内容(2)「我が国の歴史上の主な事象」アの(サ)及び(シ)、イの(ア)

第1・2時	第3～5時
つかむ「出合う・問いをもつ」	調べる
〔第1時〕 ○第一次世界大戦の後の日本の様子を見てみよう。【知①】 ・地図やグラフから、日本の様子について気付いたことを話し合う。 **★輸出額の変化に着目する。** ・関東大震災後の日本の様子について農産物の価格の移り変わりなどから調べる。 〔第2時〕 ○深刻な不景気の中での人々のくらしの様子を調べよう。【主①】 ・写真や年表を基に、人々のくらしについて話し合い、意見をまとめる。 **★外国との関係などと関連付ける。** **【学習問題】** 不景気を乗り切ろうとした日本は、この後、どのような道を進んでいったのだろう。 ○予想を出し合い、学習の計画を立てよう。 ・戦争に勝って、景気をとりもどしたのではないか。	〔第3時〕 ○満州を手に入れようとした日本が歩んだ道について調べよう。【知①】 ・地図や写真を基に、日本が満州を手に入れようとしていたことを理解する。 〔第4時〕 ○戦争が広がっていった理由について調べよう。【思①】 ・地図を基に、戦争がアジアや太平洋に拡大していったようすを読み取る。 **★勢力の拡大などに着目する。** 〔第5時〕 ○戦争中の人々のくらしについて考えよう。【知①】 ・写真や年表を基に、占領した地域や国内の人々のくらしについて話し合う。 **★国民の苦しい生活に着目する。**

単元の内容

本単元では、日中戦争や我が国に関わる第二次世界大戦、戦時下の国民生活を取り上げ、長く続いた戦争へと向かい、敗戦を迎えるまでの日本の様子について学習する。

「日中戦争や我が国に関わる第二次世界大戦」については、日本と中国との戦いが全面化したことや、日本が戦時体制に移行したこと、日本がアジア・太平洋地域において連合国と戦って敗れたことなどを押さえることがポイント。

「戦時下の国民生活」については、国内各地への空襲、沖縄戦、広島・長崎への原子爆弾の投下など、国民が大きな被害を受けたことが分かるようにする。

その際、日本がアジア諸国の人々に多大な損害を与えたことについても触れるようにする。

単元の評価

知識・技能	思考・判断・表現	主体的に学習に取り組む態度
①各種の資料から国力を高めた日本が好景気になったこと、満州事変、戦時下の生活を捉える上で必要となる事柄を読み取り、好景気の後の輸出低下により不景気を迎えたこと、日本が満州を手に入れようとして国際社会で孤立していったこと、戦時下で国民が苦しい生活を強いられたことを理解している。	①当時の日本の様子に着目して問いを見いだし、戦争が長期化し戦場が広がっていった理由を考え、言葉や文章で適切に表現している。 ②戦争による国内外の被害について調べたことをもとに、長く続いた戦争が多くの犠牲を出して終わったことに対する自分の考えを、言葉や文章で表現している。	①戦争に向かっていく日本の様子について予想や学習計画を立てたり、学習を振り返ったりして学習問題を追究し、解決しようとしている。 ②学習問題に対する自分のテーマを設定し、学習してきたことに自分の考えを加えて新聞に表現しようとしている。

【知】：知識・技能　【思】：思考・判断・表現　【主】：主体的に学習に取り組む態度　○：ねらい　・：学習活動　★：見方・考え方

第6・7時	第8時
「情報を集める・読み取る・考える・話し合う」	まとめる「整理する・生かす」
〔第6時〕 ○戦争中の子供たちの様子について調べてみよう。【知①】 ・戦争経験者から戦時下の生活の様子について話を聞き、戦争が国民生活に及ぼす影響について話し合う。 ・戦争中の国民生活について、話し合ったことを文章でまとめる。 **〔第7時〕** ○空襲や沖縄戦、原子爆弾によって、日本が受けた被害について考えよう。【思②】 ・地図や写真をもとに、日本各地で空襲の被害があったことを読み取る。 **★空襲がひどかった地域に着目する。** ・中国や東南アジアの人々にとって、戦争はどのような影響を及ぼしたのだろう。 **★アジアの国々の被害に着目する。**	**〔第8時〕** ○学習してきたことを新聞にまとめ、学習問題について話し合おう。【主②】 ・不景気で苦しくなった国民生活を、満州を手に入れることで乗り切ろうとしたこと。 ・国際連盟を脱退し、国際社会から孤立していき、中国だけでなくアメリカやイギリスとも戦争を始めていったこと。 ・朝鮮や占領した東南アジアの人々に対して、多大な損害を与えたこと。 ・配給や空襲など、兵士以外のたくさんの人々も苦しくつらい生活を送り、犠牲になったこと。 ・どこかで戦争を防ぐことができなかったのか、平和への願いはなかったのか。 ・この後、日本はどのような道をすすんでいくのだろうか。 **【学習のまとめの例】** 不景気を乗り切るために、資源の豊富な満州を手に入れようとしたが、国際社会から孤立し、戦争が長期化して多くの犠牲を出した。

問題解決的な学習展開の工夫

主体的な学習となるためには、体験的な活動が効果的である。歴史学習において、当時の様子を実際に聞くことができれば、子供の興味関心が非常に高まり、対話的で深い学びに近づく。

その際、受動的に話を聞くのではなく、当時の国民の生活について予想したり、聞きたいことを質問としてまとめたりして、能動的に話を聞かせることがポイントである。

また、実際に体験談を聞くことができなくても、戦争を体験した人の体験記を読んだり、資料館に保管してある VTR を見たりすることで、戦時中のくらしについて、主体的に学ぶことができる。

問題をつかむ
読み取る・話し合う

第1次世界大戦後の日本の様子を見てみよう

本時の目標

第1次世界大戦後の日本の様子に関する資料をもとに話し合う活動を通して、当時の日本が不景気という深刻な状況に進んだことを理解する。

本時の評価

・各種資料を読み取り、国力を高めた日本が好景気になったこと、その後輸出の低下により不景気になったことを理解している。【知①】

用意するもの

当時の日本の様子がわかる資料（都市部の様子の写真、輸出額のグラフなど）

1

・大勢の人でにぎわっている。
・お金によゆうがある。

好景気にうかれる都市部のようす

領土のひろがり

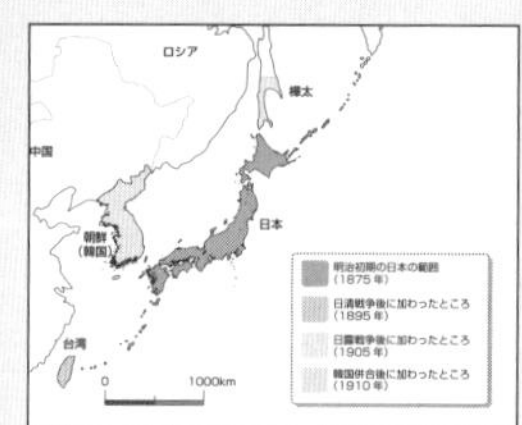

・朝鮮や台湾、樺太まで広がっている。
・とても強い国になった。

本時の展開 ▷▷▷

つかむ　出合う・問いをもつ

板書のポイント

子どもが当時の様子を捉えやすいように、当時の写真資料は、東京、大阪などの大都市だけでなく、自分の住む地域の資料があれば望ましい。

T　第1次世界大戦の後の日本のようすを表した資料を見て、気付いたことを発表しましょう。 1
C　たくさんの人が買い物に来ている。
C　朝鮮や台湾も支配している。
T　第1次世界大戦のあと日本はどんな様子だったか調べてみましょう。
＊本時のめあてを板書する。

調べる　情報を集める・読み取る・考える・話し合う

板書のポイント

導入で見た好景気の資料とは反対の不景気の資料をグループごとに配布し、気付いたことや分かったことを板書する。

T　当時の日本のようすを示した資料を配ります。
＊資料「米騒動の様子」 3
＊資料「農産物の価格の移り変わり」
T　どんなことがわかりますか。
C　たくさんの人が押しかけて壊しているよ。
C　米や麦の価格がすごく下がっている。 4
C　みんな困っていたのかな。

2

本時のめあて

第1次世界大戦のあと、日本のようすはどうだったのだろう

3

不景気に苦しむ都市部のようす

4

	1929年	→	1931年
米	100	→	60
麦	100	→	60
まゆ	100	→	40

※1929年の価格を100とする

気づいたこと

・みんな困っている表情をしている。
・銀行にたくさんの人がおしよせている。

・農産物の価格が、第1次世界大戦前と比べて、大きく下がっている。
・昭和になってから、とつぜん不景気になっている。
・アメリカで始まった不景気が、日本にもおしよせてきた。

本時のまとめ

・戦争の影響ではじめは景気はよかったけど、そのあと、だんだんと景気が悪くなっていった。

まとめる　整理する・生かす

板書のポイント

資料から読み取ったことや話し合ったことの中から大切なことに線を引き、それらをもとに、めあてに対して子ども自身にまとめさせる。

T　今日のめあてを見て、黒板に書かれている言葉で大切だと思う言葉はどれですか。

C　不景気だと思います。　5

T　今日のめあてについて、黒板に書かれている言葉を使いながら、自分のまとめをしましょう。

T　発表してください。

C　日本は、第一次世界大戦のあとは景気がよかったけど、その後、だんだんと景気が悪くなっていって、国民は困るようになった。

学習のまとめの例

・日本は、第1次世界大戦のあとは、輸出が増えて景気がよかったけど、すぐに下がって不景気になった。

・昭和に入ってアメリカから始まった不景気がおしよせてきて、日本も不景気になってしまった。

〈まとめのポイント〉

不景気になった原因について掘り下げて考えさせることで、国内の事象だけでなく、世界情勢に大きな影響を受けていることをおさえておきたい。

問題をつかむ
学習問題を設定する

深刻な不景気な中での人々のくらしの様子を調べよう

本時の目標

農村部の深刻な不景気の状況を資料から読み取り、日本が進んでいった道について疑問をもち、学習問題を設定することができる。

本時の評価

・各種資料の読み取りを通して日本が進んでいった道について疑問を持ったり、それに対して自分の言葉で予想したりするなど、自ら学ぶ意欲を高めている。【主①】

用意するもの

日本の当時の様子がわかる資料（農村部の様子の写真、1914～1941までの年表）

1

飢えに苦しむ農村部のようす

2

気づいたこと

・子どもたちが、食べるものを探している。
・飢え死にした人が出たというほど、深刻な状況だった。
・都市では仕事がなくなって、農村では食べ物がないという、日本全体が大変な状況になっている。

本時の展開 ▷▷▷

つかむ 出合う・問いをもつ

板書のポイント

当時の農村部が深刻な不景気に陥っていたことが読み取れるような写真資料を提示し、国内ではどうすることもできない状況を理解させる。

T　農村部の様子を見て気付いたことを発表しましょう。 1
C　子どもたちが集まって何か採っている。
T　なぜ、このようなことをしているのでしょう。
C　食べるものがないから。
C　少しでも食べるものを見つけるために。
T　この時の日本は、どんな状態と言えますか。
C　食べるものもなくて、本当に大変。 2

調べる 情報を集める・読み取る・考える・話し合う

板書のポイント

拡大した年表を提示し、それを見て気付いたことや疑問に思ったことを板書することで、学習問題の設定につなげていく。

T　年表を見て気付いたことを発表しましょう。
C　満州事変というのがある。 3
C　日中戦争や太平洋戦争という戦争をしている。 4

【学習問題】不景気を乗り切ろうとした日本は、この後、どのような道をすすんでいったのだろう

3 分かったこと

・国際連盟を脱退している。
・たくさんの戦争が起こっている。

4 話し合って考えたこと

・戦争をしたことで、景気はよくなったのだろうか。
・戦争が続いて、人々の生活はどうなったのだろう。

年	出来事
1914（大正3）	第一次世界大戦が始まる（〜1919年）
1918（大正7）	米騒動が起きる
	普通選挙運動始まる
1923（大正12）	関東大震災
1923（大正14）	普通選挙法の公布
1925（昭和4）	世界的な大不景気が起こる
1931（昭和6）	満州事変が起こる
1933（昭和8）	日本が国際連盟から脱退する
1937（昭和12）	日中戦争が起こる
1939（昭和14）	第二次世界大戦が起こる
1940（昭和15）	日本がドイツ・イタリアと同盟を結ぶ
1941（昭和16）	太平洋戦争が起こる

【学習問題】
不景気を乗り切ろうとした日本は、この後、どのような道をすすんでいったのだろう

5 ・戦争をして領土を広げていったと思う。
・戦争をして、人々の生活はどのように変わっていったのだろうか。

まとめる　整理する・生かす

板書のポイント
学習問題に対しての子どもたちの考えや予想を板書していき、それをもとにこれからの学習の計画を立てていく。

T　日本はどのような道をすすんでいったのだろう。
C　戦争をして領土を広げていったと思う。
C　他の国でたくさん農作物を作り、日本に輸入してきたと思う。
T　今日学習したことを振り返って、これから自分が調べたいことをノートに書きましょう。 ◀5
C　日本が戦争をした理由が知りたい。

学習のまとめの例

・不景気を乗り切るために、なぜ戦争をすることになってしまったのかを知りたい。
・戦争をすることで、ほかの国との関係はどうなっていったのか知りたい。
・戦争をしているときの人々の生活は、どのようなものだったのか調べたい。

〈振り返りのポイント〉
子どものそれぞれの振り返りが、今後の学習課題につながっていくので、多様な意見を出させておきたい。

問題をつかむ
読み取る・話し合う

満州を手に入れようとした日本が歩んだ道について調べよう

本時の目標

地図や資料をもとに話し合う活動を通して、日本が満州国を設立したことや、国際社会で孤立していったことが理解できるようにする。

本時の評価

・各種資料を読み取り、日本が満州を手に入れようとして国際社会で孤立していったことを理解している。【知①】

用意するもの

満州事変に関する地図や写真、年表（満州事変～国際連盟脱退、二・二六事件）

1

満州に攻め込む日本軍の写真
※教科書や資料集から拡大掲示

満州事変～国際連盟脱退、二・二六事件までの年表

年	出来事
1925（大正14）	普通選挙法の公布
1926（昭和元）	昭和時代が始まる
1929（昭和4）	世界的な大不景気が起こる
1931（昭和6）	満州事変が起こる
1932（昭和7）	「満州国」をつくる
1933（昭和8）	日本が国際連盟から脱退する
1936（昭和11）	軍人が大臣らを殺害する（二・二六事件）

気づいたこと

・満州に攻めこんでいる。
・満州国をつくっている。
・国際連盟を脱退している。

ぎもん

・どうして満州に攻めこんだのだろう。
・国際連盟を脱退して、どうなるんだろう。

本時の展開 ▷▷▷

つかむ　出合う・問いをもつ

板書のポイント

年表や日本軍が侵攻している写真を提示し、満州事変について話し合わせることで疑問を引き出し、めあての設定につなげる。

T　この資料を見て、気付くことを発表しましょう。
C　日本軍が攻め込んでいる。
C　満州事変と書いてある。 1
T　どうして日本は、中国軍の仕業にして攻撃したのでしょう。
C　満州に攻め込めるようにするため。 2
＊本時のめあてを板書する。

調べる　情報を集める・読み取る・考える・話し合う

板書のポイント

満州の広大さや豊富な鉱山資源が示された地図を配布し、同じ資料（拡大版）を黒板に提示し、読み取ったことや考えたことを板書する。

T　満州国の様子を示した資料を配ります。どんなことが分かりますか。 3
C　日本と比べてもすごく広い。
C　石炭や鉄の鉱山がたくさんある。
T　なぜ、こういったものを日本が手に入れる必要があったのでしょうか。
C　日本は不景気で食糧不足だったから。

2 本時のめあて

満州を手に入れようとした日本は、どのような道をすすんでいったのだろう

3 分かったこと

・満州は日本と同じくらい広いから、たくさんの農作物がとれる。
・鉱山資源が豊富で、資源のない日本にとっては助かる。
・不景気だった日本は、満州を手に入れることが必要だった。

4 話し合って考えたこと

中国「私たちは攻撃していない！」

日本「中国から攻撃してきた。脱退する！」

国際連盟での話し合いの図

他の国々「満州国は認めない！日本は出ていくべきだ」

5 本時のまとめ

日本は満州を手に入れようと満州事変を起こして攻めこんだ。でも、その結果、国際社会から孤立していくことになった。

まとめる　整理する・生かす

板書のポイント

日本が国際連盟を脱退する場面において、様々な国の立場から考えたことを発表させ、本時のまとめにつなげられるようにする。

T　国際連盟での話し合いの様子を想像しましょう。 4

C　中国「私たちは日本を攻撃していない。」

C　他の国「満州国は認めない。日本は出ていくべきだ。」

C　日本「中国が先に攻撃してきた。脱退する。」

T　黒板を見ながら今日のめあてについてまとめましょう。 5

学習のまとめの例

〈まとめに向けて〉

最後に、国際連盟脱退後に、二・二六事件があったことなどから、日本国内で軍人中心の政治に向かっていることについて話し合わせる。

〈期待する子どもの反応〉

不景気を乗り切るために自分たちの国のことだけを考えて他の国に攻め込んだり、軍人が反乱を起こしたりしていて、このままでは日本は大変なことになっていくと思う。

問題を調べる
読み取る・話し合う

戦争が広がっていった理由について調べよう

本時の目標

地図や資料をもとに話し合う活動を通して、東南アジアや太平洋が戦場となり、戦争がどのように広がっていったのか考える。

本時の評価

・日本の勢力図や年表に着目して問いを見いだし、戦争が長期化し、戦場が広がっていった理由について考え、言葉や文章で適切に表現している。【思①】

用意するもの

日本の勢力図や真珠湾攻撃の写真

1 戦場となったアジア・太平洋地域

気づいたこと

・中国だけでなく、東南アジアや太平洋の島にまで広がっている。

ぎもん

・なぜ東南アジアを攻めたのだろう。
・中国との戦争は終わらなかったのだろうか。

本時の展開 ▷▷▷

つかむ　出合う・問いをもつ

板書のポイント

東南アジアと太平洋に戦争が拡大している地図を提示し、気付いたことを発言させる中から、疑問を引き出し、めあての設定につなげる。

T　この資料を見て、気付くことを発表しましょう。 ◀1

C　中国だけじゃなく、東南アジアや太平洋にまで戦争が広がっている。

T　どうして日本は、様々な国と戦ったのだろう。

C　他の国が中国を助けに来たのかもしれない。

＊本時のめあてを板書する。

調べる　情報を集める・読み取る・考える・話し合う

板書のポイント

ヨーロッパを含む世界情勢の資料を示し、日本の同盟国の動きや、日本が東南アジアに資源を求めたことなどを読み取らせ、意見を板書する。

T　当時の世界の様子を示した資料を配ります。どんなことが分かりますか。 ◀3

C　日本はドイツやイタリアと同盟を結んでいる。

C　アメリカは日本への石油の輸出をやめた。

T　その結果、日本はどのような行動をとったのでしょう。

C　イギリスの持っているマレー半島の油田をねらった。

2 本時のめあて

なぜ、日本の戦争は広がっていったのだろう。

「ABCD包囲陣」

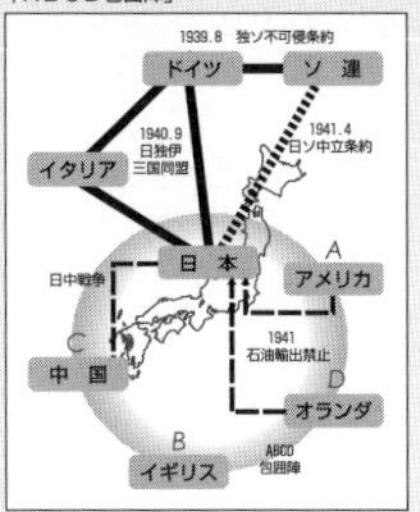

3 分かったこと

・アメリカとイギリスが中国を支援している。
・日本はドイツやイタリアと同盟を結んでいる。
・アメリカは日本への石油の輸出をやめた。
・東南アジアには、たくさんの資源がある。

「真珠湾の攻撃」

・石油を止められたから攻めた。
・話し合いをしてきたけど、日本に攻めてこられないように奇襲した。

4 話し合って考えたこと

・日本は、中国との戦争が長引いていたので、資源が必要だった。
・強いアメリカに攻めて来られないようにするために、先に攻撃をした。

5 本時のまとめ

日本は長引く中国との戦争を続けるために、東南アジアの資源を求めて軍隊を進めていった。石油の輸出を止められたアメリカを攻撃して、戦争はどんどん広がっていった。

まとめる　整理する・生かす

板書のポイント

真珠湾攻撃の写真を見せることで、日本が奇襲攻撃を仕掛けたことや戦争がどんどん広がっていることについて話し合わせ、意見を板書する。

T　日本が遠いアメリカを攻撃する必要はあったのでしょうか。 ◀4

C　攻め込まれる前に、やっつけておこうとした。

T　今日のめあてについて、まとめましょう。

C　日本は資源を手に入れるために、戦争を広げていった。 ◀5

学習のまとめの例

〈まとめの例〉

日本は、ドイツやイタリアと同盟を結んで、資源を求めて東南アジアに攻めていった。アメリカからの石油が輸入できなくなったので、先制攻撃で真珠湾を攻撃した。

〈振り返りの例〉

中国との戦争も終わっていないのに、資源を求めて次々と戦争を広げていくのはおかしい。攻め込まれた国の人たちは、きっとつらかったと思う。

問題を調べる
読み取る・話し合う

戦争中の人々のくらしについて考えよう

本時の目標

写真や資料を基に、日本が占領した地域の人々に損害を与えたことや、国内の生活も戦争による影響が出始めたことを理解できるようにする。

本時の評価

・資料からアジアの国々に日本が損害を与えたことや、国内の生活が戦争優先になっていったことを読み取り、人々の生活が苦しくなっていったことを理解している。【知①】

用意するもの

写真（占領下で苦しむ人々、配給のようす）、戦時下の国民生活がわかる資料

アジアの国々の生活

外国で日本語の授業を受ける子どもたち
※教科書や資料集から拡大掲示

日本式の名前に変えられた資料
※教科書や資料集から拡大掲示

気づいたこと

・日本に無理矢理に従わせている。
・資源を奪うだけでなく、生活や命も奪っている。

強制徴兵されるアジアの人々
※教科書や資料集から拡大掲示

鉱山で働くアジアの人々
※教科書や資料集から拡大掲示

本時の展開 ▷▷▷

つかむ　出合う・問いをもつ

板書のポイント
占領下のアジアの国々の様子や国内の写真を提示することで、疑問を引き出すようにし、めあての設定につなげる。

T　この資料を見て、気付くことを発表しましょう。 1
C　外国で日本語の授業を受けさせられている。
C　ランドセルが、竹でできている。
T　なぜ、こんなことになっているのでしょう。
C　戦争で生活に影響が出たと思う。
＊本時のめあてを板書する。 2

調べる　情報を集める・読み取る・考える・話し合う

板書のポイント
アジア各地の様子や国内の生活が示された資料を配布し、同じものを黒板に提示する。気付いたことや考えたことを板書する。

T　当時の人々の様子を示した資料を配ります。どんなことが分かりますか。 3
C　韓国や朝鮮では、軍隊に入れられている。
C　鉱山で働かされている。
T　国内の生活で気付くことはありますか。
C　みんな列に並んで配給をもらっている。
C　「ぜいたくは敵だ」という看板が、町の中に立てられている。

1 日本国内の生活

配給に並ぶ人々
※教科書や資料集から拡大掲示

竹でできたランドセル
※教科書や資料集から拡大掲示

2 本時のめあて

戦争によって、アジアや日本の人々の生活はどのように変わったのだろう。

3 気づいたこと

・資源が足りなくなってきている。
・生活に必要なものも、軍隊に使うことを優先されている。

ぜいたくは敵だの看板
※教科書や資料集から拡大掲示

4 話し合って考えたこと

・日本の戦争のために、アジアの国々の人を犠牲にしているのはひどい。
・国内の生活は、すべてが戦争優先になり、普通の生活もできないぐらいどんどん苦しくなっていった。

5 本時のまとめ

日本は、占領したアジアの地域を無理矢理に従わせて損害を与えた。国内でも、資源が足りなくなり、さまざまなことが戦争を優先するようになって国民の生活は苦しくなっていった。

まとめる 整理する・生かす

板書のポイント

調べて出た意見をもとに、当時の人々の思いを考えさせ、出た意見を板書する。その際、子どもがまとめやすいように、キーワードを示す。

T　人々はどんな思いだったのでしょう。 4
C　アジアでは、資源を奪われて生活も支配されて、抵抗運動も起こるぐらい苦しかったと思う。
C　国内では、戦争を優先するようになって、人々は不自由なくらしになっていった。 5
T　当時の生活の様子をもっと詳しく調べるには、どうすればよいのでしょう。
C　今のお年寄りで戦争を体験した方に聞いてみたらいいと思う。

学習のまとめの例

〈まとめの例〉
　戦争が広がっていって、占領した地域では、資源を奪って戦争に協力させた。国内では、食料や日用品が配給性になり、不自由な生活になっていった。
〈次の時間へのつながり〉
　当時の子供たちの様子が分かる資料を示し、興味をもたせるようにする。身内から当時の話を聞いたことがある子供がいれば紹介させ、もっと詳しく話を聞いてみたいと思わせ、次時につなげるようにする。

問題を調べる
聞き取る・話し合う

戦争中の子供たちの様子について調べてみよう

本時の目標

インタビューシートを活用して、戦争体験者から戦時下の生活の様子を具体的に聞き取り、調べたことを自分の言葉でまとめることができるようにする。

本時の評価

・これまで学習してきたことをもとに、戦時下の生活について具体的に聞き取り、戦争が生活に及ぼす影響について考え、自分の言葉で適切に表現している。【知①】

用意するもの

写真（戦時下の国民生活がわかるもの）、インタビューシート

・広畑
みよ子さん
・7人家族
・当時10歳
4年生

昭和22年姫路市立城陽小学校集合写真

校庭でなぎなた訓練

本時の展開 ▷▷▷

つかむ　出合う・問いをもつ

板書のポイント

戦争体験者の当時の情報を板書し、写真があればそれも提示し、気付いたことを発表させる中で、めあての設定につなげる。

T　今日は〇〇さんに来ていただきました。これが当時の子供たちの写真です。 1

C　髪型や服装が違う。

C　子供たちも訓練をしている。

T　今日は〇〇さんから詳しく話を聞きましょう。

＊本時のめあてを板書する。 2

調べる　情報を集める・読み取る・考える・話し合う

板書のポイント

事前に子供からの質問をまとめておき、代表的なものを黒板に提示し、教師がインタビューを進め、その後、子供がインタビューする。

T　当時は配給制でしたが、食べ物は足りていましたか。 3

G　いつもおなかをすかしていました。

T　学校生活は戦争で変わりましたか。

G　勉強ではなく、訓練を行うこともありました。疎開といって田舎に避難した学校もあったようです。

C　田舎ではどんなくらしでしたか。

G　食事は十分じゃなかったし、家族と離れているのでとてもさみしかったです。

2 本時のめあて

戦争中、人々はどのような生活を送っていたのだろう。

3 分かったこと

○配給で食べ物は足りていましたか？
・家族が多かったので、いつもおなかをすかしていた。
○どんな遊びをしていましたか？
・戦争ごっこ。男の子の多くは兵隊になるのが夢。
○つらいことはありましたか？
・空襲でまちを焼かれた。
・お兄さんが兵器工場で働かされた。
・近所の人が戦場で亡くなった。

4 話し合って考えたこと

・戦争がいやと言えない。
・生活のすべてが戦争のために進んでいる。

5 本時のまとめ

食べ物が少ないだけじゃなく、空襲で街を焼かれたり、疎開して家族と離れたりと大人も子どもも戦争のせいで苦しくつらい生活を送っていた。

まとめる　整理する・生かす

板書のポイント

子供たちが感じたことや疑問に思ったことを発表させ、戦争体験者と対話をさせながらキーワードを板書していき、まとめにつなげる。

T　もっと聞きたいことはありませんか。 4
C　戦争が早く終わってほしいと思っていましたか。
G　思っていました。でも、それは言ってはいけないことで、がまんすることが当たり前でした。 5
C　なぜ言ってはいけなかったんですか。
G　当時は戦争に反対すると、警察に捕まったり、周りからせめられたりしたからです。
T　今日のお話を振り返ってまとめましょう。

学習のまとめの例

〈まとめの例〉

戦争の影響で、食べ物が十分なかったり、田舎に疎開したりして、とても苦しい生活だった。それでも戦争に勝っているという情報が多くて、みんなが勝つと信じていた。

〈振り返りの例〉

ぼくは、戦争は本当に嫌だなあと思いました。街が焼けてしまったり、家族が戦争に行ったり、子どもも空襲で命を落としたりと、多くの命が奪われてしまう。戦争は起こしてはいけない。

問題を調べる
読み取る・話し合う

空襲や沖縄戦、原子爆弾によって日本が受けた被害について考えよう

本時の目標

写真や資料をもとに、空襲を受けた都市や沖縄戦、原子爆弾による国内の被害やアジア地域における被害について着目し、戦争から受けた被害について考えることができるようにする。

本時の評価

・戦争による国内外の被害について調べたことをもとに、長く続いた戦争が多くの犠牲を出して終わったことに対する、自分の考えを言葉や文章で表現している。【思②】

用意するもの

空襲に関する写真などの資料

1

都市名	死者数	被害家屋	受けた月日
沖縄	548	資料なし	1944.10.10
東京	88,000	268,358	1945. 3.10
大阪	3,987	136,107	1945. 3.13
名古屋	826	39,893	1945. 3.19
横浜	3,789	79,350	1945. 5.29
神戸	3,184	55,368	1945. 6. 5
広島	140,000 (1945年12月までの数)	51,787	1945. 8. 6
長崎	738,44 (1945年12月までの数)	18,409	1945. 8. 9

気づいたこと

・日本中が空襲を受けている。
・東京など大都市の被害が大きい。

本時の展開 ▷▷▷

つかむ　出合う・問いをもつ

板書のポイント
空襲を受けた都市の地図を提示し、日本中が空襲を受けているという事実から、疑問を引き出すようにし、めあての設定につなげる。

T　この資料を見て、気付くことを発表しましょう。 1

C　日本中が空襲を受けて、大都市は被害も大きい。

T　このままでは日本はどうなってしまうのでしょう。

C　すべてが焼けてしまって、大勢の命が失われる。

＊本時のめあてを板書する。

調べる　情報を集める・読み取る・考える・話し合う

板書のポイント
沖縄戦や広島・長崎の資料を配布し、同じ資料を黒板に提示する。話し合って気付いたことや考えたことを板書する。

T　当時の様子を示した資料を配ります。どんなことが分かりますか。 3

C　沖縄では、民間人も９万人以上なくなっている。

C　広島・長崎の原爆で、合わせて21万人以上なくなった。

T　なぜこんなに戦いが続いたのでしょう。

C　日本は、相手からの降伏せよという話を受け入れなかったから。

2 本時のめあて

長く続いた戦争は、どのようにして終わったのだろう。

アジア・世界中の犠牲者の表

※教科書や資料集から拡大掲示

3 気づいたこと

沖縄戦の様子

・子どもやお年寄りも犠牲になった。
死者総数180,000人
（内、県民90,000人）
アジア
・集団自決
・ひめゆりの塔

原爆ドーム

・広島と長崎に原爆が落とされた。
・21万人以上がなくなる。
・後遺症に苦しむ。

1945年8月15日
無条件降伏して戦争が終わった。

4 話し合って考えたこと

・日本だけじゃなく、世界中でもたくさんの人がなくなっている。
・特にアジアの国々がひどく、正確な数が分からないなんて、信じられない。

5 本時のまとめ

長く続いた戦争は、沖縄戦や広島・長崎の原爆で多くの被害を出した後、日本が降伏して終わったけど、アジアをはじめ、世界中でもたくさんの犠牲者が出た。

まとめる　整理する・生かす

板書のポイント

アジアにおける犠牲者の数を示し、気付いたことや考えたことから、さらに話し合って出た意見を板書し、まとめにつなげるようにする。

T　この資料を基に、さらに話し合いましょう。 4

C　国内だけでなく、アジアの国々でもたくさんの人がなくなっている。

C　ヨーロッパなど世界中でたくさんの兵士や一般人がなくなった。

T　今日のめあてについて、黒板に書かれている言葉を使いながらまとめをしましょう。 5

学習のまとめの例

〈まとめの例〉

日本は沖縄戦や広島・長崎の原爆で一般人もふくめてたくさんの人がなくなった。アジアだけでなく、世界中でたくさんの犠牲者を出した長い戦争は、日本が降伏してやっと終わった。

〈期待する子どもの反応〉

日本はたくさんの国と戦争をして、生活もどんどん苦しくなり、多くの犠牲者を出した。やっと戦争が終わったので、二度と戦争を起こしてはいけないと思った。

まとめる
考えたことをまとめる

学習してきたことを新聞にまとめ、学習問題について話し合おう

本時の目標

これまでの学習問題を基に、学習して分かったことや考えたことを新聞にまとめることができるようにする。

本時の評価

・学習問題に対する自分のテーマを設定し、学習してきたことに自分の考えを加えて新聞に表現しようとしている。【主②】

用意するもの

新聞形式のワークシート（児童用と拡大版）、これまでの本時のめあての一覧表

【学習問題】
不景気を乗り切ろうとした日本は、この後、どのような道を進んでいったのだろう

1

これまでのめあて
・第1次世界大戦の後～
・満州を手に入れようと
・なぜ戦争は広がって～
・戦争によって人々の生活は～
・○○○○○

【学習のまとめ】
不景気を乗り切るために、資源の豊富な満州を手に入れようとしたが、国際社会から孤立し、戦争が長期化して多くの犠牲を出した

本時の展開 ▷▷▷

つかむ　出合う・問いをもつ

板書のポイント

単元の学習問題とこれまでのめあてを示し、特に印象に残っているものを発表させる中から、自分が新聞にまとめたいテーマ設定につなげる。

T　これまで学習してきためあての中で、印象に残っているものはどれですか。 1

C　「なぜ日本の戦争は広がっていったのか」です。

C　「戦争中の生活」です。

T　今日は新聞記者になって、戦争について記事を書いて人々に伝えましょう。

＊本時のめあてを板書する。

調べる　情報を集める・読み取る・考える・話し合う

板書のポイント

ワークシートを配布し、拡大版を使ってテーマや見出しなど表記上のポイントを一緒に確認する。作成途中によい作品があれば、紹介する。

T　よく伝わるようにするにはどうすればよいのしょう。 3

C　テーマを決めて、そこから見出しを付ける。

T　どんなことを記事にする必要がありますか。

C　戦争であった事実。

C　事実と自分が思ったことや考えたこと。

T　（作成途中に）この新聞のよいところはどこですか。

C　事実と自分の願いも書いてある。

2 本時のめあて　学習してきたことを、新聞にまとめよう

3

4 話し合って考えたこと

・同じテーマでも感じたことはちがっていた。
・戦争の悲惨さがよくまとめられていた。

5 ふりかえり

長い間たくさんの人が苦しんできた戦争がやっと終わった。これから日本はどのようにして立ち直っていくのか、調べてみたい。

まとめる　整理する・生かす

板書のポイント

作成した新聞の発表会を実施し、子どもが気付いたことや思ったことを板書し、全員で共有させ単元のまとめにつなげる。

【発表会の形式】
例①　グループ内で各自が発表する　4
例②　ワークショップスタイル
テーマごとにグループ分けし、互いに交流させる。

T　発表を振り返りましょう。
C　同じテーマでも、人によって感じていることがちがうのがよく分かった。
T　単元全体の振り返りを、ノートに書きましょう。

学習のまとめの例

〈単元全体の振り返り〉
日本が戦争をしていたことは知っていたけど、詳しくは知らなかった。こんなにいろいろな国と戦ったり、国民が苦しい生活をしていたことを学習して、やっぱり戦争は絶対起こしてはいけないことがわかった。

〈期待する児童の姿〉
日本中が空襲で焼けてしまい、多くの命を失った日本が、ここからどうやって立ち直っていったのか、調べてみたい。

12 新しい日本のあゆみ

9時間

単元の目標

戦後、我が国の政治や国民生活が大きく変わったことや、我が国が国際社会において果たしてきた役割について考え、表現することを通して、我が国は民主的な国家として出発し、国民生活が向上し、国際社会の中で重要な役割を果たしてきたことを理解できるようにするとともに、終戦後から東京オリンピックの頃の世の中の様子について学習問題を追究し、解決しようとする態度を養う。

学習指導要領との関連

内容(2)「我が国の歴史の主な事象」アの(サ)及び(シ)、イの(ア)

第1時	第2～4時
つかむ「出合う・問いをもつ」	調べる
〔第1時〕 ○戦争直後の日本の様子を調べよう 【思①・主①】 ・焼け野原になったまちや、買い出し列車、青空教室などの人々の様子を調べ、東京オリンピック・パラリンピックの頃の様子と比べて話し合うことで、学習問題をもつ。 **★戦争直後（1945年）と東京オリンピック・パラリンピック（1964年）の時期に着目して、それぞれの様子を比較する。** **【学習問題】** どうして日本は戦後約20年ほどで世界の仲間入りができたのだろう。 ・「戦前のしくみを改めたのではないかな」「外国との関係を大切にしたのではないかな」といった予想から、国内の制度改革と国外での地位回復を調べるという学習計画を立てる。	〔第2時〕 ○日本は、国のしくみをどのように変えたのだろう 【知①・思③】 ・戦後の諸改革について調べ、日本国憲法との関連を考えることで、平和で民主的な国づくりをしたことを捉える。 **★日本国憲法と戦後諸改革の関連に着目してまとめる。** 〔第3時〕 ○日本は、どのようにして国際社会に復帰したのだろう 【知①・思③】 ・戦後の国際情勢や各種条約について調べ、日本への影響を考えることで、国際社会に復帰したことを捉える。 **★日本と外国との関係に着目してまとめる。** 〔第4時〕 ○家電製品の普及の推移から当時のくらしを考えよう 【知①】 ・電化製品の普及や集団就職について調べ、人々の生活が豊かになったことを捉える。 **★電化製品普及率の変化に着目してまとめる。**

単元の内容

本単元では、日本国憲法の制定、オリンピック・パラリンピックの開催などを取り上げ、戦後の我が国の発展などについて学習する。

実際の指導では、既習の日本国憲法に関する学習との関連を図りたい。我が国の民主政治が確立したことを、戦前や戦時体制と比較したり、当時の国民生活と関連付けたりすることで、戦後改革についての理解を深めるようにすることが大切である。

また、本単元は歴史学習の最終単元にあたる。戦後の復興を支えた国民の力強さを学んだ子供たちに、歴史学習全体を振り返る時間を設定する。先人たちが、それぞれの時代で残してきた「目に見えるもの」と「目に見えないもの」の価値について話し合うことを通して、歴史を学ぶ意味を考えることができるようにする。

単元の評価

知識・技能	思考・判断・表現	主体的に学習に取り組む態度
①各種の資料から戦後の我が国の取組や歩みなどを捉える上で必要となる事柄を読み取り、戦後我が国は民主的な国家として出発し、国民の不断の努力により経済的な発展を背景に国民生活が豊かになり、国際社会の中で重要な役割を果たしてきたことを理解している。	①終戦直後と東京オリンピックが開かれた頃の２つの時期に着目して問いを見いだし、変化のわけを考え、表現している。 ②領土や国際関係、防災、人権などに注目し、日本が目指す国の在り方を考え、課題を踏まえて判断している。 ③文化財と先人の考えに着目し、未来に残していきたいものを考え、歴史を学ぶ意味を考えようとしている。	①終戦後から東京オリンピックの頃の世の中の様子について予想や学習計画を立てたり、学習を振り返ったりして学習問題を追究し、解決しようとしている。

【知】：知識・技能　【思】：思考・判断・表現　【主】：主体的に学習に取り組む態度　○：ねらい　・：学習活動　★：見方・考え方

第５～７時	第８・９時
「情報を集める・読み取る・考える・話し合う」	まとめる「整理する・生かす」
〔第５時〕 ○東京オリンピックの頃の日本の様子を調べよう【知①】 ・新幹線の開通や産業の発展について調べ、日本が戦争から復興したことを捉える。 **★産業の発展と国民生活に着目して関連付ける。** **〔第６時〕** ○日本が復興するまでにどのような課題があったのだろう【知①】 ・国際関係や環境問題について調べ、日本が抱える問題点を捉える。 **★復興の期間に着目して関連づける。** **〔第７時〕** ○世界の仲間入りをした日本の歩みをまとめよう【知①】 ・国内と国外での日本の取組をまとめ、日本が民主的な国家として、国民生活を向上させ、国際社会で重要な役割を果たしていることを捉える。 **★国内と国外の関係に着目してまとめる。** **【学習のまとめの例】** 日本は国内外の取組を続けることで、国際社会で重要な役割をもつ国にまで復興することができた。	**〔第８時〕** ○日本の課題を調べて、これからの日本について話し合おう【思②】 ・現在の日本を取り巻く課題を調べ、日本が大切にすべきことを話し合う。 **★防災、少子化、高齢化、人権、領土などの問題に着目して、選択・判断する。** **〔第９時〕** ○歴史学習を振り返って、歴史を学ぶ意味を考えよう【思③】 ・文化財や自然環境と、先人の業績を振り返り、これからも大切にしていきたい「もの」と「考え方」について話し合う。 **★目に見えるものと目に見えないものに着目して、比較、分類したり判断したりする。**

問題解決的な学習展開の工夫

単元の導入では、戦後の厳しい生活の様子と20年後の日本の様子を比較することで、学習問題をもつことができるようにする。国内の制度改革と国外での地位回復を調べる学習計画を立て、それらを関連付けることで、学習問題についての考えをもつことができるようにする。

追究する際は、戦後の年表や当時の国際関係を表す地図などの資料を用意することで、時期や場所、相互関係などに着目することができるようにする。

単元末には、多様な考えが生まれる話題で話し合う活動を設定することで、どの時代を生きた人々も多様な価値観を踏まえて合意形成を図りながら社会を構築してきたことに気付かせたい。

つかむ
事象に出会う・資料を比べる
問いをもつ

終戦直後の日本の様子を調べよう

本時の目標

終戦直後の日本の様子と東京オリンピックの様子を比べることを通して、学習問題をもつことができるようにする。

本時の評価

・終戦直後と東京オリンピックが開かれたころの様子の違いに驚きをもち、２つの時期の日本の様子に着目して問いを見いだし、変化のわけを考え、表現している。【思①】
・終戦後から東京オリンピックの頃の世の中の様子について予想や学習計画を立てたり、学習問題を追究し、解決しようとしている。【主①】

用意するもの

戦争直後の様子、東京オリンピックの開会式

本時の展開 ▷▷▷

3 本時のめあて

戦後の日本の様子を比べよう

1 1945年

焼け野原

買い出し列車

終戦直後の様子

4 分かったこと

・雨風をしのげない建物
・十分にない食料
・苦しい生活

つかむ 出合う・問いをもつ

板書のポイント

資料１と資料２を拡大印刷したものを同時に並べて提示することで、２つの資料の相違点に着目しやすくする。(時期と資料名は伏せておく)

T　戦争が終わった後の様子について気付くことはありますか。
C　家が壊れそう。 1
C　大きな大会が開かれている。 2
T　これはどちらも戦後の日本の様子ですが、違いがありそうですね。今日は、２つの日本の様子を比べてみましょう。
＊本時のめあてを板書する。 3

調べる 情報を集める・読み取る・考える・話し合う

板書のポイント

資料１と資料２の写真に文章で解説を加えた資料を配付することで、当時の様子の違いを言葉で板書に位置付けやすくする。

T　めあてを解決するために必要な資料を配付します。
＊戦争直後の様子
＊東京オリンピックの開会式
T　(調べる時間をとった後) どのようなことが分かりましたか。 3
C　1945年は苦しい生活をしていたけど、1964年にはオリンピックが開かれている。

5 ぎもん

・どうして短い期間で生活がよくなっているのかな。
・孤立していた日本がどうして世界の人々と仲よくできているのかな。

約20年

2 1964年

東京オリンピックの開会式

6
【学習問題】
どうして日本は戦後約20年ほどで世界の仲間入りができたのだろう

4 分かったこと

・立派な競技場ができている
・世界の人々が日本に来ている
・豊かな生活

よそう

・戦前のしくみを改めた
・外国との関係を大切にするようにした

まとめる 整理する・生かす

板書のポイント

資料1と資料2の間に疑問点を板書することで、約20年間の日本の取組を追究する学習問題をもちやすくする。

T　2つの資料を比べて、疑問に思ったことはありますか。 4

C　どうして短い期間で生活がよくなったのか。

C　どうして世界の人々と仲よくなれたか。

T　この疑問をまとめるとどのような学習問題になりますか。 5

【学習問題】どうして日本は戦後約20年ほどで世界の仲間入りができたのだろう。

T 予想をもとに学習計画を立てましょう。

学習のまとめの例

・戦後約20年で日本の様子が大きく変わったことが分かった。
・世界から孤立してた日本が、どのようにして世界の仲間入りをしたのかをみんなで考えていきたい。

調べる
情報を集める・読み取る
考える・話し合う

日本は、国のしくみをどのように変えたのだろう

本時の目標

戦後の諸改革について、日本国憲法と関連付けながら、日本が平和で民主的な国を目指したことを理解できるようにする。

本時の評価

・各種の資料から戦後の諸改革の意図や目的を考える上で必要な事柄を読み取り、日本が平和で民主的な国を目指したことを理解している。【知①】
・日本国憲法と戦後諸改革の関連に着目し、目指した国を考え、適切に表現している。【思③】

用意するもの

戦時中のくらし、戦後に行われた改革、日本国憲法

本時の展開 ▷▷▷

2 本時のめあて

日本は国のしくみを
どのように変えたのだろう

よそう

・みんなが意見を言える国
・みんなが平等な国
・みんなが安心してくらせる国

2

戦時中のくらし

つかむ 出合う・問いをもつ

板書のポイント
学習計画から国のしくみを追究するめあてをもった後、資料1「戦時中のくらし」を提示して予想をしやすくする。

T　学習計画から今日は何を調べることにしていましたか。
C　国のしくみをどのように変えたのかを調べることにしています。
＊本時のめあてを板書する。 1
T　戦時中のくらしを思い出しながら予想をしましょう。 2

調べる 情報を集める・読み取る・考える・話し合う

板書のポイント
黒板の上半分に資料「戦後に行われた改革」、下半分に資料「日本国憲法」を位置付けることで、関連させて考えやすくする。 3

T　戦後に行われた改革にはどのようなものがありましたか。
C　男女平等によって国民が大切にされます。
C　軍隊解散によって安心して暮らせます。
T　日本国憲法はどのような内容でしたか。 4
C　国民主権、基本的人権の尊重、平和主義という３つの柱があります。
C　国民主権によって政治が国民によって行われるようになりました。
C　戦争をしないことも決められています。

3 戦後に行われた改革

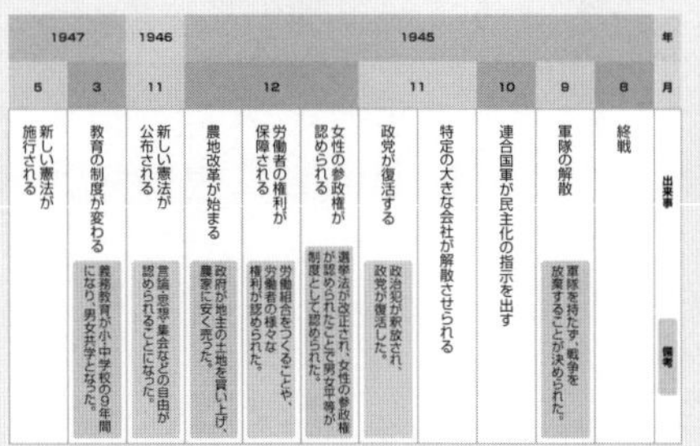

年	1945	1945	1945	1945	1945	1945	1945	1945	1946	1947	1947
月	8	9	10	11	11	12	12	12	11	3	5
出来事	終戦	軍隊の解散	連合国軍が民主化の指示を出す	特定の大きな会社が解散させられる	政党が復活する	女性の参政権が認められる	労働者の権利が保障される	農地改革が始まる	新しい憲法が公布される	教育の制度が変わる	新しい憲法が施行される
備考		軍隊を持たず、戦争を放棄することが決められた。			政治犯が釈放され、政党が復活した。	選挙法が改正され、女性の参政権が認められたことで男女平等が制度として認められた。	労働組合をつくることや、労働者の様々な権利が認められた。	政府が地主の土地を買い上げ、農家に安く売った。	言論・思想・集会などの自由が認められることになった。	義務教育が小・中学校の9年間になり、男女共学となった。	

分かったこと

・国民一人一人が考えを言える
・国民一人一人の権利が大切にされる
・安心して生活することができる

5 本時のまとめ　民主的な国  平和な国

日本国憲法 4

政治は国民によって行われる	人間としてもっている権利を大切にする	二度と戦争をしない
国民主権	基本的人権の尊重	平和主義

分かったこと

まとめる　整理する・生かす

板書のポイント

資料を関連付けて導いた「民主的な国」「平和な国」といったキーワードを中央に板書することで、目指した国を捉えやすくする。 5

T　日本国憲法がもとになった政府の改革によってどのような国になりますか。

C　国民一人一人が大切にされる民主的な国です。

C　国民一人一人によって政治が行われる国です。

C　戦争のない平和な国です。

T　「民主的な国」「平和な国」をキーワードに、めあてに対する自分の考えを書きましょう。

学習のまとめの例

・日本は、日本国憲法をもとに様々な改革をし、民主的で平和な国づくりを進めるようになった。
・日本は、戦争をする前の国のしくみを大きく変え、新しい国づくりを進めるようになった。

調べる
情報を集める・読み取る
考える・話し合う

日本は、どのようにして国際社会に復帰したのだろう

本時の目標

戦後の日本と外国の様子を分類して日本への影響を考えることを通して、日本が国際社会に復帰したことを理解できるようにする。

本時の評価

・各種の資料から戦後の日本と外国との関係を考える上で必要な事柄を読み取り、日本が国際社会に復帰したことを理解している。【知①】
・日本と外国の関係に着目し、日本への影響を考え、適切に表現している。【思③】

用意するもの

国際連合の設立、サンフランシスコ平和条約の調印、インドネシアの独立、朝鮮戦争、水爆実験

本時のめあて

日本はどのようにして
国際社会に復帰したのだろう

よそう

・外国と新しく条約を結び直した
・脱退していた国連に加盟した

1

国際連合の設立

本時の展開 ▷▷▷

つかむ　出合う・問いをもつ

板書のポイント

国際連合の写真から、日本が戦前、国際連盟を脱退し、世界から孤立していた事実を想起させ、外国との関係に疑問をもちやすくする。

T　学習計画から今日は何を調べることにしていましたか。
C　日本と外国との関係です。
＊本時のめあてを板書する。 1
T　戦前、国際連盟を脱退し世界から孤立していたことを思い出しながら予想してみましょう。

調べる　情報を集める・読み取る・考える・話し合う

板書のポイント

黒板の上半分に「日本」、下半分に「外国」の様子を板書することで、日本と外国の関係を考えやすくする。

T　戦後、外国はどのような様子でしたか。 2
C　アジアやアフリカで占領されていた国が独立しました。
C　ソ連とアメリカが対立を深めていました。
C　新しい兵器が開発されました。
T　外国がそのような中、日本はどのような様子でしたか。
C　平和条約を結びましたが、沖縄が占領されたままだったり、平和条約を結べない国があったりしました。 3

サンフランシスコ
平和条約の調印

3 分かったこと

・１９５１年に４８カ国と平和条約を結ぶ
・１９５２年に主権を回復する
・アメリカと安全保障条約を結ぶ

4

・国民一人一人が考えを言える
・国民一人一人の権利が大切にされる
・安心して生活することができる

日本

・１９５６年に国際連合に加盟

外国

※教科書･資料集から拡大掲示

インドネシアの独立

※教科書･資料集から拡大掲示

朝鮮戦争

※教科書･資料集から拡大掲示

水爆実験

2 分かったこと

・戦争で植民地にされていた国が独立
・世界を二つに分ける新たな戦争が起こる
・新しい兵器が開発される

まとめる 整理する・生かす

板書のポイント
日本が、課題を残しながらも国際社会に復帰したことを、外国の様子を踏まえながらまとめることができるようにする。

T　日本は、どのようにして国際社会に復帰しましたか。 ◀4
C　外国と条約を結んで、国際連合に加盟することで復帰することができました。
C　でも、外国では独立を果たす国がある一方で、新たな戦争が起こっています。
C　外国の影響を受け、日本は課題を残しながらも国際社会に復帰できたと言えそうです。

学習のまとめの例

・日本は、様々な国と平和条約を結んで国際連合に加盟することで、国際社会に復帰することができた。
・日本は、外国の影響を受けながらも、国際社会に復帰するために、様々な取組を続けていた。

調べる
情報を集める・読み取る
考える・話し合う

家電製品の普及の推移から当時のくらしを考えよう

本時の目標

当時の国民のくらしを調べることを通して、国民の努力が経済の成長、産業の発展を支えていたことを理解できるようにする。

本時の評価

・各種の資料から戦後の復興を支えた人々のくらしを捉える上で必要となる事柄を読み取り、国民の努力により産業が発展し、経済的に成長したことを理解している。【知①】

用意するもの

写真（家電製品の普及、三種の神器、集団就職）

本時のめあて 

当時の国民はどのような
くらしをしていたのだろう

よそう

・仕事が増えて働きやすくなった
・豊かな生活ができるようになった

2

電家製品の普及

本時の展開 ▷▷▷

つかむ　出合う・問いをもつ

板書のポイント
本時のめあてをもった後、資料を提示することで、国民のくらしを、生活と労働の視点から追究する見通しをもちやすくする。

＊本時のめあてを板書する。 1
T　資料から国民のどのようなくらしが予想できますか。 2
C　家電製品が普及しているので、豊かな生活ができるようになったのではないかと思います。
C　たくさん売れるということは、仕事が増えて働きやすくなったのではないかと思います。

調べる　情報を集める・読み取る・考える・話し合う

板書のポイント
黒板の左半分に資料２、右半分に資料３を位置付けることで、生活と労働の視点から当時のくらしを考えやすくする。 2

T　資料からどのようなことが分かりましたか。 3
C　三種の神器といわれる電化製品を多くの人が買い求めるようになりました。 3
T　資料からどのようなことが分かりましたか。 4
C　金の卵といわれる若い人たちや、農閑期の農家の人たちが、たくさん働くようになりました。

三種の神器

5 経済の成長
産業の発展

集団就職

分かったこと

・白黒テレビ、電気冷蔵庫、電気洗濯機が「三種の神器」といわれた
・多くの人が電化製品を買い求めるようになった

・中学校を卒業すると、都会の工場などに集団で就職する「金の卵」
・農業ができない時期に工場などで働く人

国民の努力

豊かで便利な生活 ― 多くの労働力

4

まとめる　整理する・生かす

板書のポイント

生活と労働の視点を関連付け、国民の努力が経済の成長や産業の発展を支えていたことを捉えやすくする。

T　国民はどのようなくらしをしていたと考えられますか。

C　仕事があるから豊かな生活を送ることができるし、たくさん売れるから仕事も安定すると思います。 5

T　このような国民の努力は、日本にどのような影響を与えるのでしょうか。

C　経済的に豊かになります。

C　様々な産業が発展します。

学習のまとめの例

・当時の国民は、多くの労働力によって家電製品を普及させ、豊かで便利な生活ができるようになった。
・当時の国民の努力によって、日本は経済的に成長し、産業を発展させることができた。

調べる
情報を集める・読み取る
考える・話し合う

東京オリンピックの頃の日本の様子を調べよう

本時の目標

1960年代の日本の様子を調べることを通して、生活が便利になった一方で問題があったことを理解することができるようにする。

本時の評価

・産業の発展と国民生活に着目し、産業の発展が与えた影響を考え、生活が便利になった一方で公害など様々な問題が発生したことを理解している。【知①】

用意するもの

写真（東京オリンピックの開会式、東海道新幹線開通、高速道路の建設、コンビナートの工場群、各地で発生した公害）

本時のめあて 1

東京オリンピック・パラリンピックの頃の日本はどのような様子だったのだろう

よそう

・これまで以上に豊かな生活ができるようになった
・工業が発展するにつれて問題も出てきた

2 大勢の選手や観客を迎える

東京オリンピックの開会式

本時の展開 ▷▷▷

つかむ　出合う・問いをもつ

板書のポイント
第１時で使用した資料を再び提示し、東京オリンピックの効果を話題にすることで、産業の発展が与える影響から予想しやすくする。

＊本時のめあてを板書する。 1
T　東京オリンピックによって国内にはどんな影響があるのでしょうか。 2
C　大勢の選手や観客が来るので、国内を整えないといけないと思います。
C　たくさんのものをつくると、問題も起こってきそうです。

調べる　情報を集める・読み取る・考える・話し合う

板書のポイント
黒板の左側にインフラ整備、右側に工業化を位置付けることで、便利な生活と工業化が与える影響を関連付けやすくする。

T　資料からどのようなことが分かりましたか。 3 4
C　大勢の選手や観客を迎えるために交通が整備されました。
C　交通の整備は国民の生活もよくなるね。
T　資料からどのようなことが分かりましたか。 5 6
C　工業が発展して、国民生産が世界２位になりました。
C　各地で公害や環境問題が発生しています。

3

東海道新幹線開通

4

高速道路の建設

分かったこと

・競技施設やホテル、道路や下水道の整備
・高速道路や地下鉄、東海道新幹線の開通

5

コンビナートの工場群

１９６０年　国民所得倍増計画

製鉄・火力発電・石油精製
などの重化学コンビナートの建設

便利な生活	環境問題
国民総生産 世界２位	公害の発生

6

各地で発生した公害

まとめる　整理する・生かす

板書のポイント

産業の発展が与えた影響を、対立するように板書に位置付けることで、メリットとデメリットを考えやすくする。 4

T　産業が発展すると、国民の生活はどのように変わりましたか。

C　便利な生活ができるようになったけど、公害などが発生しているのは問題だと思います。

T　この問題が現在まで続いていることをどう思いますか。

C　現在でも続いている問題にこうした背景があったことを知っておくことが大切だと思います。

学習のまとめの例

・東京オリンピックによって日本の産業は大きく発展したけど、問題もあった。
・当時の人々は、苦しい思いをしながらも、日本を大きく発展させていたことがすごいと思った。

調べる
情報を集める・読み取る
考える・話し合う

日本が復興するまでの課題を調べよう

本時の目標

日本が外国との関係を回復する取組を調べることを通して、課題を着実に解決しながら歩んできたことを理解することができる。

本時の評価

・日本が復興するまでの期間に解決した課題と残された課題を調べ、日本が外国との関係など様々な課題を解決しながら歩んできたことを理解している。【知①】

用意するもの

写真（戦後の主な出来事、日中平和友好条約、日ソ共同宣言、米軍基地、北方領土）

本時のめあて 1

日本が復興するまでにどのような課題があったのだろう

よそう 2

・ソ連や中国との関係など国同士の関係に課題があった
・外国との関係が国内の課題にもなっていた

年	戦後の主な出来事
1945	終戦
1946	日本国憲法が公布される
1952	日本が主権を回復する
1956	国際連合に加盟する
1964	東京オリンピック・パラリンピックが開催される
1970	日本万国博覧会が開催される
1972	沖縄が日本に復帰する
1989	昭和天皇が亡くなる
	元号が昭和から平成になる
1995	阪神・淡路大震災が起こる
2011	東日本大震災が起こる
2019	元号が平成から令和になる

戦後の主な出来事

本時の展開 ▷▷▷

つかむ　出合う・問いをもつ

板書のポイント

予想する際に年表を提示して板書に位置付けることで、これまでの日本の歩みを踏まえた予想をしやすくする。

＊本時のめあてを板書する。 1

T　資料１の年表を見て、日本にはどのような課題があったと思いますか。 2

C　中国やソ連との関係が課題になっていたと思います。

C　沖縄が日本に復帰したのがオリンピックよりも後なので、課題だったのだと思います。

調べる　情報を集める・読み取る・考える・話し合う

板書のポイント

黒板の上から下へ時系列に資料を提示したり、子供の発言を位置付けたりすることで、日本の課題解決の歩みを考えやすくする。

T　中国やソ連との関係はどのようになりましたか。 3 4

C　1956年にソ連との国交が回復しています。

C　中国と国交が回復したのは、戦後30年近く経ってからです。

T　その他にも日本の課題はありますか。

C　日本各地には米軍基地があるし、北方領土が問題になっているので、課題は残っていると思います。

C　震災などの新しい課題もあります。

日中平和友好条約

分かったこと

戦後すぐに平和条約が結べなかった国

日ソ共同宣言

１９５６年　ソ連との国交回復
１９７２年　中国との国交回復
１９７８年　日中平和友好条約

課題を残していた国との国交回復

米軍基地

日本各地にある米軍基地
日本固有の領土である北方領土
国内で発生する様々な災害

残された課題と新しい課題

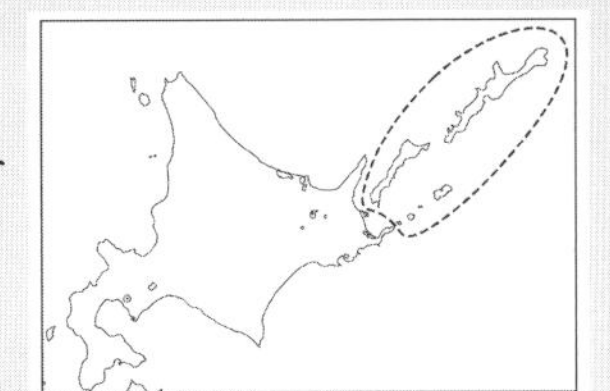

北方領土

まとめる　整理する・生かす

板書のポイント

日本の課題解決の歩みについて、解決したものとしていないものを分類することで、絶えず課題と向き合ってきたことを捉えやすくする。

T　日本の戦争による課題は解決したと言えそうですか。

C　国交を回復しているという点では、解決しています。

C　でも課題が残っていたり、新しい課題も出てきているので、解決はしていません。

C　長い間課題と向き合ってきたことは大変だけど、これからも解決を目指し続けることが大切だと思います。

学習のまとめの例

・日本は戦後に残された課題を１つずつ解決してきたが、まだ残されている課題もある。

・国同士の関係を回復しながらも、国内の新しい課題にも対応していくことが大切である。

調べる
情報を集める・読み取る
考える・話し合う

世界の仲間入りをした日本の歩みをまとめよう

本時の目標

戦後約20年ほどで世界の仲間入りができた理由を話し合い、国際社会で重要な役割をもつ国へと成長したことを理解することができる。

本時の評価

・戦後約20年ほどで世界の仲間入りができた理由を理解するとともに、これまでに調べてきたことを適切にまとめている。【知①】

用意するもの

本単元で使用してきた資料を拡大したもの

3

【学習問題】
どうして日本は戦後約２０年ほどで世界の仲間入りができたのかをまとめよう

1

資料１　終戦直後の様子

日本国憲法を制定して民主的な国として再出発した

本時の展開 ▷▷▷

つかむ　出合う・問いをもつ

板書のポイント
学習問題をつかんだ時と同じように終戦直後の様子と東京オリンピック開催の間にあった日本の取組をまとめる本時のめあてをもちやすくする。

T　（資料を黒板に位置付けてから）この間にあったことを、これまでに調べてきましたが、みんなで決めた学習問題は解決できそうですか。 1 2

C　国内と国外の取組を調べたので、はっきりできそうです。

T　今日は、学習問題を解決していきましょう。

＊学習問題を板書する。 3

調べる　情報を集める・読み取る・考える・話し合う

板書のポイント
資料２枚を矢印で結び、上に国外の取組、下に国内の取組を位置付けることで、両方の取組から学習問題について話し合いやすくする。

T　国内ではどのような取組がありましたか。 4

C　まず日本国憲法を制定して民主的な国のしくみを整えました。

C　工業を発展させたことも、世界の仲間入りができた理由になりそうです。

T　国外ではどのような取組がありましたか。 5

C　戦争をした国と平和条約を結びました。

C　国連の非常任理事国にもなっています。

戦争をしていた国と平和条約を
結んで、国交を回復させた

国連の非常任理事国に

領土についての課題 4

2

国外の取組 5

7
国際社会の重要な
役割をもつ国

国内の取組 4

資料２　東京オリンピックの開会式

国民総生産世界２位に

環境についての課題 6

工業を発展させて、国民の
生活を豊かにすることができた

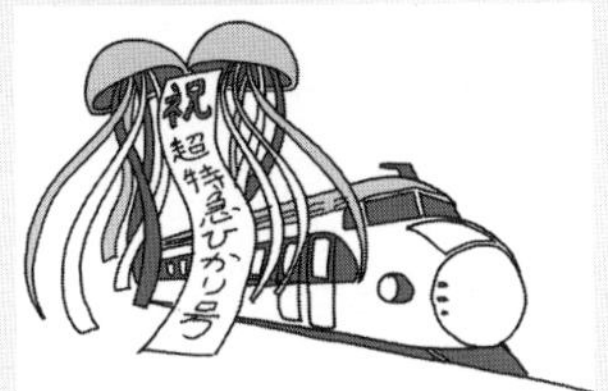

【学習のまとめ】
日本は、国内外の取組を続けることで、国際社会で重要な役割をもつ国にまで復興することができた。

まとめる　整理する・生かす

板書のポイント
資料２枚を結ぶ矢印上に、取組によってどのような国になったかを位置付けることで、日本の国際社会における役割を捉えやすくする。

T　日本の取組はいいことばかりでしたか。
C　領土の問題や公害などの問題が残されています。どちらにも課題があります。 6
T　戦後約20年ほどで世界の仲間入りができた結果、日本はどのような国になったと言えそうですか。 7
C　世界に認められる発展した国
C　世界で重要な役割をもつ国
T　この学習で分かったことと、感想を書きましょう。

学習のまとめの例

・日本は、国内外の取組を続けることで、国際社会で重要な役割をもつ国にまで復興することができた。
・短い期間で世界に認められる国になった当時の日本を、支えていた国民は本当にすごいと思った。

調べる
情報を集める・読み取る
考える・話し合う

日本の課題を調べ、これからの日本について話し合おう

本時の目標

現在の日本を取り巻く課題を調べることを通して、これからの日本が目指す国の在り方について自分の考えをもつことができる。

本時の評価

・領土や国際関係、防災、人権などに着目し、日本が目指す国の在り方を考え、課題を踏まえて判断している。【思②】

用意するもの

写真（竹島、拉致被害者、東日本大震災、アイヌの人々）

本時のめあて 2

これからの日本は
どのような国を目指して
いったらいいのだろう

考えのちがう人たちとの
話し合いを大切にできる国

領土問題

・日本固有の領土
・1954年から韓国が
1 不法に占拠

竹島

本時の展開 ▷▷▷

つかむ 出合う・問いをもつ

板書のポイント

現在の日本を取り巻く課題をいくつか黒板に提示し、どんな日本になったら解決できるかを話題にすることで、本時のめあてをもちやすくする。

T （資料４枚を黒板に提示しながら）これらのことをテレビや新聞で見たことがありますか。 1

C 東日本大震災はよく覚えています。今でもまだ解決していない問題があると聞いたことがあります。

T これらは現在の日本の課題ですが、どんな日本になったら解決できるのでしょうか。

＊本時のめあてを板書する。 2

調べる 情報を集める・読み取る・考える・話し合う

板書のポイント

現在の日本を取り巻く課題を下に、目指す国の在り方を本時のめあての横に位置付けるようにすることで、根拠を踏まえて話し合いやすくする。

T 日本はどのような国を目指していったらいいと思いますか。 3

C 韓国との間で領土の問題があるので、話し合いで解決できる国になって欲しいです。

C 東日本大震災によって多くの命が失われたので、未来のことを考えた災害に強い国づくりが必要だと思います。

C アイヌの人々のことは知らなかったけど、こうしたことを知ることが大切だと思います。

3 話し合って考えたこと

未来のことを考える
ことができる国

平和的な解決を
求め続ける国

困っている人に手を
さしのべることが
優先される国

差別や偏見のない国

4 ふりかえり

これからの日本について
考えたら、自分たちが友
達や地域に対してできる
ことがこれからの日本に
つながると思った。

国際関係

・日本人が無理矢理連れ
去られる
・核兵器の開発

拉致被害者

防災・減災

・2011年に起きた大災害
・多くの人が亡くなり、
今なお復旧が続く

東日本大震災

人権

・戦後でも明治時代の
法律が適用されたまま
・1997年に新しい
法律が制定

アイヌの人々

まとめる　整理する・生かす

板書のポイント
めあての横に位置付けた子供の考えから、自分が納得できる考えを選んだり、自分の考えに付加させたりすることで、考えをもちやすくする。

T　みんなの考えの中から自分が納得できる考えはありますか。

C　考えの違う人たちとの話し合いを大切にできる国に納得です。いろいろな課題を解決するために必要な考えだと思います。

T　これからの日本について話し合った感想を発表しましょう。 4

C　国のことを考えたけど、友達や地域に対してできることがこれからの日本につながると思いました。

学習のまとめの例

・日本には様々な課題があるけど、人との関係を大切にすることがこれからの日本にとって大切である。
・国の未来を考えることは、自分のことを考えることと同じだと思った。これからも考え続けていきたい。

調べる
情報を集める・読み取る
考える・話し合う

歴史学習を振り返って、歴史を学ぶ意味を考えよう

本時の目標

日本の歴史を振り返り未来に残していきたいものについて話し合うことを通して、歴史を学ぶ意味についての考えをもつことができる。

本時の評価

・文化財と先人の考えに着目し、未来に残していきたいものを考え、歴史を学ぶ意味を適切に表現している。【思③】

用意するもの

これまでに学習で取り上げた文化財の写真、人物の肖像画　など

2 本時のめあて

歴史学習をふり返って
未来に残していきたい
ものを考えよう

1

昔から保存されてきた文化財

本時の展開 ▷▷▷

つかむ　出合う・問いをもつ

板書のポイント

これまでに学習で取り上げた文化財の写真や人物の肖像画をいくつか提示することで、本時のめあてについての考えをもちやすくする。

T　法隆寺はいつの時代に建てられたものですか。 1
C　聖徳太子が活躍した飛鳥時代です。
T　そんなに昔の建物がどうして今まで残っているのでしょうか。
C　当時の貴重な建物を大事に守っているからだと思います。
T　みなさんには日本の歴史を振り返って、未来に残していきたいものはありますか。
＊本時のめあてを板書する。 2

調べる　情報を集める・読み取る・考える・話し合う

板書のポイント

子供の発言に沿って文化財と先人の考えに分類して板書に位置付けることで、話し合いの経緯を踏まえながら発言しやすくする。

T　みなさんが未来に残していきたいと考えたものを発表しましょう。 3
C　私は平等院鳳凰堂です。建物を改修して美しくなった姿を残していきたいと思ったからです。
C　私は行基の考え方です。苦しい人々を救い、世の中に貢献していく姿はこれからも残っていって欲しいと思ったからです。
T　目に見える文化財と、目に見えない先人の考えのどちらもが大切ということですね。

3

織田信長の新しいものを取り入れて時代を切り開く姿

行基の苦しい人々を救い世の中に貢献する姿

伊能忠敬の最後まであきらめずに自分の仕事をやり抜く姿

昔から継承されてきた先人の考え

4 歴史を学ぶ意味って何だろう？

話し合って考えたこと

・どの時代にも大切にされてきた文化財があり、それをこれからも自分たちが大切にしていくこと
・歴史をつくってきた昔の人々の考えを、今の世の中を生きていく自分たちのヒントにしていくこと

5 本時のまとめ

私たちは、これまでの日本の歴史をつくり、守ってきた人々の思いを受け継ぎ、社会の一員として日本の発展を担い続けることが大切

4 ふりかえり

日本の過去を学ぶことは、現在や未来を考えることにつながっていた。

まとめる 整理する・生かす

板書のポイント

「歴史を学ぶ意味って何だろう？」と板書して話し合わせることで、文化財や先人の考えを踏まえた考えをもちやすくする。

T　歴史を学ぶ意味って何だと思いますか。4

C　これまでに大切にされてきた文化財を自分たちが大切にしていくことだと思います。

C　昔の人の考えを、今の世の中を生きる自分たちのヒントにしていくことだと思います。

T　未来に残していきたいものについて話し合ってみて、分かったことと感想をノートに書きましょう。5

学習のまとめの例

・これまで日本の歴史をつないできた人や物を大切にしながら、自分たちが新しい歴史をつくっていくことが大切。
・日本の過去を学ぶことは、現在や未来の日本を考えることにつながっていると思った。

3

世界の中の日本

1 つながりの深い国々のくらし

（6時間）

単元の目標

外国の人々の生活の様子などに着目して、日本の文化や習慣との違い、国際交流の果たす役割について考え、表現することを通して、我が国とつながりの深い国の人々の生活は多様であることや、スポーツや文化などを通して他国と交流し、異なる文化や習慣を尊重し合うことが大切であることを理解できるようにするとともに、外国の人々の生活について学習問題を追究し、解決しようとしたり、世界の人々と共に生きようとしたりする態度を養う。

学習指導要領との関連 内容(3)「グローバル化する世界と日本の役割」アの(ア)及び(ウ)、イの(ア)

第1時	第2～4時
つかむ「出合う・問いをもつ」	**調べる「情報を集める・読み取る・考える・話し合う」**
〔第1時〕 ○日本とつながりの深い国に目を向けてみよう。【主①】 ・日本が、どのような国々とつながりをもっているのかを歴史での既習事項を振り返りながら確認する。 **★地球儀や世界地図を用いて空間的に捉えられるようにする。** ・資料から関わりの深い国と日本の学校生活の様子を比較し、違いを調べる。 **★自分たちの学校生活と対比させながら、考えさせる。** ・調べたい関わりの深い国を選択する。 **【学習問題】** 日本とつながりの深い国々の人々は、どんな生活をしているのだろう。	**〔第2時〕** ○自分が選んだ国の人々のくらしを調べよう【知①】 ・自分が選んだ国について、「生活の様子」、「衣食住の特色」、「伝統文化」といった項目を立てる。 **★既習の振り返りをもとに項目を立てるようにする。** 生活の様子（前時）、衣食住（歴史学習）、伝統文化（4年） ・各種資料を用いて調べ学習を行う。 **〔第3・4時〕** ○自分が選んだ国の人々のくらしを調べ、まとめよう【知①】 ・各種資料を用いて調べ学習を行う。 ・同じ国を調べている友達同士で情報を交流し合い、調べ直したり、まとめ直したりする。 **★交流を通して生じた疑問については全体で共有し、より深く調べ直しができるようにする。**

単元の内容

本単元では、大きく二つの内容を扱う。

「我が国とつながりが深い国の人々の生活」と「他国との交流と、異なる文化や習慣の尊重の大切さ」である。

「我が国とつながりが深い国の人々の生活」については、経済や文化などの面でのつながりに着目して教師がつながりの深い国を4か国程度選択し、その中から調べさせる。「他国との交流と、異なる文化や習慣の尊重の大切さ」については、オリンピック・パラリンピックをはじめとしたスポーツでの国際交流に目を向けるだけでなく、音楽や美術、文芸など幅広い視点から国際交流が行われていることに目を向けさせる。相手国理解と共に国旗についても触れ、尊重する態度を養う。

単元の評価

知識・技能	思考・判断・表現	主体的に学習に取り組む態度
①つながりの深い国々の生活の様子に着目して、資料を活用して自分が調べたい国を調べ、その国のくらしの様子や文化・習慣などの特色について理解している。	①外国の人々の生活や文化・習慣などの様子について、日本との違いに着目して問いを見いだし、国際交流の役割について考え、言葉や文章で適切に表現している。	①日本と外国との生活の違いに着目して問いを見いだし、外国の生活の様子について興味・関心を高めている。 ②これまでの学習をもとに、日本人として世界の人々と共に生きようとする意欲を高めている。

【知】：知識・技能　【思】：思考・判断・表現　【主】：主体的に学習に取り組む態度　○：ねらい　・：学習活動　★：見方・考え方

第５時	第６時
まとめる「整理する・生かす」	
（第５時） ○日本とつながりの深い国の人々のくらしについて紹介し合おう。【思①】 ・違う国を調べた友達同士で情報を交流し合い、ノートに気付いたことを書き記す。 **★それぞれの国の相違点や共通点について目を向けさせる。** ・情報の交流を通して、それぞれの国の共通点や、相違点について話し合い、それぞれの国の特徴を捉えさせる。 **★それぞれの国の特徴を日本と比較して捉えさせる。**	（第６時） ○外国の人々とよりよく交流していくために大切なことは何だろう。【主②】 ・資料から、オリンピック・パラリンピックなどのスポーツの交流だけでなく、音楽や美術においても関わり合っていることに気付かせる。 **★国旗についても触れ、相手国とともに尊重できるようにする。** **【学習のまとめの例】** ・相手の国を知るとともに、尊重したり、自国のことを知って発信したりすることが大切。

問題解決的な学習展開の工夫

導入では、既習とのつながりを意識付けさせながら他国との関係性を理解させる。学習問題を立てる場面では、他国との関係性を振り返った上で、「アメリカでは掃除をしない」など、子供たちが驚きを抱くような学校生活の様子を例示する。そして、子供たちに「つながりは深いのに、理解できていない」という問題意識をもたせた上で学習を進めたい。展開では、相手国を理解するために対象とする国を選択して調べ学習を進める。事例とする国の選択肢は教師が提示するが、子供自身に調べる対象を決めさせたい。

そして、終末では「もっと他国を理解するため」のきっかけとして、オリンピック・パラリンピックなどのスポーツや文化での交流について目を向けさせたい。

つかむ
出合う・問いをもつ

日本とつながりの深い国に目を向けてみよう

本時の目標

日本と外国の生活の様子を比較することを通して、日本とつながりの深い国々の生活について関心を高めるようにする。

本時の評価

・日本と外国との生活の違いに着目して問いを見いだし、外国の生活の様子や文化について興味・関心を高めている。【主①】

用意するもの

教科書（上・下）
世界地図
アメリカの子供の生活の様子（写真）

3 本時のめあて

日本とつながりの深い国に目を向けてみよう

1 〈生活〉
服…洋服、中国製
食…中華、イタリアン
　　洋食
　　→肉（オーストラリア、アメリカ）

2 〈歴史の中で〉
・仏教、キリスト教
・遣隋使、遣唐使
・日明貿易、南蛮貿易

本時の展開 ▷▷▷

つかむ　出合う・問いをもつ

板書のポイント
既習事項をもとに、日本と世界の国々の関わりを振り返り、その内容とその国の位置を世界地図の中で確認していく。

T　日本は、世界の国とどのような関わりがありますか。 1
C　食文化の関わり、貿易　など
T　歴史の中でも多くの国々と関わりがありましたね。教科書から振り返ってみましょう。 2
＊資料「世界地図」
T　その中でも、特につながりの深い国々に目を向けていきましょう。
＊本時のめあてを板書する。 3

調べる　情報を集める・読み取る・考える・話し合う

板書のポイント
他国の学校生活についての資料を黒板に貼付し、子供の学校生活と比較させる。その際の子供の自然な反応や思いを板書する。

T　アメリカの人々の生活について、知っていることはありますか。 4
C　ハンバーガーやシリアルを食べる　など
T　給食の時間、アメリカの子供たちはどのように過ごしているでしょう。予想をしてみましょう。
C　お弁当をもってきている。 注文をする。
＊資料「アメリカの学校生活」
T　どのように感じましたか。
C　思ったよりも知らないことが多い。

様々な国との
つながりの中で
発展した日本

・戦争（中国、ロシア アメリカなど）
・GHQ（アメリカ）
・東京オリンピック（各国）

4 〈つながりの深い国〉

アメリカ　学校

給食の様子

スクールバスでの登校

日本とちがう！　びっくり！
知らなかった!!

5

【学習問題】
日本とつながりの深い国の人々は
どんな生活をしているんだろう

・アメリカ　・中国　・韓国
・サウジアラビア

まとめる　整理する・生かす

板書のポイント
学習問題と調べる対象とする国を板書する。調べる国を決めた子供には学習問題に対する予想をノートに書かせる。

T　日本とつながりの深い国の人々はどのような生活をしているのでしょうか。 5

【学習問題】日本とつながりの深い国々の人々は、どんな生活をしているのだろう。

T　日本とつながりの深い国々の中で、どの国を調べたいですか。
＊対象にする国を提示する。
T　学習問題の予想を書きましょう。

学習問題の予想例

本時では、学習問題を設定したため、学習のまとめではなく、学習問題の予想を書かせたい。
・その国独自のものを食べているのではないか。
・日本のように伝統的な行事があるのではないか。
・日本と気候が違うと思うから、衣服や住まいも違うと思う。
・大体は日本と同じような生活をしているのではないか。
・日本人がその国でも働いていたり、日本と貿易でつながっていたりするのではないか。

調べる
情報を集める・読み取る
考える・話し合う

自分が選んだ国の人々のくらしを調べよう

本時の目標

つながりが深い国々の生活の様子について資料を活用して調べることを通して、その国のくらしの様子を理解できるようにする。

本時の評価

・つながりが深い国々の生活の様子に着目して、資料を活用して自分が調べたい国を調べ、その国のくらしの様子について理解している。【知①】

用意するもの

教科書・模造紙
既習に関する写真

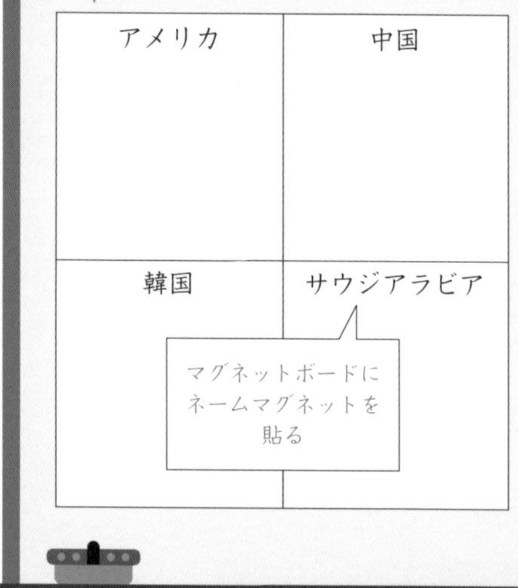

本時の展開 ▷▷▷

つかむ　出合う・問いをもつ

板書のポイント
子供の発言をもとに既習事項を振り返り、調べる際の項目を立てていく。子供が既習を想起できるように必要に応じて写真資料を準備する。

T　学習問題を振り返りましょう。
日本人はどのような生活をしていますか。今までの学習を振り返ってみましょう。
C　服装（和服）、食文化（和食）、住まい（書院造）、伝統文化（年中行事、伝統工芸）、仕事（農業、水産業、工業など）
T　これらについて自分が選んだ国のくらしを調べていきましょう。 1
＊本時のめあてを板書し、自分が選んだ国の所にネームマグネットを貼らせる。

調べる　情報を集める・読み取る・考える・話し合う

板書のポイント
調べる項目について模造紙にまとめておき、次時でも活用できるようにしておきたい。

T　今回は調べ、次回まとめていきます。みんなはどの項目から調べていきたいですか。調べる計画を隣の人と伝え合いましょう。
T　それぞれの項目について調べていきましょう。 2
＊各項目ごとに色を決め、教科書に色鉛筆などで印をつけたり、ふせんをはったりさせる。
＊途中で進捗状況を確認する。「ここまで自己採点すると何点ですか」「隣の友達に調べたことを一言でお話してごらんなさい。」など。

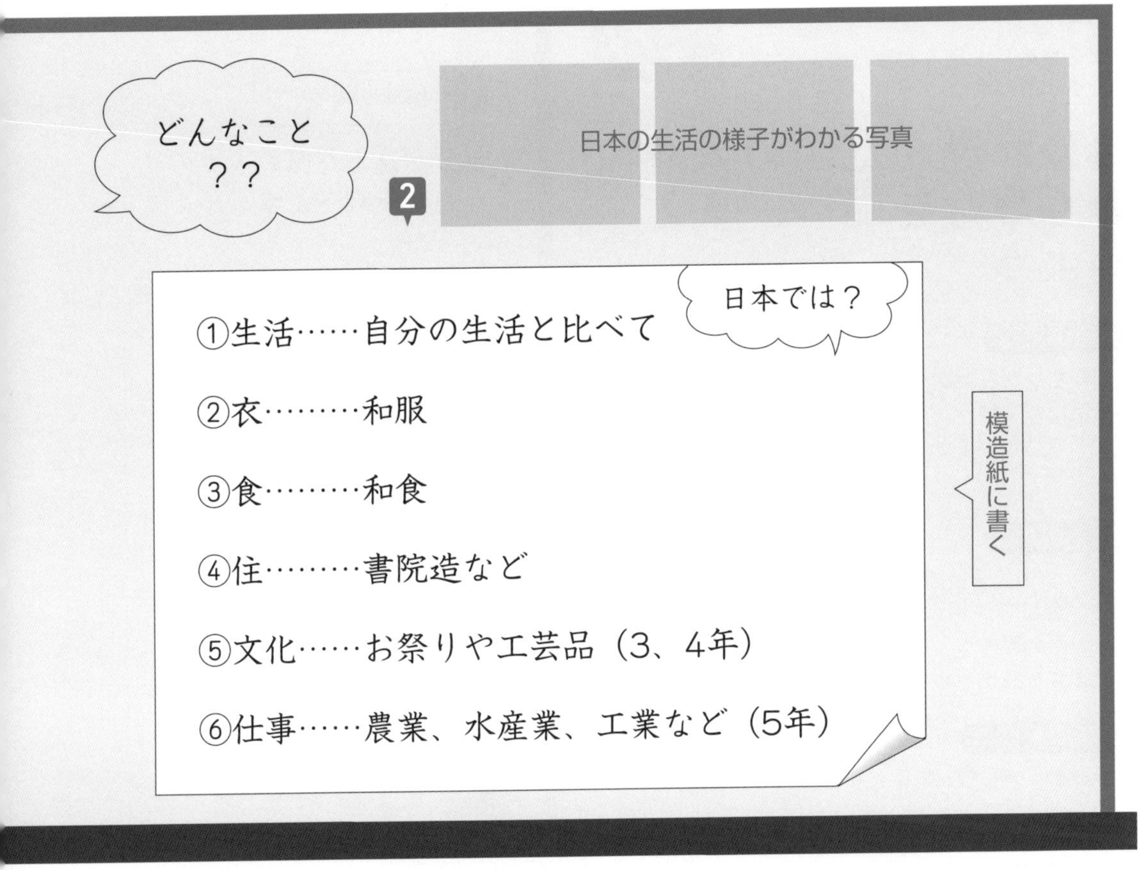

どんなこと
？？

2

日本の生活の様子がわかる写真

日本では？

①生活……自分の生活と比べて

②衣………和服

③食………和食

④住………書院造など

⑤文化……お祭りや工芸品（3、4年）

⑥仕事……農業、水産業、工業など（5年）

模造紙に書く

まとめる 整理する・生かす

板書のポイント

板書をもとに次回調べたい項目を確認させる。

T 今日は、ここまでとします。調べて分かったことを隣の友達と一言で伝え合いましょう。

T 調べ足りないことは何ですか。

T 今日学んだことを振り返り、次回のめあてを立てましょう。

＊ゲストティーチャーとして保護者やＡＬＴ、国際交流協会の方などに協力してもらうことも考えられる。

学習のまとめの例

本時では、子供がそれぞれ調べ学習を進めているため、各自で調べ学習を通して気付いたことなどを短くまとめさせたい。

・アメリカの人々は週末にパーティをすると分かった。僕は誕生日の時にしかしないので驚いた。

・アメリカの人は、週末に食料をまとめ買いすると書いてあったけど、僕の家と同じだ。スーパーマーケットとかはないのかな。

・今日は、伝統的なお祭りなどについて調べられなかったから、次回は重点的に調べていきたい。

調べる
情報を集める・読み取る
考える・話し合う

自分が選んだ国の人々のくらしを調べ、まとめよう

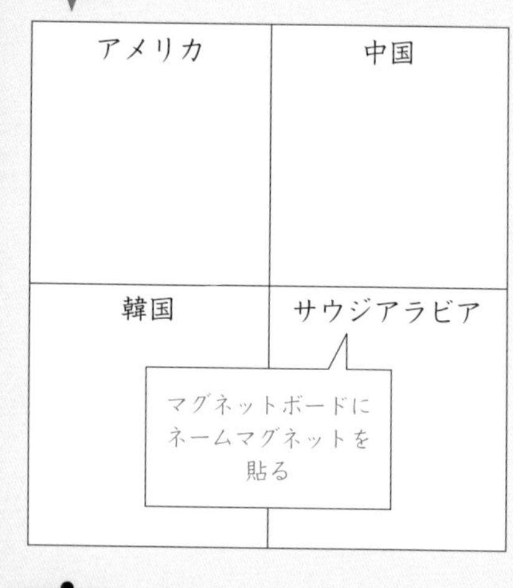

本時の目標

つながりが深い国々の生活の様子について資料を活用して調べ、その国のくらしや文化・習慣などの特色をまとめることができるようにする。

本時の評価

・つながりが深い国々の生活の様子に着目して、資料を活用して自分が調べたい国を調べ、その国のくらしや文化・習慣などの特色を理解し、まとめている。【知①】

用意するもの

教科書、模造紙（前時でまとめたもの）

本時の展開 ▷▷▷

つかむ　出合う・問いをもつ

板書のポイント

事前に模造紙を掲示しておき、前回の調べ学習を振り返り、本時のめあてを想起しやすくする。

T　今回、あなたが調べることはなんですか。隣の友達と伝え合ってごらんなさい。 1

T　次のような項目で調べるのでしたね。 2

・服装　・食文化　・住まい

・伝統文化　・仕事

T　それでは調べ学習を始めましょう。

＊本時のめあてを板書する。 3

調べる　情報を集める・読み取る・考える・話し合う

板書のポイント

交流する際の手順を黒板に示し、交流の際、円滑に活動できるようにする。

T　同じ国を調べている友達と意見を交流してみましょう。友達の発表を聞いて、よかったことや疑問を伝え合いましょう。 4

T　もっと調べたい点、調べ足りない点を伝え合ってみましょう。

＊子供の実態に応じて、チームを組んで分担することも考えられる。

・調べる方法の分担（図書・教科書・ＰＣ）

・調べる内容の分担（各国ごとの各項目）

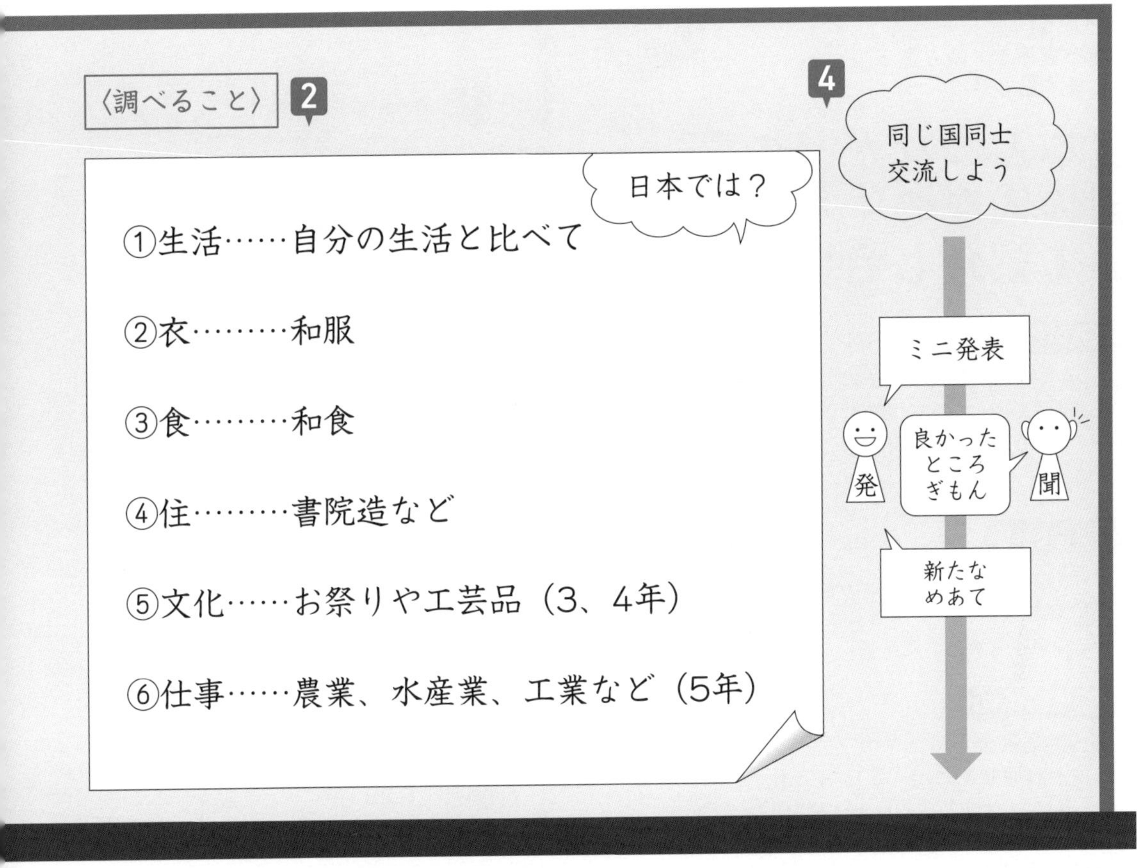

〈調べること〉 2

①生活……自分の生活と比べて

日本では？

②衣………和服

③食………和食

④住………書院造など

⑤文化……お祭りや工芸品（3、4年）

⑥仕事……農業、水産業、工業など（5年）

4

同じ国同士交流しよう

ミニ発表

発　良かったところ ぎもん　聞

新たなめあて

まとめる　整理する・生かす

板書のポイント

板書をもとに次回調べたい項目を確認させる。

T　ここまで自分が調べた内容を発表する練習をしましょう。

T　同じ国を調べている友達と意見を交流してみましょう。前回交流した友達とは別の友達と交流しましょう。

T　今回まで調べてきたことを振り返り、ノートにまとめましょう。

学習のまとめの例

本時では、子供がそれぞれ調べ学習を進めているため、各自で調べ学習を通して気付いたことなどを短くまとめさせたい。

・友達の発表を聞いて、メモを読むだけではなく、ジェスチャーや絵を使って発表していたのがよかった。僕も、自分の言葉で発表できるようにしておきたい。

調べる
情報を集める・読み取る
考える・話し合う

日本とつながりの深い国の人々のくらしについて紹介し合おう

本時の目標

外国の人々の生活や様子について紹介する活動を通して、日本の文化や習慣との違いや国際交流の大切さについて考えることができるようにする。

本時の評価

・外国の人々の生活や様子について、日本との違いに着目して問いを見出し、国際交流の役割について考え、適切に表現している。【思①】

用意するもの

調べ活動をまとめたもの（児童）、交流用のプリント（児童配布用／黒板掲示用）

1 本時のめあて　自分が調

2
発表時こく

9:35 ～ 40	①アメリカ
9:40 ～ 45	②中国
9:45 ～ 50	③韓国
9:50 ～ 55	④サウジアラビア

本時の展開 ▷▷▷

つかむ　出合う・問いをもつ

板書のポイント
本時の活動の流れを提示し、見通しをもって学習に取り組めるようにする。

＊本時のめあてを板書する。 1

T　ここまで自分が調べてきた国について紹介し合いましょう。まず、発表の練習をしましょう。

T　次の順番で発表しましょう。 2
 1 アメリカ　2 中国　3 韓国　4 サウジアラビア

T　日本と比べて似ているところ、違うところを見つけながら聞きましょう。

調べる　情報を集める・読み取る・考える・話し合う

板書のポイント
友達の発表を聞いてまとめる際に、円滑に活動できるように、黒板のプリントを用いて書き方を例示する。

T　日本と比べて似ているところ、違うところを発表していきましょう。

C　衣装、食べ物、住まいどれもそれぞれ違っています。

C　違いは、それぞれの国は独自の文化をもっていることです。

C　似ているところは、それぞれの国が自分の国の文化を大切にしているところです。

C　仕事の内容は全体的に似ていると思いました。

べたことを交流し合おう

日本と比べて	
ちがうところ	にているところ
さまざまな民族 農場が広い	野球好き ハロウィン
休みの日も学校 一人っ子政策	学校制度（小６中３） 漢字　お茶　中華料理
独自の服　儒教	テレビドラマ・マンガ 造船業
イスラム教 石油産業	日本の自動車

3

〈それぞれの国を比べて〉

・学校はあるけど仕組みはちがう。
・年末年始には行事でお祝いをしている。
・中国韓国と日本はにている。

〈どの国も……〉

・それぞれの国の言葉がある。
・伝統や文化があり大切にしている。

まとめる　整理する・生かす

板書のポイント

板書をもとに次回調べたい項目を確認させる。

T　それぞれの国を比べて気付いたことはありますか。 3

T　どの国にも共通して言えることはありますか。

C　それぞれに独自の文化があること　など

T　国ごとに違いも共通点もあることが分かりましたね。日本はそれらの国々とどのように関わっていけばよいでしょうか。ノートにまとめましょう。

学習のまとめの例

〈振り返りの例〉

・それぞれの国で生活や文化は違う。お互いに相手の国の習慣や文化を理解し合いたい。
・韓国や中国とは文化が似ていて、お互いに影響を与え合っているのが分かった。これからは距離の遠い国とも交流を深めて影響を与え合えるようにしていけるといい。

まとめる
整理する・活かす

外国の人とよりよく交流していくために大切なことは何だろう

本時の目標

国際交流の様子について調べることを通して、我が国や外国の人々の生活や伝統文化を尊重しようとする意欲を高めるようにする。

本時の評価

・これまでの学習をもとに、生活や文化を尊重し合い、日本人として世界の人々と共に生きようとする意欲を高めている。【主②】

用意するもの

教科書、オリンピック・パラリンピックの写真、他国の文化の写真、各国の国旗、国旗について調べられる図書資料等

1 本時のめあて

外国の人たちとよりよい交流をしていくために大切なことは何だろう

2 《スポーツ》
オリンピック　パラリンピック

相手の国を思いやる心

本時の展開 ▷▷▷

つかむ　出合う・問いをもつ

板書のポイント
オリンピック・パラリンピックの様子を動画を交えながら提示し、子供の興味関心を引き出していく。

T　前回、どのようなことを学びましたか。
T　今日は、よりよい交流をしていくために、どのようなことを大切にしていけばよいのか考えましょう。
＊本時のめあてを板書する。 1
T　東京オリンピックの写真を見て気付いたことはありますか。 2
C　競い合うだけではなく、思いやりの心をもっている。
C　国旗を背負って戦っている。

調べる　情報を集める・読み取る・考える・話し合う

板書のポイント
オリンピック・パラリンピックの写真から、国旗に目を向けさせていく。

T　各選手は国旗も大切にしていますね。国旗にはどのような意味があるのでしょうか。
T　他の国の国旗も調べてみましょう。 3
T　オリンピックの旗にも意味があるのでしょうか。
C　5つの大陸が重なり合って協力している。
T　スポーツ以外でも交流の機会はありますか。調べてみましょう。 4
・音楽　・演劇　・美術など
＊日本の文化とも対比させる。

3《国旗》

線…独立の時　星…今の州

意味を知って大切にしようとする心

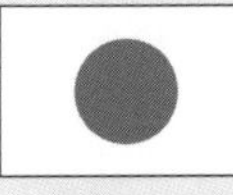

太極…宇宙　記号…東西南北

尊重

日章旗
赤丸…太陽

星：大：共産党　小：人々

4

《音楽》

《美術》

歌川広重の絵

洋画家の絵

ゴッホの絵

他国に学んだり良さを発信したりすること

《演劇》

まとめる　整理する・生かす

板書のポイント

子供の発言を「国際交流」「国際理解」というキーワードでくくって板書に残し、子供に印象付けるようにする。

T　よりよく交流するためには、相手を知ることとともに必要なことがありそうですね。今まで学んできたことをまとめて書きましょう。

＊「相手国を知ることとともに～」で書き始めるようにする。

学習のまとめの例

・相手国を知るとともに、尊重したり、自国のことを知って発信したりすることが大切。
・相手国を知るとともに、それぞれの文化のつながりを考え、つながろうとしていくことが大切。
・相手国を知るとともに、相手のよさを学んだり、自国のよさを発信していくことが大切。

2　5時間
明日の世界と日本の役割

単元の目標

地球規模で発生している課題の解決に向けた連携・協力などに着目して、国際連合の働きや我が国が果たす役割を考え、表現することを通して、我が国が国際連合の一員として重要な役割を果たすとともに、諸外国への援助や協力を行っていることを理解できるようにするとともに、世界の様々な課題を解決する為の活動について、学習問題を追究し、解決しようとしたり、我が国が国際社会において果たすべき役割を考えようとしたりする態度を養う。

学習指導要領との関連　内容(3)「グローバル化する世界と日本の役割」アの(イ)及び(ウ)、イの(イ)

第1時	第2時
つかむ「出合う・問いをもつ」	調べる
〔第1時〕 ○世界には、どのような課題があるのだろう。【主①】 ・日本は戦後復興のために、国際社会から支援・融資を受けてきたことを資料から調べる。 **★既習を振り返りながら課題をつかませる。** **【学習問題】** 世界の様々な課題を解決するために、日本はどのような活動をしているのだろう。 ・資料から、世界の様々な課題について調べる。 ・予想や学習計画を立てる。	〔第2時〕 ○国際連合の役割は何だろう。【知①】 ・資料から、国際連合の仕組みや取組を調べる。 ・世界の課題とユニセフの取組を関連付けて考えさせる。 **★ユニセフの具体的な活動から、国際連合に目を向けさせ、興味をもたせる。**

単元の内容

本単元では、大きく二つの内容を扱う。

「我が国は国際連合の一員として重要な役割を果たしていること」と「諸外国の発展のために援助や協力を行っていること」である。「我が国は国際連合の一員として重要な役割を果たしていること」については、国際連合の働きを取り上げるが、抽象的な学習に終始しないように、ユニセフなど具体的な取組について生活経験や映像資料などを活用して身近に感じられるようにする。

「諸外国の発展のために援助や協力を行っていること」については、青年海外協力隊の活動を通して隊員の方の想いなどに共感しながら、具体的に学習に取り組めるようにしたい。その際、元隊員など、地域の人材に協力していただけるとより効果的である。

単元の評価

知識・技能	思考・判断・表現	主体的に学習に取り組む態度
①各種の資料からユニセフや青年海外協力隊などの様子を捉える上で必要となる事柄を読み取り、国際連合の働きや我が国の国際協力の様子などについて理解している。	①青年海外協力隊の活動に着目して問いを見いだし、国際社会において我が国が果たしている役割を考え、言葉や文章で適切に表現している。	①地球規模で発生している課題を解決するための活動について、予想や学習計画を立てたり、学習を振り返ったりして学習問題を追究し、解決しようとしている。 ②これまでの学習を振り返り、国際社会の一員として世界の国々とどのように関わっていけばよいか話合い、平和な国際社会の実現について関心を高めている。

【知】：知識・技能　【思】：思考・判断・表現　【主】：主体的に学習に取り組む態度　○：ねらい　・：学習活動　★：見方・考え方

第３・４時	第５時
「情報を集める・読み取る・考える・話し合う」	まとめる「整理する・生かす」
〔第３・４時〕 ○青年海外協力隊はどのような国際協力の活動をしているのだろう。　【知①・思①】 ・青年海外協力隊の活動を資料から読み取る。 **★青年海外協力隊の人の顔写真や言葉を提示し、子供の学習意欲を喚起させる。** ・青年海外協力隊で活動する人々はどのような思いや考えをもっているのだろうか。 **★教育、医学、農業など様々な分野で活躍している日本人を広く取り上げる。** **★働いている人の想いに触れさせ、共感的に理解できるようにする。**	**〔第５時〕** ○学習を振り返り、世界の平和について考えをまとめよう　【主②】 ・今までの学習を振り返り、我が国が果たす役割について話し合う。 **★我が国、他国、国際的な機関などの立場から多角的に考えられるようにする。** ・今までの学習を振り返り、世界の人々と共に生きていくために大切なことについて話し合う。 **★私たちにできることについて自分事として考えられるようにする。** **【学習のまとめの例】** スポーツや文化を通して交流し、理解を深めたり、国際連合や青年海外協力隊の活動を通して協力や支援を行ったりしている。

問題解決的な学習展開の工夫

導入では、既習とのつながりを意識付けながら日本の戦後復興には自助努力だけでなく、他国による支援や融資があったことをつかませ、「日本が国際社会で果たすべき役割」について目を向けさせたい。

展開の前半では、国際連合について取り上げる。募金活動などの具体的で生活経験につながる資料を通してユニセフ及び国際連合についての学習に結び付けたい。展開の後半では、青年海外協力隊で活動する人について取り上げる。人に焦点を当て、具体的な学習を展開することで、終末で「私たち」の立場から考えるための一助としたい。

終末では、国などという広い立場からだけではなく、私たちという立場からも考えさせることで、社会の一員であるという自覚を養いたい。

つかむ
出合う・問いをもつ

世界にはどのような課題があるのだろう

本時の目標

地球規模で発生している課題について調べることを通して、課題の解決に向けた取組への関心を高めるようにする。

本時の評価

・日本の戦後復興の取組に着目して問いを見いだし、地球規模で発生している課題について調べ、課題の解決に向けた取組への関心を高めている。【主①】

用意するもの

教科書、資金援助の資料（ガリオア資金、エロア資金）、世界の課題の写真

2 本時のめあて

世界にはどのような課題があるのだろう

1

日本
・豊か
・発展
・文化

現代

東海道新幹線の開通

復興

他国から

資金、食料などの援助

戦後

支援のミルクを分ける日本の子ども

本時の展開 ▷▷▷

つかむ 出合う・問いをもつ

板書のポイント

復興前後の写真を対比的に提示し、その間に行われた復興活動の苦労に目を向けさせる。

T　日本はどのような国ですか。 1

T　戦後、どのように復興してきたのでしょうか。

C　食糧や医薬品の援助（ガリオア資金）

C　資金援助（エロア資金）

T　日本人の努力だけではなく、他国の援助もあり、日本は困難を乗り越えたのですね。

T　昔の日本のように、今でも課題と向き合っている国はあるのでしょうか。

＊本時のめあてを板書する。 2

調べる 情報を集める・読み取る・考える・話し合う

板書のポイント

写真資料で世界の課題の様子を提示し、子供たちにイメージをもたせる。適宜、映像資料を交えて実感的に捉えさせたい。

T　世界にはどのような課題があるのか調べてみましょう。 3

C　環境問題（地球温暖化、熱帯雨林減少等）

C　紛争

C　貧困（教育の機会・食べ物の不足、病気）

T　日本人として、私たちはそのような課題に対してどのように向き合っていけばよいですか。 4

C　日本が支援を受けたように、支援していきたい。

3 〈世界の課題〉

地球温暖化

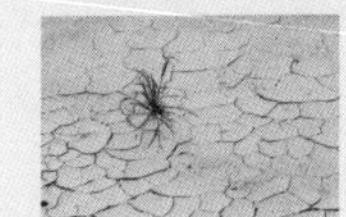
砂漠化

環境の課題

自然の減少

紛争

人々の課題

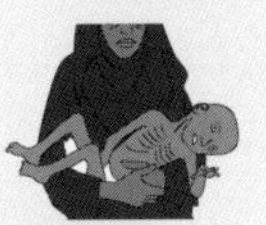

食糧不足

病気

4 日本人として
・援助したい
・お返ししたい

5

【学習問題】
世界の様々な課題を解決するために、日本はどのような活動をしているのだろう

よそう
・ぼ金
・助けに行く
・技術を教えている

まとめる 整理する・生かす

板書のポイント
板書をもとに本時を振り返りながら、学習問題を立てられるように支援する。学習問題を立てた後、予想をノートに書かせる。

T 世界の課題を解決するために日本はどのようなことをしているのか考えていきましょう。 5

【学習問題】世界の様々な課題を解決するために、日本はどのような活動をしているのだろう。

T 予想をしてみましょう。

学習問題の予想例

本時では、学習問題を立てたため、学習のまとめではなく、学習問題の予想を書かせたい。
・学校でもやっている募金で世界の貧しい人を救っている。
・日本で災害が起きたときのようにボランティアの人が助けに行っている。
・海外に行って日本の技術を教えている人がいる。
・海外の人と一緒に仕事をして課題に立ち向かっている。

調べる
情報を集める・読み取る
考える・話し合う

世界の課題を解決するために、国際連合はどのようなことをしているのだろう

本時の目標

我が国が、平和な世界の実現のために国際連合の一員として重要な役割を果たしていることを理解できるようにする。

本時の評価

・ユニセフなどの具体的な活動に着目して問いを見出し、国際連合の一員としての我が国の役割を理解している。【知①】

用意するもの

ユニセフ募金の様子を写した写真、SDG s に関する資料

2 本時のめあて

世界の課題を解決するため、国際連合は、どのようなことをしているのだろう。

1

〈ユニセフ〉

子どもたちをうえや病気から救う

ぼ金活動の様子

本時の展開 ▷▷▷

つかむ　出合う・問いをもつ

板書のポイント
校内で募金活動に取り組んでいたり、ユニセフの学校に指定されていたりする場合は、写真資料などをもとに具体的な場面を提示する。

T　これは何の様子の写真ですか。 ◀1
C　募金活動。
T　ユニセフに募金したお金はどこでどう使われているのでしょうか。調べてみましょう。
C　貧しい国の子どもたちを病気や飢えから救っている。
T　だれがそのお金を集めているのでしょう。
C　ユニセフ。その大元は国際連合。
＊本時のめあてを板書する。 ◀2

調べる　情報を集める・読み取る・考える・話し合う

板書のポイント
前時の学習でまとめた「課題」をもとに取組がどのような「課題」に対応しているのかを結び付けて考えさせる。

T　国際連合は子どもへの支援の他にどのような支援をしていますか。調べてみましょう。 ◀3
C　ユネスコで世界遺産を守っている。
C　平和維持活動をしている
C　WHO で伝染病をなくす努力をしている。
C　持続可能な開発の会議（SDG s）
T　そのような取組は世界のどのような課題に対して行われているのでしょうか。

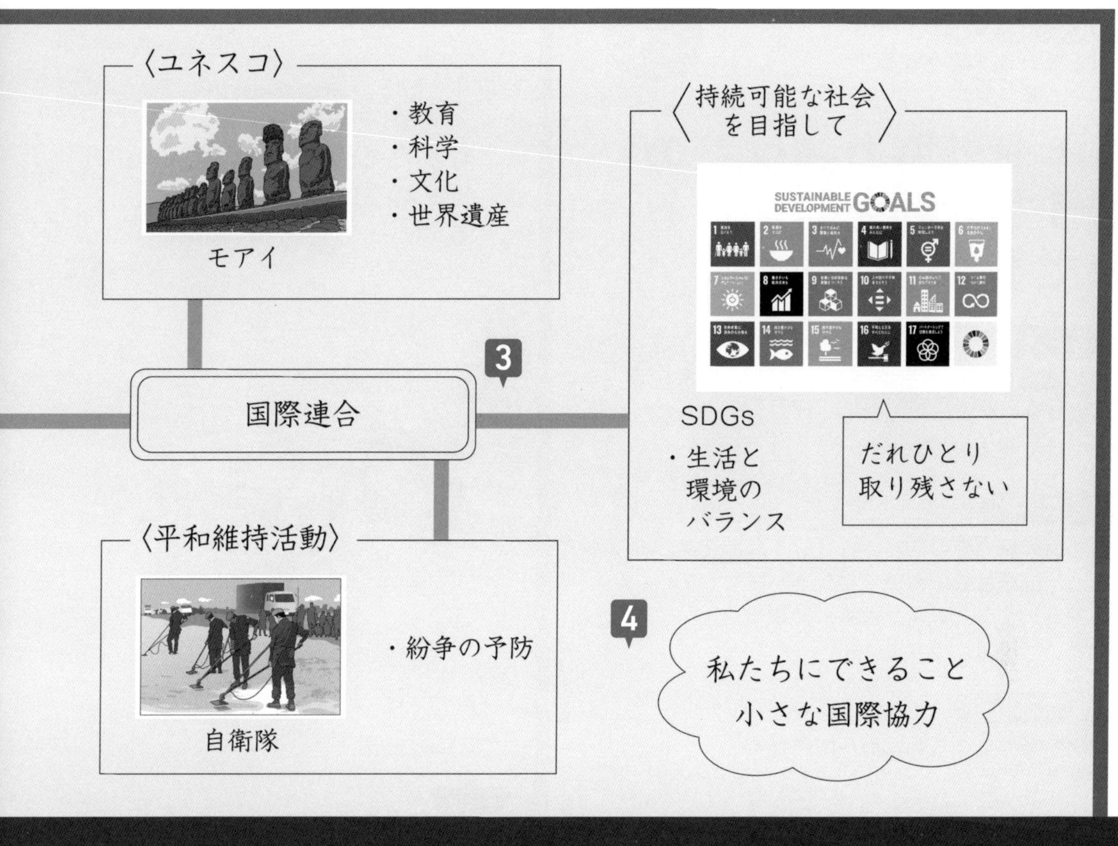

まとめる 整理する・生かす

板書のポイント
板書をもとに国際連合の活動を振り返り、個人ではなく組織としての活動であることに気付かせ、次時への課題意識をもたせたい。

T　SDG sの目標を見て、自分にもできそうなことはありますか。 4
C　募金活動　ごみ拾い　節水　平等に考える
T　今日の学習の振り返りを書きましょう。
T　国際連合の取組と同時に、私たち個人の取組も大切ですね。個人で活動している人たちもいるのでしょうか。次回学んでいきましょう。

学習のまとめの例

〈振り返りの例〉
・ユニセフの募金は世界の子どもたちのために役に立っていることが分かった。日本もユニセフの支援に助けられたと聞いて驚いたけど、その支援を他の国に広げていきたい。
・国際連合は、世界の課題を解決するために様々な取組をしている。私たちにできることは小さなことかもしれないけど、その小さなことを少しずつ意識していきたい。

調べる
情報を集める・読み取る
考える・話し合う

青年海外協力隊はどのような活動をしているのだろう

本時の目標

青年海外協力隊の活動を調べることを通して、国際社会において我が国が果たしている役割について考え、表現する。

本時の評価

・青年海外協力隊の活動に着目して問いを見いだし、国際社会において我が国が果たしている役割について考え、言葉や文章で表現している。【思①】

用意するもの

海外協力隊員の活動についての資料

2 本時のめあて

青年海外協力隊の○○さんはどのような活動をしているのだろう

1 〈青年海外協力隊〉

日本の人？

治りょうをしているのかな

かん者さんは外国の人だ

本時の展開 ▷▷▷

つかむ　出合う・問いをもつ

板書のポイント

○○さんの活動の様子を大きく写真で提示し、学習に対する興味関心を喚起する。

T　写真を見て、気付いたことは何ですか。 1

C　日本の人が活動している。周りは外国人だ。

C　青年海外協力隊の○○さんは、どのような活動をしているのかな。

＊本時のめあてを板書する。 2

＊保護者や地域に青年海外協力隊で働いた経験のある方がいる場合はゲストティーチャーで招き、お話を聞きたい。

調べる　情報を集める・読み取る・考える・話し合う

板書のポイント

○○さんの顔写真を提示し、○○さんに対して身近に感じ取れるようにする。

T　○○さんは○○の仕事をしています。○○さんが働いている国は（国名）です。どこにあるのか調べてみましょう。 3

T　（国名）にはどのような課題（支援の要請）があるのでしょうか。

T　それに対して○○さんがしている活動は何ですか。

C　（国名）の課題を解決するための活動をしている。

3
○○さん
・日本で看ご師をしていた。
・今はフィリピンにいる。

〈支援内容〉
フィリピンの人の生活習慣の指導をしている。

〈国の課題〉
生活習慣病の人がとても多い

国の様子

4
な国にしたい!!

まとめる 整理する・生かす

板書のポイント
板書をもとに○○さんの仕事に対する思いを想像させる。

T ○○さんは（国名）をどのような国にしたいと考えているのでしょうか。 4
T 今日の学習を振り返りましょう。
T ○○さんの働きは分かりましたが、○○さんはなぜ、このような活動をしているのでしょうか。○○さんの想いを次回学んでいきましょう。

学習のまとめの例

〈振り返りの例〉
・○○さんは（国名）の課題を解決して、その国の人々を救いたいと思っていると思う。
・○○さんは（国名）が自分たちの力でよりよい国になることを願って応援していると思う。
〈青年海外協力隊の仕事〉
『JICA 海外協力隊の世界日記』から現在派遣されている方の活動を調べることができる。

調べる
情報を集める・読み取る
考える・話し合う

青年海外協力隊で活動する人々はどのような思いや考えをもっているのだろう

本時の目標

青年海外協力隊として活動する日本人について、地図帳や各種資料で調べ、思いや考えについてまとめることができるようにする。

本時の評価

・青年海外協力隊として活動する日本人の取組に着目して問いを見いだし、地図帳や各種資料で調べ、思いや考えについてまとめることができるようにする。【知①】

用意するもの

海外協力隊員の活動についての資料

本時の展開 ▷▷▷

つかむ　出合う・問いをもつ

板書のポイント
○○さんが笑顔で活動している様子の写真を提示して、児童の興味関心を喚起する。

T　前回学んだことは何ですか。 1
C　○○さんが（国名）で活動をしていること。
T　今回は○○さんの働いている様子です。気付いたことは何ですか。
C　大変な環境で仕事をしている。
C　でも、笑顔で楽しそうに働いている。
＊本時のめあてを板書する。 2

調べる　情報を集める・読み取る・考える・話し合う

板書のポイント
仕事の大変さとやりがいとを対比的に板書に残し、やりがいの部分に目を向けられるようにしたい。

T　○○さんが大変だったことはなんだと思いますか。調べてみましょう。 3
C　（国名）で生活する人々の生活がよりよくなることを願って真剣に働いている。
C　生活する環境が日本と違うために、慣れるのに苦労したそうだ。
C　働くための道具が十分にそろっていないから、上手く作業できなくて困ることもあった。
T　それでも笑顔でいる○○さんはどのような想いで働いているのでしょうか。

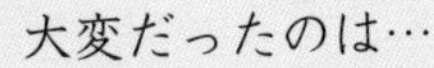

大変だったのは…

仕事への想い
やりがい

4 青年海外協力隊の派遣国と人数

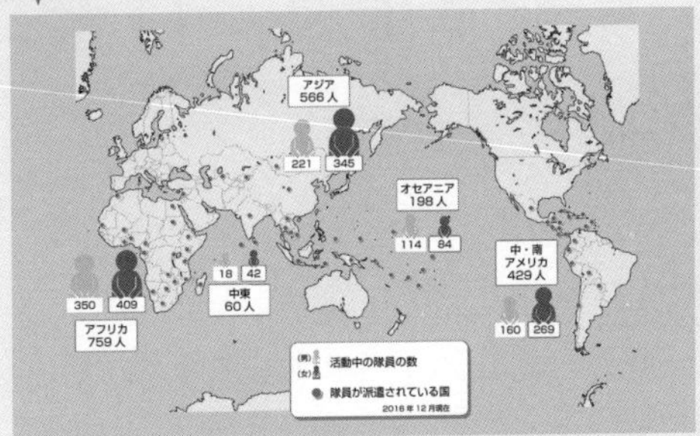

ODA…国が中心
NGO…民間が中心

NGOの活動の様子

⇨日本人としての国際協力

まとめる　整理する・生かす

板書のポイント
NGO の活動など、様々な日本人の様子を見せ、多様な支援を多くの人が行っていることをつかませたい。

T　青年海外協力隊で働いている人は、現在1673人（2019年６月30日現在）います。他にも、NGO……など様々な組織の中で、世界の課題の解決のために働いている人がいます。 4

T　学習を振り返り、ノートに自分の考えをまとめましょう。

学習のまとめの例

〈振り返りの例〉
・○○さんは、日本人として自分にできることを考えて活動していた。生き生きと活動する姿を見て、日本人としてほこりに思った。
・○○さんのように世界の課題を解決するために活躍する人は、たくさんいるのだと分かった。政府だけでなく民間でも幅広く支援をしていることに驚いた。

まとめる
整理する・活かす

学習を振り返り、日本の役割について考えをまとめよう

本時の目標

国際社会の一員として、平和な国際社会の実現を目指すために大切なことや、自分にできることについて話合い、関心を高めるようにする。

本時の評価

・これまでの学習をふり返り、国際社会の一員として、世界の国々とどのように関わっていけばよいか、話合い、平和な国際社会の実現について関心を高めている。【主②】

用意するもの

今までの学習を振り返るための資料、ワークシート

1 本時のめあて どのように

3 〈私が今、力を入れていきたいのは…〉

2 【学習問題】
世界の様々な課題を解決するために、日本はどのような活動をしているのだろう。

【学習のまとめ】
スポーツや文化を通して交流し理解を深めたり、国際連合や青年海外協力隊の活動を通して協力や支援を行ったりしている。

本時の展開 ▷▷▷

つかむ 出合う・問いをもつ

板書のポイント
板書で例示をし、関連図のイメージをもたせてから作業に取り組ませる。

＊本時のめあてを板書する。 1

T 「国際理解」「国際交流」「国際協力」についてどのようなことを学んできましたか。

C スポーツや文化を通して国際交流している。

C 国際連合や青年海外協力隊を通して支援し合い、国際協力している。

T 学習を振り返って、あなたは世界の国々とどのようにかかわっていくかまとめましょう。

＊学習問題を板書する。 2

調べる 情報を集める・読み取る・考える・話し合う

板書のポイント
子供の意見を板書に書き足していき、学習のまとめでヒントにできるようにしたい。

T 「国際理解」「国際交流」「国際協力」について、今、あなたが力を入れたいことは何ですか。そして、それはなぜですか。プリントにまとめましょう。 3

T 似ている意見の友達と意見を交流しましょう。

T 全体で意見を交流しましょう。

C 私は、特に国際交流に力を入れたいです。オリンピックなどで交流する機会があるので、外国の文化などをもっと知りたいからです。

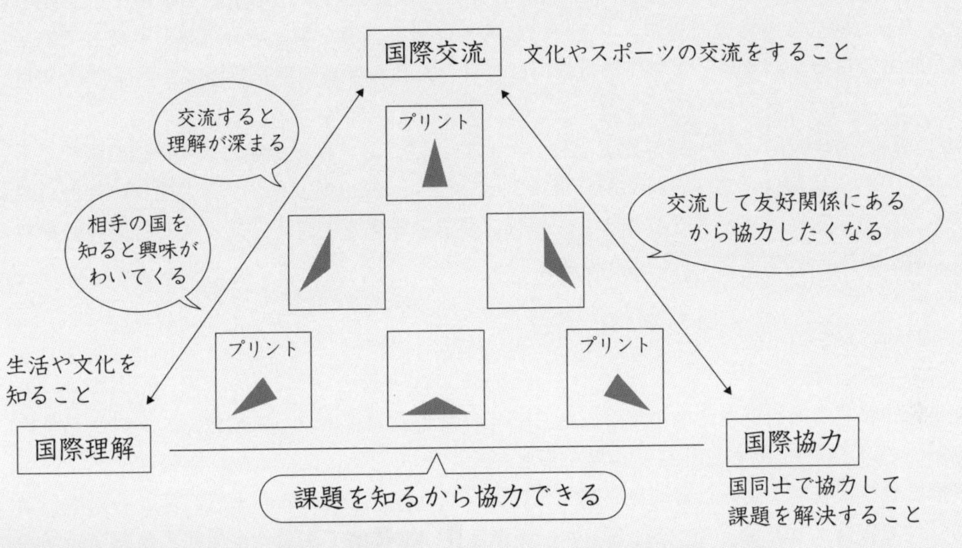

まとめる　整理する・生かす

板書のポイント

板書を振り返りながら、ノートにまとめられるようにする。

T　将来に目を向けて、あなたは日本人の一人としてどのように世界の国々と関わっていきたいですか。 4

C　今の日本の生活があるのは、日本ならではの歴史や文化を大切にしてきたからだと思う。だから私は中学に行ったら他国の歴史や文化について知ることから始めたい。

T　学習を振り返り、ノートにまとめましょう。「日本人として私は……」で書き始めましょう。

学習のまとめの例

〈振り返りの例〉

・日本人として私は、まず外国について知ることから始めたい。今回、勉強して、世界の国々に関心をもった。これからも関心をもって世界の出来事を見ていきたい。

・日本人として私は、交流することを大切にしたい。最近、外国人が旅行などで街を歩いている姿を見る。もし、困っている外国人がいたら声をかけて交流していきたい。そのためにも、中学生になったら英語の勉強に力をいれて、コミュニケーションが取れるようになりたい。

編著者・執筆者紹介

[編著者]

澤井　陽介（さわい・ようすけ）　　国士舘大学教授

昭和35年・東京生まれ。社会人のスタートは民間企業。その後、昭和59年から東京都で小学校教諭、平成12年から都立多摩教育研究所、八王子市教育委員会で指導主事、町田市教育委員会で統括指導主事、教育政策担当副参事、文部科学省教科調査官、文部科学省視学官を経て、平成30年４月より現職。
《主な編著》単著『教師の学び方』東洋館出版社、平成31年３月／『授業の見方』東洋館出版社、平成29年７月／『学級経営は「問い」が９割』東洋館出版社、平成28年３月／『澤井陽介の社会科の授業デザイン』東洋館出版社、平成27年３月／編著『子供の思考をアクティブにする社会科の授業展開』東洋館出版社、平成28年３月、ほか多数。

安野　功（やすの・いさお）　　國學院大學教授

國學院大學人間開発学部初等教育学科教授。昭和55年、埼玉県浦和市立小学校教諭。平成９年、埼玉県浦和市（現さいたま市）立教育研究所指導主事を経て、平成12年に文部省教科調査官、平成13年に文部科学省教科調査官、国立教育政策研究所教育課程調査官などを歴任。平成21年から現職。主な著書に『授業実践ナビ社会』（文溪堂、2010年）、『小学校社会授業で使える全単元・全時間の学習カード』（東洋館出版社、2013年）、『社会科の新しい使命』（日本文教出版、2013年）『小学校新学習指導要領ポイント総整理 社会』（東洋館出版社、2017年）『元文部科学省小学校社会科教科調査官 安野功がズバッと解説！―学習指導要領解説をわかりやすく読み解きます！平成29年告示新学習指導要領』（日本文教出版、2018年）など多数。

[執筆者] ＊執筆順。所属は令和２年３月１日現在

氏名	所属	[執筆箇所]
澤井　陽介	（前出）	第６学年における指導のポイント
栗原　完	埼玉県・本庄市立教育委員会指導主事	１章－１
山村　拓司	埼玉県・川口市立戸塚北小学校主幹教諭	１章－２
澤村　慶紀	千葉県・千葉市立美浜打瀬小学校教諭	２章－１
早樫　直人	京都府・京都市立松ヶ崎小学校教諭	２章－２
上田　亮介	京都府・京都市立下京雅小学校教諭	２章－３
大熊　弘明	埼玉県・深谷市立桜ヶ丘小学校主幹教諭	２章－４
今井　大介	京都府・京都市立北白川小学校教頭	２章－５
河野　覚喜	兵庫県・姫路市立別所小学校教諭	２章－６
山口　美保	埼玉大学准教授	２章－７
鈴木　宏紀	京都府・京都市総合教育センター首席指導主事	２章－８
久世　悠介	京都府・京都市立金閣小学校教諭	２章－９
小林　孝太郎	埼玉県・さいたま市立春野小学校教諭	２章－10
小川　真也	兵庫県・姫路市立城陽小学校教諭	２章－11
南　再俊	岡山大学教育学部附属小学校教諭	２章－12
島田　康徳	埼玉県・三郷市立鷹野小学校教諭	３章－１、２

『板書で見る全単元・全時間の授業のすべて　社会　小学校６年』付録 DVD について

・各フォルダーには、以下のファイルが収録されています。
　①　板書の書き方の基礎が分かる動画（出演：成家雅史先生）
　②　授業で使える短冊類（PDF ファイル）
　③　板書掲示用資料
・DVD に収録されているファイルは、本文中では DVD のアイコンで示しています。
・これらのファイルは、必ず授業で使わなければならないものではありません。あくまで見本として、授業づくりの一助としてご使用ください。また、付録イラストデータは本書と対応はしていませんので、あらかじめご了承ください。

【使用上の注意点】
・この DVD はパソコン専用です。破損のおそれがあるため、DVD プレイヤーでは使用しないでください。
・ディスクを持つときは、再生盤面に触れないようにし、傷や汚れ等を付けないようにしてください。
・使用後は、直射日光が当たる場所等、高温・多湿になる場所を避けて保管してください。
・PDF ファイルを開くためには、Adobe Acrobat もしくは Adobe Reader がパソコンにインストールされている必要があります。
・PDF ファイルを拡大して使用すると、文字やイラスト等が不鮮明になったり、線にゆがみやギザギザが出たりする場合があります。あらかじめご了承ください。

【動作環境　Windows】
・〔CPU〕Intel® Celeron® プロセッサ360J1. 40GHz 以上推奨
・〔空メモリ〕256MB 以上（512MB 以上推奨）
・〔ディスプレイ〕解像度640×480、256色以上の表示が可能なこと
・〔OS〕Microsoft Windows10以降
・〔ドライブ〕DVD ドライブ

【動作環境　Macintosh】
・〔CPU〕Power PC G4 1.33GHz 以上推奨
・〔空メモリ〕256MB 以上（512MB 以上推奨）
・〔ディスプレイ〕解像度640×480、256色以上の表示が可能なこと
・〔OS〕Mac OS 10.12（Sierra）以降
・〔ドライブ〕DVD コンボ

【著作権について】
・DVD に収録されているファイルは、著作権法によって守られています。
・著作権法での例外規定を除き、無断で複製することは法律で禁じられています。
・DVD に収録されているファイルは、営利目的であるか否かにかかわらず、第三者への譲渡、貸与、販売、頒布、インターネット上での公開等を禁じます。
・ただし、購入者が学校での授業において、必要枚数を子供に配付する場合は、この限りではありません。ご使用の際、クレジットの表示や個別の使用許諾申請、使用料のお支払い等の必要はありません。

【免責事項】
・この DVD の使用によって生じた損害、障害、被害、その他いかなる事態についても弊社は一切の責任を負いかねます。

【お問い合わせについて】
・この DVD に関するお問い合わせは、次のメールアドレスでのみ受け付けます。 tyk@toyokan.co.jp
・この DVD の破損や紛失に関わるサポートは行っておりません。
・パソコンやアプリケーションソフトの操作方法については、各製造元にお問い合わせください。

板書で見る全単元・全時間の授業のすべて
社会　小学校６年
～令和２年度全面実施学習指導要領対応～

2020（令和２）年　４月１日　初版第１刷発行
2023（令和５）年　６月23日　初版第５刷発行

編集代表：澤井陽介／安野 功
発 行 者：錦織　圭之介
発 行 所：株式会社東洋館出版社
〒101-0054　東京都千代田区神田錦町２丁目９番１号
コンフォール安田ビル２階
代　　表　電話 03-6778-4343　FAX 03-5281-8091
営 業 部　電話 03-6778-7278　FAX 03-5281-8092
振　　替　00180-7-96823
Ｕ　Ｒ　Ｌ　https://www.toyokan.co.jp

印刷・製本：藤原印刷株式会社

装丁デザイン：小口翔平＋岩永香穂（tobufune）
本文デザイン：藤原印刷株式会社
イラスト・図版：すずき匠（株式会社オセロ）
写真・図版等：毎日新聞社、株式会社アート工房
DVD 制作：秋山　広光（ビジュアルツールコンサルティング）
株式会社オセロ

ISBN978-4-491-04002-8　　Printed in Japan